膨張する金融資産のパラドックス

Paradox of Monetary Assets

吉田繁治
Shigeharu Yoshida

必ずやって来る金融危機からあなたの資産をどう守るか

ビジネス社

はじめに

友人の事業に100万円の貸付をしたとします。その貸付金はあなたにとっては金融資産ですが、友人にとっては利払いと返済が必要な負債です。500万円を貸せば、あなたの金融資産は5倍になります。友人の負債も5倍です。これは、金融資産が増えたと単純に喜ぶべきことでしょうか。国全体のマクロの金融では政府、企業、世帯、海外が借り主です。その金融資産の有効性は、借り手が利払いと返済ができる金額かどうかにかかっています。

個人の立場では金融資産が増えることは、望ましいことです。所得と金融資産の増加を希望しない人は、もちすぎている人以外、いないでしょう。いや、もちすぎに見える人でも、本当はもっと増えることを期待しているはずです。

金融資産は、現金と預金だけではありません。株と証券（国債や社債）、そして生命保険と年金の基金も含まれます。これらを合計した世帯の金融資産は、２０１５年6月で１７１７兆円に増えています。

また金融資産には世帯以外に、企業がもつ預金や債券の１１２４兆円、政府部門が管理する債券、外貨準備、社会保障積立金の５８１兆円もあります。合計で３４２２兆円という巨額になっています（日銀資金循環表：15年6月）。

預金は金融資産ですが、銀行にとっては要求があれば支払わねばならない負債です。金融を仲介する銀行は、預金を貸付金か債券にして運用しています。貸付金は借り手の債務です。債券は発行元にとっての債務です。預金は、その全額が別の誰かの負債になっています。

株は、企業にとって株主から預かった資本という負債です。持ち手にとっては金融資産である国債は、政府の債務です。社債は発行企業の債務です。生命保険や年金の基金も、生命保険会社と年金基金が預かった負債です。誰の負債でもないように見える現金も、発行した中央銀行にとっては、貸借対照表の右側に記載される負債です。

金融資産の全部が、金融仲介機関を介するか、証券化されることによって別の誰かの負債になっています。金融資産が増えることは、その裏で、別の誰かの負債が増えていることです。

誰かとは世帯、企業、政府、海外です。マクロでは「金融資産＝金融負債」です。本書ではこれを金融資産・負債と表現します。金融資産が増え続けるのはいいことに違いない。しかし負債がそれと同じ額増え続けるのは望ましいことでしょうか。金融資産は、裏にパラドックスをもつ資産です。

専門的な経済書にもかかわらず、ベストセラーになった『21世紀の資本（2013年）』を著したトマ・ピケティは、資本の収益率は所得の増加率より常に高かったことを「r＞g」という単純な不等式で示しています。

rが資本の収益率、gが所得の成長率です。ピケティの言う資本は会社の資本だけでなく、金融資産と不動産を含みます。

同書には、長い歴史では最近と見なせる第二次世界大戦後の1950年から2010年まで資本の収益率は年率5・3％であり、所得の増加率は3・8％だったことが示されています（主要国の平均）。つまりこの間に、資産は25倍に増えています。一方、所得は10倍にしかなっていません。

これは、その資産に含まれる金融資産・負債も最近60年間で25倍に増えたのに、所得は10倍にしかなっていないことを示すものです。さらに言うと、2012年から2050年まで38年間で金融資産・負債は平均年率4・3％で増える予想ですが、所得の増加は年率3・3％でしかない。

この結果、2050年の金融資産・負債は1950年に対して123倍に増加するのに、所得は34倍でしかないのです（本文中の図11-2：11章）。世界の所得に対する金融資産・負債の倍率は、今後3・6倍に拡大するという。ピケティが分析したのは全世界ですが、日本、米国、欧州の金融資産・負債と所得額の長期的な関係にもほぼ正確に当てはまるものです。

資本主義では資本の収益率が所得の増加率より高いため、資産の格差は大きくなり続けるが、この文明的な解決法は大きな資産に対する累進課税による再分配であるとピケティは結論づけています。所得には所得額が増えると税率が高くなる累進課税制がありますが、資産所得の課税は控除額を超えると、100万円と100億円でも定率課税になっているからです。

本書では金融資産・負債がGDPの5年分や6年分に大きくなっている21世紀の世界では、ほぼ10年サイクルで増えた負債の金利支払いと返済ができなくなって、金融危機が襲うことを示します。

金融資産・負債が所得の増加率を上回って大きくなり続ける場合、借り手である世帯、企業、政府の負債も、それぞれの所得の増加より大きくなり続けます。所得の増加より負債の増加が大きいことが続けば、利払いと返済が難しくなっていきます。多くの借り手が利払い・返済ができなくなったとき、債権が不良化し、金融危機が起こります。

わが国では、1990年からの資産バブルの崩壊が最初でした。高騰し続けていた不動産や株を借入金で買った人や会社が、利払いと返済ができなくなり、買い手が減った資産のバブル価格が崩壊して不良債権が増え、金融危機になったのです。

米国では2007年からのサブプライムローン危機と、09年のリーマン危機でした。最初の2年は所得の低い人にとって払いやすいゼロ金利と少ない返済額でありながら、3年目からは利払いが急増するローンが作られ、2000年以降、2倍に上がっていた住宅が売られたのです。3年目には当然に不良化し、住宅ローンを組みこんでいたMBS（不動産ローン担保証券）が暴落しました。それがデリバティブ証券の全面的な下落に波及して、09年9月15日にはリーマン・ブラザーズの倒産に至っています。このため一般にはリーマン危機と言っていますが、実際は大手金融機関が全部、瞬間につぶれる規模の、デリバティブでの不良債権（推計1000兆円）が生じていました。米国の不動産が上がった理由もFRBの利下げから金融資産・負債が増加し、そのマネーが不動産に向かったためです。

2章で述べますが、デリバティブは何らかの金融資産を原資産とし、生じるキャッシュ・フローを受け取る権利を証券にして、主に金融機関の間で売買されている金融商品です。21世紀の米欧の金融では、デリバティブの売買が主流になっています。
欧州では、2010年に発覚したギリシャ政府の債務危機を端緒にする、南欧国債の危機でした（ユーロ危機と言います）。経常収支の赤字が多い南欧諸国（ギリシャ、スペイン、ポルトガル、イタリア）は、ドイツ経済がバックになった統一通貨ユーロによって、自国経済の実力より低い金利の資金を使えるようになったため、政府の財政赤字が増え、対外債務も膨らみました。その中で政府債務が偽装されていたギリシャ国債に暴落が起こり、財政赤字と対外債務が増えていた南欧に波及したのです。

1990年からの日本、2008年からの米国、2010年からの欧州の金融危機に対する処方は全部、同じでした。

- 政府が国債を増発して、金融と経済の危機対策費にする。
- 中央銀行は金利をゼロになるまで利下げし、国債を買って量的な緩和というマネーの増発を行う。

政府と中央銀行は、不良債権を発生させた金融機関を、貸付と不良化した資産の購入という形で救済しています。この救済は、金融機関に発生した不良債権が政府と中央銀行に移転することでもあります。このため次は、政府の債務である国債の危機に向かうのです。

金融資産・負債の増加率が、所得である名目GDPの増加率より高いことが続くと、ある時点で金融危機が起こると想定していなければならない。名目GDPの増加率は、企業と世帯の所得の増加と同じ率になります。（注）名目GDPは所得面で見ると、雇用者報酬＋財産所得＋企業所得＋減価償却費＋補助金－間接税、です。2013年では、この中の雇用者報酬が246兆円、財産所得が23・1兆円、企業所得が90・7兆円でした（国民経済計算確報：内閣府）。

金融危機のマクロ経済的な効用は、借り手の所得では利払いと返済ができない金額に増えすぎた金融資産・負債が不良化して無効になることです。しかしこのとき、先進国の政府・中央銀行は金融機関にマネーを供給することによって、金融全体に連鎖するシステミックな崩壊を防ぎます。このためマクロ経済の所得（名目GDP）から見れば、減るべきだった大きすぎる金融資産・負債が不良部分の多くを金融機関のバランスシートに残したまま、再び増えていきます。

わが国の名目GDPに対する金融資産・負債は6・8年分です（2015年）。1998年の金融危機の後も、年率3〜5％くらいで増え続けています。

米国では5・1年分です。08年のリーマン危機の後も、米国の金融資産・負債は名目GDPの増加率より高い率で増え続けています。

ユーロでは名目GDPに対する金融資産・負債は4・9年分です。ユーロでも低い名目GDPの増加率より、金融資産・負債の増加率が高い。

金融危機ではピケティの資産と所得の公式は「r＜g」と逆向きになって、GDPに対する金融資産・負債は減るべきなのですが、政府・中央銀行による危機対策がとられるため、「r＞g」が続きます。

金融資産・負債の増加率を5％、名目GDPの成長率を2・5％とした場合、10年後には金融資産・負債は1・05の10乗で1・63倍に増えますが、名目GDP（所得）は1・28倍です。金融資産・負債の所得に対する倍率は、（1・63÷1・28＝1・27倍）に拡大します。これは前回の金融危機のときの「負債／所得倍率」の1・27倍になって、危機のスケールが大きくなっていることを意味するのです。

日米欧、そして中国では、ほぼ10年サイクルで、こうした金融危機を繰り返します。そのたびに、民間金融機関の不良債権が政府・中央銀行に移転するので、最後はもっとも大きな負債である国債の危機に至るのです。この歩みは必然です。

金融危機の後、償却される不良債権以外の多くが、金融機関のバランスシートに残り続けます。政府や中央銀行からの借り入れで資金繰りの危機は回避できますが、資産の損失である不良債権は、金融機関が出す税引き後の純益で埋めていかねばならない。このため金融機関のバランスシートの回復には、長い年数がかかります。1998年に金融危機が起こった日本では、金融機関が不良債権を償却するのに10年以上を要しています。企業も、資産価格の下落から回復するのに長い時間を要します。

大きな金融危機の後のGDPの増加率は根雪のような不良債権のため、数段低くなります。危機後のGDPの増加率の低さも、次の金融危機を準備する要素になるのです。

1998年の日本の物価変動を含む名目GDPは、512兆円でした。17年後の2015年は500兆円（IMF予想）でしかありません。金融危機の後、17年間の成長がマイナス2・2%だったのです。年率平均では0・16%のマイナスでした。

08年のリーマン危機のとき、米国の名目GDPは$14・7兆でした。2015年予想は$18・1兆で、7年間の名目GDPの成長は23%です。1・6〜3・1%のインフレを含んでも年率3・0%と、米国にしては低い。実質では1%台の成長でしかないのです。2000年から2008年までの名目成長率は43%で、年率では4・6%でした。

ユーロ圏の19カ国でも経済成長は、2010年からのユーロ危機前の3分の1に低下しています。

金融危機の後、名目GDPの成長率が低くなっても、中央銀行による金融危機対策としての量的緩和によって、金融資産・負債は金融危機の前とほぼ変わらず、増え続けていきます。これによって、次の金融危機が必然化します。

「金融資産・負債／所得倍率」の拡大から、必然的に起こる金融危機を述べるだけではなく、長期的な視野での金融資産の防衛をどうしたらいいかまでを書いています。金融危機の内容を、本質的な観点から分析すれば、実はそこから金融資産の防衛の方法も見えてくるからです。

なお本書では、多すぎると思われるくらいの数値を使っています。金額を具体性をもって示したかったからです。多い、少ないという形容詞や副詞はその人の評価基準から出る表現です。人の内なる評価基準は異なるため、「膨大な資産」と言っても伝わりません。負債が多すぎることも、何に対してどう多すぎるのかを述べなければならないからです。

筆者は2000年から週刊のメール・マガジン（有料版と無料版）を発行し続けています。本書は書き下ろしですが、ほぼ20％部分にメールマガジンで取り上げたことを修正・付加したものが含まれます。毎週ホットなテーマと話題を送るメールマガジンもご購読いただければ、幸甚に存じます。

2015年11月

吉田繁治

HP：http://www.cool-knowledge.com/
メールマガジン：http://www.mag2.com/m/P0000018.html
e-mail：yoshida@cool-knowledge.com

第11章 トマ・ピケティの「r＞g」の世界は、崩壊する宿命にある ―― 202

第12章 金融資産としての債券、株券、通貨の価値 ―― 220

序　章　金融危機は必ずやって来る

あなたが所有している現金・預金・株・国債などの金融資産について、思いをめぐらせたことはないでしょうか。金融資産では、それと同じ額が借り手の負債になっています。

発行額が1022兆円に増えた国債は利払いがあり、満期には元本が償還される金融資産です。しかし政府にとっては、10年債なら10年間金利を払い続け、10年後には返済しなければならない負債です。債券や預金も借り手がある負債です。

預金は消費を先に延ばし、貯めた金融資産です。銀行にとっては金利を払い、急な引き出しに応じるべき負債です。貸付金は回収権が銀行の金融資産ですが、借り手の債務であることは言うまでもない。

金融資産は証券では直接に、または銀行を仲介に、誰かの負債になっているという二面性をもちます。誰かの負債ではない金融資産は金《ゴールド》しかない。火災でも溶けるだけで再製でき、光を失わない柔らかい金属を、人々は太古からそれ自体が価値だと見てきました。

金融資産には入りませんが、土地もそれ自体が地上権という価値をもつ資産であり、誰かの負債ではありません。

【金融資産についての認識】

金融資産は形態別には、①現金と預金、②貸付金・債権（債券はその証書）、③証書である国債・社債、④株式、⑤デリバティブ証券、⑥年金や生命保険の基金、⑦譲渡が可能な会員権などです。現金は紙幣であり、現金以外は、多様な形態の有価証券になっています。有価証券は、証書を発行した法人や政府の債務証書です。

紙幣は負債ではないように見えます。しかしそれは中央銀行の負債です。日銀は10億円の通貨を発行するとき、銀行券または当座預金10億円とバランス・シートの右側の負債に記載します。金本位のときは、通貨に対応する準備資産は金でした。現在、その準備資産は国債と債券です。準備資産は、銀行が支払いにそなえて準備しておくという原義をもつものです。

すべての金融資産は金融仲介機関による貸付や証書への変換を経て、別の誰かの負債になっているという二面性をもちます。

負債には金利を払い、返済できる限度があります。このため**国全体のマクロでの金融資産**も、名目GDPに対して有効性の上限をもつのです。国全体の有効な金融資産額には、限度があると聞いてどう思われるでしょうか。

借り主の所得に対して負債が大きすぎると、まず利払いが、次に返済ができなくなります。たとえば住宅ローンは年収（世帯主の所得）の5倍付近が限度とされています。有効な負債には、所得による限度があります。国全体の所得は名目GDP（世帯所得＋企業所得＋減価償却費）です。このため国全体の有効な負債は、名目GDP（約500兆円）に対して5倍から6倍程度までという上限をもつでしょう。それ以上に政府、企業、世帯の合計負債が増えると、それぞれの所得から払うことができる金利が下がります。その低金利の中で負債が一層増えると、債務の不履行が起こるからです。

わが国では、政府の負債の大きさが問題です。米国では政府、企業、世帯の全体負債です。欧州でも政府、企業、世帯の合計負債です。いずれの国でも金融負債の増加率が名目GDP（所得）の増加率を上回り、GDPに対する負債比率は増え続けてきたからです。

金融資産の全体と負債は、同じ金額です。**負債に有効な限界があるため、国全体のマクロな金融資産額にも有効性の上限があります。**金融資産が名目GDPに対して大きくなりすぎると、まず借り手がその所得から利払いができる水準にまで金利が下がります。

それでも増え続けると、借り手の所得に対し大きすぎる負債から、有効性を失っていきます。デフォルト（債務不履行）が増えて、そのデフォルトは金融機関の貸し借りの連鎖構造から金融のシステミックな危機を招くのです。

【金融危機への対応とその後】

金融危機は、借り手が払うことができる金額にまで負債の額を減らします。負債に対応する金融資産も本当は、不良化した負債と同じ額が減っているのです。

金融危機には、それが起きたあとは、富裕者の分をより多く減らして平準化し、スタートラインに並ばせるという効用もあります。もたない人の金融資産は減らないからです。

しかしリーマン危機のように中央銀行が通貨を増発し、負債の不良化により実質が減っていた資産を守ったときは、**不良債権の空洞の上に「金融資産＝金融負債」が増え続けます**。このため〝10年後あたり〟には、危機が再来します。

この確率は10年から15年をとれば、ほぼ１００％でしょう。民間部門の不良化した債務が、危機対策により政府・中央銀行に移転し、政府の債務である国債に含まれるからです。

つまり金融資産が名目ＧＤＰに対する有効な限度を超えて増え続けたとき、最終は国債の不

良化に至ります。

金融危機発生後に、景気対策という名目で行われる通貨増発による金融機関への貸付や増資は、金融機関に発生した不良債権を国債に移転させることによる危機の〝先送り〟です。

救済時、政府と中央銀行は10年先までは考えません。どの政府も3年先は想定しますが、意思決定する幹部の任期を超える10年先は成りゆきまかせです。しかし国民は、10年先も生きねばならない。われわれはその先がどうなるか、自分はどうするか、思いをめぐらせておかねばならない。

10年以上も先のことは、われわれにはわかりません。3年先でもわからない。しかし人々は行動を計画し、予定することはできます。その予定がわれわれの将来でしょう。

第1章　金融資産は持ち手以外の誰かの負債

【負債性の通貨】

まず預金です。これは銀行の負債です。国債と債券も、発行者の負債になります。株式は、所有者の株主には金融資産ですが、株式会社にとっては**劣後債という負債**なのです（後述）。それぞれは借りた人が金利（株式では配当）を払い、返済にも応じる義務がある負債です。

現金の紙幣は、誰の負債でもないように見えます。中央銀行にとっての紙幣はバランス・シートの右側に記載すべき負債です。この紙幣という負債に対しては、中央銀行の利払いと返済は要らない。1971年に米ドルが金本位を停止したあとの紙幣は、一夜で、国債を担保にする負債に代わったのです。本書ではこれを**負債性の通貨**と呼びます。負債性の通貨は、発行元である中央銀行が利払いと返済の義務を負わない特殊な負債です。

通貨を発行している日銀の職員の俸給は、どこから来ているか。所有する国債の金利です。2015年3月期の損益計算書を見ると、国債の受け取り金利は1兆440億円です。給与が501億円です。この金利は、日銀が買った269兆円の国債（平均利率0・5％）から得られたものです。

国債はどうやって買ったのか。日銀が作った1万円札91兆円、日銀内の当座預金231兆円、合計で322兆円を、国債を売った金融機関に渡すことによってです（15年9月時点：営業毎旬報告）。

この当座預金は、金融機関が準備預金として日銀に預けているものです。金融機関の預金ですから日銀にとっては負債です。日銀は国民経済への負債として、322兆円の通貨を発行しています（マネタリー・ベース：322兆円）。このマネタリー・ベースを増やすことを、中央銀行による信用創造とも言っています。

【金と土地】

金は誰の負債でもない金融資産です。このため金利はありません。それ自体が本源的な価値をもちます。しかしあと一歩深く考えると、金の価格は人々が買う値段ですから、将来買う人からの予想負債とも言えます。ただし持ち手にはその返済の義務はない。

土地も金のように負債性のない資産です。この価格も金と同じように、将来それを買う人々からの予想負債です。不動産は金融資産ではない。しかしテナント料が分割して支払われるREIT（リート：不動産投資信託）になると、証券化された金融資産になります。

金融資産は金を除けば全部、持ち手以外である誰かの直接の負債になっています。

金融資産が増えれば金融負債も増える

【通貨の機能】

金融資産が増えることは、個々の所有者というミクロの単位で見れば好ましいことです。将来の商品と資産の購買力を保存したものだからです。マネーに認められる機能は3つです。①**価値の保存**、②**代金の決済**、③**価値の計算単位**。（注）本書ではマネーという用語を通貨と同じ意味で使っています。預金も、通貨としての機能を果たしています。通貨＝紙幣＋預金です。

この中で重要なのは価値の保存、つまり商品や資産の購買力を将来に向かって貯めておく機能です。決済と計算単位は、価値の保存機能から派生したものです。1億円の金融資産があれば、毎年500万円を崩して使っても20年分あります。そして金利が5％なら、1年に500万円を引き出しても元本の1億円は残り続けます。

【金融資産は誰かの負債】

この個人の金融資産は銀行を通じて、別の誰かの負債になっています。1億円の借り手が、銀行の手数料ほぼ1％を加え、6％（600万円）の借り入れ金利を払い続けられないとき、その預金者は5％（500万円）の金利は得られません。借り手の返済力がないと、デフォルトになり、その金融資産の価値は低下します。金融資産の価値は、借りた人の利払いと返済の能力に依存します。

一般化すると、国全体の金融資産が名目GDP（499兆円＝世帯と企業所得＋減価償却費〈100兆円〉）の5倍付近を超えると、借り手の金融負債も同じ額ですから、金利はおよそ3・5％以上にはなり得ない。5％や6％なら負債が大きくなった借り手が利払いできず、債務の不履行が増えるからです。

名目GDPの5倍以上に増えた債務に不履行がないとすれば、1％台やそれ以下、高くても2％台の金利が永久に続くことになります。これは驚嘆すべき事実でしょう。政府も個人の貯蓄を奨励してきた過去があります。国全体の貯蓄が、名目GDPの5倍や6倍を超える多さになると、負債にリスクが発生するのです。（注）所得面のGDPは、〔雇用者所得＋企業所得＋減価償却費＋政府の補助金－間接税〕です。これは生産面のGDP、および需要面のGDPと一致しています（GDPの三面等価）。名目というときは物価上昇を含む金額です。

【わが国の金融資産と負債額】

金融資産の増加は、別のところで、借り手の借入金が増えていることを意味します。

具体的に言えば、わが国の金融資産は3422兆円です。年間名目GDP499兆円の、6・8年分です。

・**政府部門の所有**　581兆円（社会保障基金を含む）
・**260万社の民間非金融法人**　1124兆円
・**5230万の世帯**　1717兆円（内訳は、現金預金893兆円＋株などの有価証券307兆円＋保険・年金準備金444兆円＋その他74兆円）

金融負債も3123兆円に増加しています。名目GDPの6・3年分です。

・**政府**　1209兆円（うち国債が1022兆円：国債残は1年に40兆円増加）
・**企業**　1543兆円（株式の時価517兆円を除くと1026兆円）
・**世帯**　371兆円（うち住宅ローンが192兆円）

（日銀資金循環表：15年6月末：http://www.boj.or.jp/statistics/sj/sjexp.pdf）

（注）金融資産と負債に299兆円の違いがあります。ここでは海外からの日本への投資（596

兆円）と日本からの対外資産（939兆円）を含まなかったからです。対外純資産は15年6月末で343兆円です。あとは集計誤差です。

資産形成の面で関心が深い世帯の金融資産は、2014年度の株価上昇で増え、円安で外貨預金も膨らんだため、前年比で4・4％増えています。1998年のわが国の金融危機のあと、17年間平均でマイナスである名目GDP増加率（世帯と企業の所得の合計）より、増え方は大きい。世帯で言えば、所得は700万円で昨年と同じでも、2014年の世帯平均の金融資産額は3000万円付近から132万円（4・4％）も増えていることになります。

【常に所得の増加率より大きかった負債の増加率】

今年だけでなく過去の全年度で、**名目GDP（世帯と企業の所得の合計）より「金融資産＝負債」の伸び方は大きい。これは負債の増加率も、常に所得の増加率より大きかったことを示しています。**

政府、企業、世帯（経済の3部門）の金融資産の総額は、3422兆円です。**名目GDP499兆円（15年3月）の6・8年分に膨らんでいます。**この倍率が世界一高くなっている原因は1998年の金融危機のあと、世帯と企業の合計所得である名目GDPが成長していないからです。その間も、金融資産・負債は毎年3％以上増えてきたからです。名目GDPに対する金融資産・負債の倍率の高さは、主要国で日本が世界一です。これはバブル崩壊後の25年間、5230万の世帯の平均所得がほとんど増えなかったという悲しい理由からです。

名目GDP（所得）に対して負債が多くなっているため、長期金利は0・4％付近と低い。80年代まで普通だった6％や7％という金利では、借りた人が払うことができない。借り手は、金利が1％以下と低いから借りたのです。仮に金利3％なら借ることができなかったのが、現在3123兆円の総負債です。

（出所：日銀資金循環表　わが国の金融資産と負債の総額は、集計によって若干の差があります。この日銀資金循環表がもっとも包括的な数値でしょう。アンケートをもとにした他の統計では、所得、資産、負債を公表したくないという心理が働くので誤差が大きくなります。世帯平均の金融資産額が実感より大きいのは、①資産富裕者、医師、弁護士等の専門的個人事業のものが大きいこと、②個人ではわからない生命保険の基金、公的年金と企業年金の基金、③株式の時価評価が入っているからです）

【17年間続いてきた短期ゼロ金利】

17年間もわが国ではゼロ％に近い金利が続いています。国と地方の政府部門の負債が

１２０９兆円に達し、国と地方の税収に、社会保険料収入を加えた１５８兆円（２０１４年度）の７・６年分もあって、２％以下の金利しか払うことができないからです。（注）給料から天引きされる社会保険料（年金の掛け金、医療保険、介護保険料など）も税金の一種です。

政府の所得は税収です。国債と地方債の金利は、所得から払います。政府は、年間35兆円から40兆円の赤字です。このため今後も、普通の時期なら低いレベルの３％台の金利でも払うことができない。

政府が普通の金利（３％以上）を払えないことから、日銁は２００７年以降、２０６兆円（年平均29兆円）の国債を買い増して通貨を〝供給〟し、市場の金利を低く保っているのです。負債がもっとも多い政府が払える金利でないと、デフォルトが発生するからです。

金融資産・負債が名目ＧＤＰの５年分や6年分と大きくなりすぎた国では、低い金利でないと利払いと返済の不履行が起こります。このため「超低金利」を続けるしかない。３％程度に上がっても政府のデフォルトが迫るので、普通の金利に上げることができないのです。

金融資産が増えるのは好ましいことです。しかし金融負債がどこまでも増えるのはいいことでしょうか。増加が望ましいとすれば、紙幣や債券の裏にある負債が増えるのも好ましいことになります。

【金融資産と負債のパラドックス】

金融資産と負債は、貯蓄の過剰が不況を生むというケインズのマクロ経済の「貯蓄と消費のパラドックス」に似ています。〔消費＝所得－貯蓄〕です。大きくなった貯蓄が、投資に使われない場合、供給力に対する需要が減って不況になる。このようなときケインズは政府が国債を発行し、貯蓄を吸収して公共事業を行うことを提案しました。

ところが世界の政府は余剰貯蓄がないときも、政権の人気保持のための公共事業と社会保障支出でケインズ策をとり続け、政府負債を大きくしてきました。

かつては国王の奢侈《しゃし》と戦争でしたが、現代では政府が票とりのために財政支出を拡大することが、政府負債が増え続けることの理由です。わが国の2013年4月からの異次元緩和も、目的は「安倍政権の人気とり」にほかなりません。

議員は議員であり続けることを、政権は与党であり続けることを目的に、経済・金融政策を作っています。民主主義の宿命です。このため最後は、国債危機に至ることになります。

【株は会社の負債である】

株の負債性については説明が必要でしょう。株主の金融資産である株券は、株主が資本を提供したことを示す証書です。株式会社にとっては劣後債《れつごさい》であり、元本の返済義務はない。

劣後とは、会社を清算するときでも返済順位がもっとも後《あと》という意味の金融用語です。優先債は返済順位が上のものです。社債は優先債です。

劣後債はそのリスクをカバーするため、**銀行金利以上の金利または配当が必要な負債**です。資本は出資金と留保利益で構成され、毎年の利益があれば増えていきます。その資本の所有者は、会社ではなく株主です。

経済思想で重要なことを述べれば、**株式会社の事業活動で生じる利益は株主のものだという**ことです。経営者の働きや社員の労働ではなく、**資本の働きで利益が上がったとするのが、われわれが認めている資本主義**です。

会社の資産は、株主のものだという人がいます。そうではない。資産である建物や商品は株主ではなく、法人格をもつ会社の所有物です。

株主がもつのは、会社にとっては負債になる「出資金」と「留保利益」、つまり資本です。留保利益とは、税引き後利益から配当を引き、会社の資本として積み立てた利益です。事業活動で上げた留保利益も株主が所有権をもつため、会社にとっては負債です。

株券に額面より何十倍、何百倍も高い価格がつく理由は、現在までの留保利益、そして未来の留保利益の所有権をもつからです。株主総会で経営者（会社のマネジメントを委任された人）が承認を求める利益金処分案は、会社が上げた利益の所有者が経営者や社員ではなく株主であることを示しています。会社の利益処分である配当は、株の利払いに相当します。将来に繰り延べられた配当である留保利益の増加は、資本の増加です。これは直接に株券の価値を上げます。〔1株の純資産＝（資本＋留保利益）÷株数〕、です。

株にも、株主の金融資産でありつつ、会社の負債であるという表裏の構造があります。株価が高くなりすぎると、企業は留保利益から払う配当率を減らさざるを得ない。株の配当は利益分配ですが、それは資本の金利です。

株主の金融資産である株価が上がりすぎれば、配当率は下がって行きます。金融資産である株価も、上がりすぎれば不良化します。ＰＥＲ（株価／次期予想純益）で30倍以上とバブル的に高くなりすぎた株は、株価収益率の面で不良化しているのです。

【名目ＧＤＰ比でギリシャ並みに増えている米国の対外債務】

わが国の対外資産945兆円（2014年末：財務省）は、海外にとっては日本からの負債です。経常収支の黒字を続けている日本、中国、産油国、欧州が米国に対してもつ対外債権は、＄26・5兆（3180兆円）にもなっています（2013年：ＪＥＴＲＯ）。これは、米国にとっては利払いが必要な対外負債です。

問題は、この対外総債務$26・5兆が毎年約$1兆（120兆円）増え続けていることです。年率では3・8％の増加です。米国の名目GDPの伸び率が3・8％未満の場合、GDPに対する対外債務は増加し続けます。名目GDP比で160％という対外債務は、2012年と15年に対外債務危機と財政危機に陥ったギリシャと同じレベルです（ギリシャはGDP比1・7倍の対外債務）。（注）米国が海外にもつ対外資産（$21・7兆）を引いた純債務は$4・8兆です。この純債務は、米国の毎年の経常収支の赤字である$4100億（2014年）くらいずつ増えています。

米国の名目GDPの成長力（所得の成長率）は、ドルと米国債を買う海外から3〜4％はあると見られているため、まだギリシャのような事態を迎えていません。ギリシャの根本問題は、名目GDPの1・7倍という対外負債の多さよりも経済成長率の低さにありました。

数年内に米国の名目GDPも、世界から、3％（実質1・5％＋物価上昇1・5％）以下しか伸びないと見られると、米国債はリスク証券になって金利が上がります。米国ですら対外債務の利払いと返済難が起こり、デフォルトの危機に向かうのです。

ただし米国は世界が認めている基軸通貨国なので、対外債務の多さからデフォルトの危機が生じたときは、ドルを切り下げるという手段をもっています。

1985年のプラザ合意のように2分の1に切り下げれば、ドルの対外債務は2分の1になります。第14章で述べますが、相当に大きな切り下げがあっても、ドルは各国通貨の変換のときの媒介通貨という性格をもつために強いのです。したがって基軸通貨の地位は維持されるでしょう。

名目GDPの増加は、企業と世帯の所得の増加も示すものです。負債の利払いと返済は、しばらくは借り換えで行うことができても、金利が上がった最終局面では、所得からしか行えないからです。単純化した不等式で示すと、以下のようになります。

【G＜D、E＜D、F＜Dという原理】

・G（政府税収の増加率）＜D（政府負債の増加率）が続けば、政府はいずれ破産します。
・E（企業の粗収益の増加率）＜D（企業負債の増加率）が続く場合、企業は破産します。
・F（世帯所得の増加率）＜D（世帯負債の増加率）が続くと、世帯がローンを払えず破産します。
（注）GはGovernment、EはEnterprise、FはFamilyの略語です。DはDebtの略です。

政府の税収、企業の税引き後所得、世帯の税引き後所得の合計に、減価償却費（日本の場合は約100兆円）を足したものが、物価上昇を含む名目GDPです。

政府ではG＜D、企業はE＜D、世帯はF＜Dが続くと、いずれデフォルトになります。

「そのいずれの時期」とは、政府、企業、世帯のどれでも、

・その所得の伸びがギリシャのように低下したとき、

・負債の増加が過去のトレンド線を超えて大きくなったとき、です。

南欧危機を生んだユーロの構造的な問題

借入が所得に対して増えすぎると、借り手である世帯・企業・政府の利払いと返済が困難になります。国債での負債と対外債務の合計が、政府の税収（政府の所得）に対して大きすぎると、2009年からのアイルランド、ポルトガル、ギリシャ、スペイン、イタリアのような債務危機になります。

【対外的な貸し借りをあらわす国家の資本収支】

統一通貨の体制のユーロ19カ国が、構造的に抱える国際収支の不均衡とその拡大について述べることにします。

ユーロがその構造にもつ不均衡は、金融資産と負債をアンバランスに増やし続けます。ドイツの対外金融資産が増えることは、経常収支が赤字のフランスや南欧諸国の対外負債を増やし

ます。経常収支は、「貿易の収支＋所得の収支」です。所得の収支とは、対外資産から生じる金利や配当から、対外債務に対して払う金利や配当を引いたものです。

19カ国の統一通貨ユーロは、ドイツにとって単独のマルクのときより50％は安い。このためドイツ、オランダの輸出力は強くなります。しかもユーロ域内の関税はゼロですから、ドイツの輸出力は一層強くなるのです。

【ユーロ導入で経常収支の黒字が増えたドイツ】

信じられないかもしれませんが、**統一通貨を敷く前の1990年代のドイツは東ドイツ併合の費用のため、経常収支で赤字すれすれを続けていたのです。**

1999年から統一通貨圏を作って以来、ドイツにとって安いユーロを原因に、経常収支は大きな黒字になりました。2014年も2153億ユーロ（29兆円）で黒字額世界一を維持しました。

これはドイツ以外の国の経常収支の赤字が大きいということです。ドイツの黒字は、中国の$2098億（25兆円）を35％も上回っています。（注）通貨は日々変動していますが、本書では$1＝120円、1ユーロ＝133円、1人民元＝19円として円に換算した参考値を示しています。

ユーロの為替レートは、**（強いドイツの経済力＋弱い南欧の経済力）÷2**です。ドイツにとって、ほぼ2分の1安い。しかしギリシャ、スペイン、ポルトガル、イタリア、そして工業力が弱いフランスにとって、100％は高くなっています。もしユーロからドイツが「離脱」するようなことがあれば、ドイツが消えたユーロは「2分の1以下」の65円に下落するでしょう。

黒字国の裏側には赤字国の対外債務があります。同じユーロに**ドイツがいる限り、経済力の弱い南欧諸国にとってはユーロ高が続き、構造的に経常収支の赤字を抱えることになります。**

しかもユーロの金利は、自国通貨のときより低い。ユーロ建てのドイツ国債は、スイス国債のように買い人気が高い。ドイツには現在、財政赤字がないからです。

ドイツ国債の金利の低さが錨《アンカー》になって、他国のユーロ債の金利も自国だけのときより低くなります。このため国債発行の抑制が利きにくくなって、政府の負債が膨らむのです。

ユーロ内では、黒字国のドイツやオランダと、赤字国の南欧諸国およびフランスの間で、対外不均衡が構造化しています。陰鬱《いんうつ》な冬の長いゲルマンが黒字で、紺碧《こんぺき》の地中海を見晴らすラテンが赤字です。

ユーロがある限り、**ギリシャやスペインのような債務危機が数年サイクルで起こることが必然化**します。今後も2年、あるいは3年で危機を繰り返すでしょう。

経済力が違いすぎる国の統一通貨は、無理なものです。２０１５年の再度のギリシャ危機は、向こう３年での11兆円の資金支援という決定で収束したかに見えていますが（15年7月）、資金不足を繰り返します。

世界で言えば、経常収支が黒字のドイツ、中国、産油国、日本は自国の金融資産を赤字国に貸し付けねばならない。

日本は、２０１１年３月の東日本大震災以後の輸出力の減退から、12年末からの50％の円安でも貿易は赤字（14年度６・６兆円）になり、経常収支の黒字（14年度７・８兆円）が減っています。

現在は１バーレル＄40台の原油がもとの＄１００台に上がったとき、日本の経常収支の黒字はなくなるでしょう。そのときは、日銀が利下げをしても金利は上がるようになります。海外からの資本流入が必要になるからです。２０１０年までは、日本の経常収支は年間20兆円レベルの黒字だったのです。

世界の対外不均衡は、なぜ構造化しているのでしょうか。変動相場制では、経常収支の赤字国の通貨は下がって、黒字国の通貨は上がり、貿易の収支は均衡するはずです。ところが基軸通貨のドルは貿易に使う国際通貨として、海外からの買いが多い。このためドルは米国の輸出入を均衡させる水準には下がらない。米国はドルが基軸通貨である限り、貿易赤字を続けます。

そしてユーロ19カ国内では通貨が統一されているため、赤字国の通貨が下がる仕組みはなく、構造的な不均衡が続くのです。

交易の80%で使われるドルとユーロの仕組みから、**世界では対外不均衡が続き、対外債務危機は一定期間で起こります。**

経常収支の黒字国は、資本収支では赤字になる

輸出の成立は、輸入元から基軸通貨（多くの国が貿易に使う通貨）で代金を受け取る契約ができたことを示します。ところが貿易赤字の国は、輸入での基軸通貨の支払い額が、輸出での受け取り額を超過しています。海外からの資本の流入（＝貸し手からの貸付：資本収支の黒字）がないと、決済ができないのです。

貿易収支が赤字でも輸入が可能だったことは、代金が基軸通貨で決済されたことを示します。それは、海外からのドルの貸付（つまり資本輸入）があったことになるのです。

逆にお金を貸す国は資本を輸出しています。**資本輸出はお金が貸付金として海外に出ることなので、資本収支では赤字**になります。

たとえば日本が米国債＄１・２兆（１４４兆円：２０１５年６月）をもつことは、１４４兆円が

米国に流出したことになります。別の表現で言うと、日本は144兆円分を米国政府に貸し付けていることになります。**借りた国（米国）は、資本収支では逆に黒字です。**

経常収支と逆になる資本収支では、赤字は悪いこと、黒字は好ましいという意味ではありません。資本輸出（資金の国外流出）はその国のマネーを減らすので資本収支の赤字と言い、資本輸入（資金の流入）は足りないマネーが流入するので黒字とするという言葉上のことです。

以上の代金決済のメカニズムから国際収支では、

・**日本や中国のような経常収支の黒字国は資本収支が赤字**になり、

・**米国や英国のような経常収支の赤字国は資本収支が黒字**になって、マネーが貸し付けられています。

国の場合、外国への貸付は資本収支では赤字になります。赤字という語感から資本を借りたように感じますが、国際収支のバランス・シートではマネーの海外流出、つまり対外貸付のことです。

以上のように**経常収支の黒字国では、「経常収支の黒字＝資本収支の赤字」であり、マネーは経常収支の赤字の国に貸し付けられています。**

【世界の経常収支の赤字と、米国の累積赤字】

2014年の経常収支の赤字の順位では、①米国（$4106億：49兆円）、②英国（$1622億：19兆円）、③ブラジル（$912億：11兆円）、④トルコ（$458億：5兆円）、⑤オーストラリア（$398億：4・5兆円）、⑥カナダ（$393億：4・5兆円）、⑦フランス（$299億：4兆円）です。

こうした国々では**〔経常収支の赤字＝資本収支の黒字＝対外債務の増加〕**になり、対外借り入れが年々増えています。

2012年以降、経常収支の黒字が減っている日本は、11年までの過去30年間の経常収支の黒字と為替介入のドル買いが累積し、対外債権は934兆円（2015年6月）という巨額になっています。他方、対外債務は596兆円です。差引で343兆円（GDPの69％）の対外純資産があります。過去30年間、1年平均で12兆円の資本の純流出（純貸付）があったからです。

日本の経常収支が赤字になると、海外からの資本流入か、対外資産の売りが必要になります。このときは円安になり、金利が上がります。原油がもとの$100に戻って、現在の$1：120円レベルが続くと、日本も経常収支で赤字になり、資本輸入が必要になるからです。

経常収支の累積赤字が世界一大きな**米国の対外債務は、$26・6兆（3180兆円：2013年：JETROの統計）に達しています。**同年の米国の名目GDPは$16・7兆（2000兆円）ですから、その1・6年分という大きさです。

対外債務＄26・6兆は、ドルが基軸通貨とは認められず、海外が好んでドルをもたないとすれば、ギリシャ（**対外債務がGDPの161％**）**のようにデフォルトになる規模です。**

米国にとって基軸通貨の維持は、もっとも重要な経済・金融政策です。各国中央銀行や政府がもつ米ドルは外貨準備だけでも、＄12兆（1440兆円）に増えています。その60％（＄7・2兆：864兆円）は、米ドルの預金と米国債です。

世界の政府部門以外に、民間金融機関が政府の1・25倍のドルとドル債をもっています（＄14・5兆：1740兆円）。富裕者もドル預金が多い。スイスや英国でのプライベートバンクの預金もドル建てが多い。

米国以外との貿易でも必要なドルは、世界からの需要が多い。

1990年は世界の貿易のGDPに対する割合は20％でしたが、2013年には30％に増加しています（世界銀行）。貿易の増加率は世界の名目GDPの増加率より高く、このため貿易に使うドル需要も増え続けます。**価値保存機能で劣る米ドルの基軸通貨体制は、GDP成長よりも大きな世界の貿易の増加で強化**されてきたのです。

ドルは世界からまだ基軸通貨と認められ、同時に米国の名目GDPの期待成長も3％以上はあります。世界の貿易の増加も大きいため、デフォルトしていません。

米国にとって基軸通貨国であることは、国家と経済の〝生命線〟です。何より優先して、この特権を守らねばならない。基軸通貨であれば経常収支の赤字を続けても、黒字国にドルを刷って渡せばいいからです。

ドル基軸体制を守ることは米国経済の安全保障であり、FRB（米国連邦準備制度）はマネーのペンタゴン（米国防省）に当たります。基軸通貨国も無限信用をもつのではなく、その対外債務には限界があるからです。

ドル基軸通貨体制については、第13章と第14章で検討を加えます。後述しますが、**FRBが金価格を下げる戦いを続けるのは、ドル基軸体制を守るため**です。金が高騰するとドルの価値が低下したと見られるからです。

世界の経常収支の黒字と赤字は一致します。経済学では、前述のように対外不均衡と言っています。赤字と黒字の不均衡は一致するからです。米国は世界の経常収支の赤字（＄7210億：86兆円　2014年度）のうち半分以上の57％（＄4106億：49兆円）を占めています。

経常収支の恒常的な赤字はドルを下落させ、世界が貿易通貨として使う基軸通貨の地位をおびやかすものです。しかし基軸通貨としてのドルは強い。なぜ強いのか、将来はどうなるのか、第14章で示しています。

資産のバブルのあとに起こるデフォルト

債務の不履行が広い範囲に起こったときが、金融資産の価値が暴落する金融危機です。**金融危機の前に、どの国でも資産のバブルが起こっています。**その時期は金融資産とともに、負債が大きく増えます。限度まで行き着くと、大きくなりすぎた負債の利払いと返済ができない人や企業が増えます。デフォルトが広がると、債券をもつ金融機関に不良資産(バッドローン)が増え、金融機関が信用を失って危機になります。

デフォルトは、金融資産の価値を借り手が利払いと返済ができる金額にまで下落させます。デフォルト寸前のギリシャ国債の価値は、額面の30%しかないとされていました。貸付金は、借り人が〝払える分〟の価値しかないからです。

この金融危機のときに、政府・中央銀行からの救済資金が投入されないと、金融資産の価値は借り手が払える金額にまで下落します。以上からも、金融資産・負債がその国の所得に対して増えすぎると、必ず金融危機が起こることがわかるでしょう。

【Too Big To Fail】

まだその先があります。金融危機のときは「Too Big To Fail（つぶすには大きすぎる）」として、政府または中央銀行が負債性のマネーを増発し、金融機関に対して不足するマネーを貸与または増資として与えます。

この救済によって、金融機関に預けられた金融資産の価値の下落は防がれます。しかしこれを行うと、**不良債権が今度は、政府の国債と中央銀行の貸付金に移転**します。

- １９９８年の日本の金融危機の後、日本政府と日銀には１００兆円の不良債権が移転しました。
- ２００８年のリーマン危機のとき、米政府とＦＲＢに大手金融機関の＄４兆（４８０兆円）の不良債権が移転しました。
- ２０１０年からのユーロの南欧危機のときも、ほぼ3兆ユーロ（４００兆円）分が、ＥＣＢの負担になりました。

このマネーの投入で、日米欧の金融資産は危機の後も守られています。

問題は、ここでもまだ終わりません。不良な負債が増えた政府の財政危機（国債の危機）、中央銀行の負債の拡大の危機（つまりマネーの増発）に変わって、近い将来に国債価格の下落が準備されているのです。

資産とは不動産、株、債券、国債、預金、デリバティブ証券、そして金です。資産の高騰は貸し手の金融資産を大きくする一方、高い資産を買った人の負債も大きくしています。資産（不動産、株、金融商品）のバブル価格が崩壊すると、借り手が利払いと返済ができなくなって負債が不良化し、金融機関の信用崩壊から金融危機になっていきます。

まだ統一した定義がないバブルは、資産が適正価格を上回って高騰することです。国債も金融商品であり資産なので、低金利でバブル価格になります。**適正価格とは、「資産の価格上昇率＋金利」で見る利回りが将来にわたって〝持続可能〟な水準を言います。**

【サステナブルな資産価格と負債】

資産価格がサステナブル（維持可能）な上昇であるかどうか、ここが肝心です。

金融緩和を長期化させ、不動産バブルからリーマン危機を生んだと言えるＦＲＢの元議長グリーンスパンは、「バブルは崩壊したあとでないとわからない」と弁明し、経済学者も追認していますが、そんなことはない。

住宅価格は普通の所得の世帯がローンを払える金額かどうかで、バブルが判定できるからです。株価は、企業の将来利益の割引現在価値と予想ＰＥＲで判定できます（第12章に詳述）。

その国の世帯年収の6倍を大きく超えた住宅価格は、バブルでしょう。平均年収が６００万円なら、3600万円が年収の6倍です。平均的な新築住宅に5000万円の価格がついて売れているときは、バブルです。

価格が年収の7倍を超えると、ローンを借りた人の債務不履行が増えるからです。負債の所得倍率でみれば、バブルはわかります。日本の銀行は貸すとき、一時的ではない確実な年収の5倍を枠のメドにしています。

3〜4%程度の中国の実質GDP成長率

【懸念される中国の住宅価格バブル崩壊】

中国の住宅価格の世帯所得倍率は大都市の北京19倍、上海18倍、深圳17倍であり、重慶が10倍です（2013年　野村総研）。世帯所得が年率10%で増えるという前提で、この高い住宅価格があります。

2015年6月から、GDPの伸び率低下を主因に、15年6月では予想PERで27倍だった株価バブルが崩壊しました（15年10月時点では予想PERは14倍に低下）。

しかし**中国バブルの本命は、株価より広範囲な住宅価格**です。公称GDP（所得）の低下が明らかになって住宅バブルが崩壊するとき、中国が米国債を売るために、まず米国に波及し、米国から日本に波及します。

15年9月には中国の株価ショックを受けて、日本の株価も15％下落していました（日経平均1万7725円：15年9月末）。下落は米国のヘッジファンドの売りによるもので、〔中国→米国→日本〕と瞬間波及したものです。

将来の物価上昇を含む名目GDPの予想成長率が、10％（実質7％＋物価上昇3％）と高かったことによって、中国の高い住宅価格は正当化されてきました。実質GDPの成長が政府発表の7％、物価上昇を含む名目成長率が10％なら、平均の名目賃金の増加率も10％になるからです。1年に10％賃金が増えると、10年後には2・6倍になります。12年後は3・1倍です。住宅ローンの期間は25年でしょう。

北京のように住宅価格の所得倍率が19倍であっても、毎年10％所得が伸びれば、ローン返済期間の真ん中にあたる12年目の予想所得に対しては〔19倍÷3・1倍＝6・1倍〕となります。つまり2013年までは、高い住宅価格も将来の世帯所得に対して**「ローンが払える妥当な価格」**だったのです。

しかし2014年以降の中国の本当の実質GDPは公称の7％成長（15年4～6月期）ではなく、4％以下と推計されます。

中国において数少ない信頼に足る経済指標のひとつとされ、生産の増加に比例して増えるべき電力消費量は、2013年央の+10%から、14年は+4%に、15年は+3%に減速しました（国家統計局）。同時に鉄道貨物の商品輸送量は、2013年には+3・7%でしたが、14年は+3・2%に減り、15年は+2・7%です。以上は商品生産と物流量の増加が減少していることを示します。生産の過剰から卸売物価は5・4%も下がっているので（15年7月）、輸送される商品の金額は前年比でマイナス2・7%になっているはずです。

ここから見ても、**本当の実質GDPの成長率は3〜4%程度**でしかない。しかも、このGDP成長の減速は一時的ではないのです。

GDPは労働者当たりで言うと**〔1人当たりGDP×生産年齢人口×就業率〕**です。中国では、この生産年齢人口が2010年まで年率1・6%で増えていました。

これは2015年の10億1445万人が頂点になったのです。2020年には10億39万人に、25年は10億21万人、30年は9億8757万人、35年には9億5140万人に減っていきます（国連統計）。

生産年齢人口が減り始めると、**〔1人当たりGDP生産の増加率－生産年齢人口減少率〕**ですから、どの国でも経済成長は大きく減速します。戦後世界は日本を筆頭に欧州、中国と、生産年齢人口の減少期に入り、GDPの増加率が低下していきます。

なお米国のみは、2015年の生産年齢人口2・14億人ですが、2040年には2・42億人へと13％増えます。これは2025年くらいからの米国の世紀の再興を示すものです。なおインドも2000年を頂点に、生産年齢人口は減少期に入っています。

日本の生産年齢人口（15〜64歳）は、世界に10年から20年先駆けて減り始めました。1995年の8727万人が頂点で、2015年現在は7682万人です。過去20年で1044万人（12％）も減っています。これが主因になって、日本のGDPは20年間増えていません。この生産年齢人口は2040年には5787万人へと、今後25年間でさらに1895万人（25％）も減ります（国立社会保障人口問題研究所）。年率では1％の減少です。わが国のGDP増加が今後とても困難であることを示すのが、生産年齢人口の大きな減少です（第15章でも述べます）。

ずっと増えてきた生産年齢人口が減少する時期に入ると、GDPの増加率は低下し、それは続きます。

【バブル崩壊の危機寸前にある中国】

中国の経済成長は実質で3〜4％、名目で5〜6％に低下するでしょう。いや、すでに低下しているはずです。そして、7％の実質成長に戻ることは永久にないのです。

名目GDPが5％成長に減速すると、平均所得の増加も5％に低下します。つまり12年後の平均所得は、現在の〔1・05の12乗＝1・8倍〕しか予定できない。

このため北京の住宅価格の世帯所得比19倍は、将来所得に対して（19倍÷1・8倍＝10・5倍）に下がります。これは、**平均的な住宅価格が妥当な価格から2倍高いバブルである**ことを意味します。

バブル価格でローンを組むと、デフォルトが増えます。2015年の株価のように中国の住宅価格は、2016年からは2分の1に向かい低下するでしょう。世帯がローンで買える価格に下がるからです。

住宅価格が2分の1に向かって下がりデフォルトが急増すれば、

- ローンの証券化商品である理財商品と信託商品24兆元（456兆円：14年末）の不良化、
- そして国有企業と省政府の投資分である社会融資総量102兆元（1938兆円：同年人民銀行）のバッドローン化が起こります。

理財商品と信託商品は、ローンを証券化したデリバティブです。

信託商品は最低100万元（1900万円）を1単位に、7％から10％という高い利回りの金融商品として富裕層へ販売されています。不動産融資を証券化した米国のMBSに似ています。銀行は倒産し、金融パニックが起こるのです。

ただし上がっていた不動産が下がるとき、人々の認識は2年から3年は遅れます。

日本では1992年からの地価の下落が人々に認識されたのは、1994年からでした。米国でも2006年7月からの住宅価格の下落が共通認識になったのは、2年遅れの2008年でした。幅広い統計は6カ月は遅れます。不動産業者もローン業者も、下がると言えば買い手が消えるので、いまが底でまた上がると言い続けます。**このため下落の過程で買ってしまい、資産を失う人がたくさん出ます**。

中国の預金残高（2014年現在105兆元：1995兆円）は、2000年代は年20％平均で伸びて、10年代も15％平均という高い率で増えてきました。1995兆円の預金は日本（1308兆円）の1・5倍です。名目GDPの増加より、金融資産の増加率ははるかに高い。このため金融負債も、同じ高い速度で増えてきたのです。

以上が示すのは、**2016年から17年に想定される中国の不動産バブルの崩壊**です。

2015年6月からの株価に続き、中国の不動産バブルが崩壊して銀行の不良債権が増えたとき、世界経済にとってリーマン危機のスケールの波及になるでしょう。

現在は、中国バブル崩壊の危機寸前の時期と判断しています。

日本国債のバブルと仮想的な国債崩壊

不動産や株と同様に、発行時の金利が固定する国債も、超低金利ではバブル価格になります。

10年債で0・35〜0・4%付近という金利（15年9月）**が、今後10年にわたって維持可能かどうか。**

1%ならまだいいのですが、2%や3%に上がる可能性が高ければ、現在の国債価格はバブルです。金利が上がることは、超低金利のため高すぎる価格になっている国債のバブルがはじけるということを意味します。

- 政府、日銀が上げようとしている期待消費者物価（期待インフレ率）が本当に2%付近に上がることで、
- 期待金利が2%や3%に上がって、国債価格のバブルがはじけると、政府債務の残高が大きなわが国は、まず日銀が債務超過になり、次は銀行間のコールローンの縮小から金融危機に至ります。

（注）理論的な国債金利は、〔実質GDPの期待成長率＋物価の期待上昇率〕です。物価の上昇が折り込まれると、その分、国債の金利は上がり、価格は下がります。

【市場の期待金利を上げるインフレ目標の達成】

2%のインフレ目標が達成されると、日銀の超緩和策が、皮肉にも金融危機を引き起こします。政府の債務が1209兆円（名目GDPの2・4倍）と大きすぎるからです。そのうち国債は1022兆円（15年6月）です。

償還満期までの残存期間が平均7年の超低金利の国債は、市場の金利が1%上がるごとに、6・4%も価格が下がります。金利の1%上昇につき〔1022兆円×6・4%＝67兆円〕の含み損が、国債を所持する日銀、銀行、生保、年金基金などに生じます。

2・8%から3%に向かい市場の金利が上がる傾向になれば（政府の想定は2018年です：第15章）、国債を大量にもつ金融機関の全体に、自己資本を消す規模の含み損が生じます。このため「損をしないうちに、他より早く売り抜けよう」という動きが横並びで始まります。自分のお金を運用していないサラリーマン・ディーラーは組織の意思決定に従属するので、横並びの行動になるのです。

【国債の金利にリスクプレミアムが組み込まれるとき】

金融機関からの国債売りの動きが増えて、債券市場で売りの超過が大きくなると、国債の下落で最初に債務超過になる日銀が買い支えても下落は止まらず、期待金利は国債リスクを折り込んで上がります。

普通の時期は、**〔国債の理論的な金利＝実質GDPの期待上昇率＋消費者物価の期待上昇率〕**です。実質GDPの予想上昇率が0・5%、消費者物価の期待上昇率が0%なら、10年債の理論的な均衡金利は0・5%です。

しかし金融市場が財政危機を感じ始めると、リスクプレミアムが加わります。

〔国債の理論的な金利＝実質GDPの期待上昇率＋消費者物価の期待上昇率＋リスクプレミアム（％）〕

加わったリスクプレミアムはCDS（債権回収保険）の保険料率に相当するものです。CDSを掛けていると、債券（国債や社債）がデフォルトしたときに、額面金額がCDSを売って保証を引き受けた金融機関から支払われます。

【政府の財政信用という根底】

国債の信用は、政府の財政信用以外にない。

財政信用とは、

・**政府が国債の金利を払い続けること**ができ、

・**大量に発行する借り換え債も低利で売れ続ける**ことを人々が予想することです。

このためには、その国の将来の政府債務が①**将来の名目GDPに対し一定率（2015年現在は2・4倍）を維持するか、**②**下がるという可能性**がなければならない（政府債務／名目GDP＝政府債務比率）。これがないと、国債の買い手が財政危機を感じることから、国債のリスクプレミアムが上昇し、国債価格は一層下がるのです。

たとえば実質ＧＤＰの期待上昇率が０％、消費者物価の期待上昇率が２％、リスクプレミアムが２％なら、長期国債に期待される金利は４％です。

期待金利が４％になると、**〔国債価格１０２２兆円×６・４％×４倍＝２６２兆円〕**の流通価格の下落です。わが国の金融機関の全自己資本（推計１５０兆円）の１・７倍です。埋めようのない債務超過が、全金融機関に同時に生じます。

政府の財政信用の低下に起因する国債価格の下落の場合、日銀による国債の買い支えが金利を下げ、国債価格を上げる効果をなくしていきます。

政府・日銀が１１２兆円の債務超過になった金融機関に出資して資金を貸与しようにも、そのマネーを得るための国債の発行が困難になります。

債務超過になり、資金不足になった金融機関が国債を買う能力をなくすからです。

通貨を発している日銀の信用も、３０６兆円の保有資産（15年9月）である国債の価値に依存しています。国債の流通価格が前のように25・６％も下落すると、78兆円の含み損が生じ、３・５兆円しか自己資本のない日銀は信用を失うからです。

国債の不良化が原因の金融危機は、

- **〔政府債務（１２０９兆円）÷名目ＧＤＰ（４９９兆円）＝債務比率２４２％〕**が上がるにしても、ほとんど同じと言える水準であること、

- および、下がる傾向が見えることによって財政信用が回復するしか、防ぐ方法はない。
1209兆円という過剰な政府債務も、国の名目GDPに対して6・8年分にもなった金融資産と同額に増える金融負債が原因になっています。
- 政府は赤字財政のため国債（金融負債）で借りすぎ、
- 金融機関は国債（金融資産）を買いすぎたのです。
金融機関が国債を買わなければ、価格は下がって金利が上がり、1000兆円を超える発行には至らなかったでしょう。金融負債は金融資産とともに増えます。

第2章　リーマン危機の原因となったデリバティブの全面的な崩壊

本章では、2008年9月からのリーマン危機を振り返ります。

7年前のことを述べるのは、本当の原因が一般には知られていないと思えるからです。リーマン危機は、よく言われる**100年に1度の危機ではない。世界史上初めて起こったデリバティブの崩壊による危機**でした。デリバティブは1980年代から開発が進みましたが、大きく増えたのは21世紀です。したがって人類史上初めてです。

本章の目的は、原因を明らかにすることだけではない。われわれが迎えようとしている将来の金融危機は、国債におけるリーマン危機型になるからです。リーマン危機の原因と展開を知ることは、対策を立てるのに必要な条件です。

起点に過ぎなかったサブプライムローンのデフォルト

２００６年はＦＲＢの金融緩和と海外からの資金流入（ドル買い）により、全米の住宅価格がピークをつけていた時期でした。リーマン危機は、２倍から３倍に上がっていた住宅価格に対するサブプライムローンのデフォルト率（債務不履行率）が10％を超えたことが起点になったものです。

このためリーマン危機の原因を住宅ローンのデフォルトと見ている人がいまも多い。それは起点に過ぎないものでした。

変動金利であるサブプライムローンは、２００７年３月の頂点で契約７５０万件、残高＄１・３兆（１５６兆円：１件の平均額２０８０万円）でした。米国の金融機関の２０１５年６月の負債全体である＄79・１兆（９４９２兆円：米国のＧＤＰの５年分 日銀資金循環統計日米欧比較）からすれば、１・７％に過ぎない。全住宅ローンに対しても13％と少ないのです。

＄１・３兆（１５６兆円）のサブプライムローンの50％がデフォルトしても、米国の金融危機にまでは至りません。事実、２００８年３月時点で、デフォルトによる金融機関の損失は＄２０００億（24兆円）に過ぎなかったのです。

【全面崩壊したデリバティブ証券】

本当の危機は、

- **AAA級とされていたMBS**（不動産ローン担保証券）**の40％の下落**に波及し、
- 2000年以降増え続けてきたCDO（債務担保証券）やCDS（債務保証保険）**を含むデリバティブ証券の全面崩壊**に至ったことでした。

デリバティブ証券は原資産から統計的な価値変動の確率を計算して作られた、原資産とは別の金融商品です。住宅ローンは原資産です。ローンの回収権とは貸付金の金利と元本を回収する権利であり、キャッシュフローが生じる金融資産です。

住宅と商業用のローンの回収権を、

①ローン会社から多数買い取って、

②それをかき混ぜて合成し（プールすると言います）、

③回収の確実性から3段階に分割したのがMBS（不動産ローン担保証券）というデリバティブです。これを債務の証券化とも言います。

国債より金利が高いMBSは、作った金融機関が別の金融機関や投資家に販売されています。

【途方もない額に膨張しているデリバティブ証券の残高】

デリバティブがかかった金融資産の想定元本（原資産と言う）は、2014年12月で$630兆（7京5600兆円：BIS）です。世界のGDP、つまり商品とサービスの付加価値生産高であるGDP$77兆（9240兆円）の8・2倍です。

デリバティブ証券が売買される流通価格は、$20・8兆（2496兆円）です。この価格は金利、リスク率、株価、経済指標によってレバレッジがかかり、今日も大きく変動しています。

デリバティブは、利益や損失を拡大するレバレッジ効果をもっています。

工場が空洞化した米国でデリバティブの製造が増えたのは、低金利が長期化した世界で人々がハイリターンを求めたからです。ハイリターンはハイリスクです。国債金利が3％のとき、デリバティブ証券の〔期待利回り＋キャピタルゲイン〕が6％なら、3％分はリスク率です。

世界のGDPは$77兆（9240兆円）。これは、世界の70億人が1年に生産する商品とサービスの総額です（1人平均$1・1万：132万円分）。サービスとは形のない商品であり、医療、金融、保険、電力、交通、通信、ホテル、教育、エンターテインメントなどです。世界のGDPの中で、商品を50％とするとサービスが50％になります。日本では名目GDPが500兆円付近です。2012年末以来の50％の円安のため、シェア10％の地位から落ちて世界の6％です。

２０１５年には、**世界の世帯・企業・政府がもつ金融資産は、ＧＤＰの４年分に増えて推計＄３００兆**（３京６０００兆円）。世界の１人当たりでは＄４・３万（５１６万円）でしょう。

世帯、企業、政府は３つの経済主体です。（注）後述しますが、日本の世帯、企業、政府がもつ金融資産は３４２２兆円で名目ＧＤＰの６・８年分です（15年６月）。このうち世帯の所有分だけでは１７１７兆円、１人当たりでは１３５０万円です。

デリバティブは、世界の金融資産＄３００兆（３京６０００兆円）と金融負債（金融資産と同額）に対し、二重にかかっています。

金融資産と負債を「原資産」として、それにかかっているデリバティブが＄６３０兆、邦貨では７京５６００兆円ということです。これは世界の全部の金融資産に対し、デリバティブが２回かかっていることになります。

金融資産は金融機関に預託されています。預かったあるいは貸した金融機関が管理している資産や負債に対して、リスク回避のため、あるいは利益を求めてデリバティブをかけているのです。

すべての金融資産にかかる二重のデリバティブ

２０００年代の金融の工学化によって大きく増えてきたデリバティブをどう見たらいいか。わが国ではデリバティブが作られることが米欧より少ない。戸惑いが起こるはずです。金融機関に勤めている人でも、知っている人は稀《まれ》です。

図２に、中央銀行の上の中央銀行であるＢＩＳ（国際決済銀行）が３カ月ごとに集計している、デリバティブの全体を示します。

①外為関連、②金利関連、③株式関連、④金や原油を含むコモディティ関連、⑤債務の回収を保証する保険であるＣＤＳ（Credit Default Swap）、⑥その他の証券化商品（ＡＢＳ、ＭＢＳ、ＣＤＯなど）です。対象となっている原資産（元になっている金融資産）は＄６３０兆（７京５６００兆円）です。

世界の全部の金融資産＄３００兆（３京６０００兆円）には、持ち手にはそれとは知られず、二重にデリバティブがかかっています。もちろん、あなたの預金や住宅ローンに対してもかかっています。

デリバティブの**時価価値は＄20・8兆**（２４９６兆円）です。**２４９６兆円の価値の、受払い**

図2　世界の店頭デリバティブ
（2014年12月末：BIS・国際決済銀行）

世界の金融資産（$300兆：3京6000兆円）に二重にかかっているデリバティブの総時価は$20.8兆（2496兆円）。

デリバティブは、金融の原資産・負債から派生して作られた、新たな金融資産・金融負債である。

項目	原資産の想定金額		時価の資産価値		内　容
	原資産	円換算	流通価値	円換算	
外為関連	$75.8兆	9100兆円	$2.9兆	348兆円	①外貨の先物とFX　②通貨スワップ　③通貨オプション
金利関連	$505.4兆	6京650兆円	$15.6兆	1872兆円	①金利先物契約　②金利スワップ　③金利オプション
株式関連	$7.9兆	950兆円	$0.6兆	72兆円	①株式先物　②株式スワップ　③株式オプション
コモディティ関連	$1.8兆	220兆円	$0.3兆	36兆円	①金と商品の先物　②スワップ　③商品オプション
CDS（債務保証保険）	$16.3兆	1960兆円	$0.6兆	72兆円	①シングルネームCDS　②マルチネームCDS
その他	$22.3兆	2680兆円	$0.8兆	96兆円	ABS（資産担保証券）、MBS（不動産ローン担保証券）、CDO（債務担保証券）などの証券化商品
合計	$630.1兆	7京5610兆円	$20.8兆	2496兆円	想定原資産は世界の金融資産の約2倍で、流通価格は2496兆円

（1）先物取引では、先物価格（現物価格＋金利）で売買し、取り決めた期限日（限月）までに、反対売買を行って取引を清算する。
1000万円で先物を買った場合、期限日までに1100万円に上がったときに清算すれば、100万円の利益が出る。下がれば損になる。

（2）金利スワップでは、固定金利と変動金利を交換する契約。固定金利を買ったときは、将来金利が上がると利益を得て、下がると損になる。
通貨スワップでは、異なる通貨の間の、変動金利、固定金利を等価交換する。
（注）どちらも金利部分のみを、そのときの等価で交換するが、元本は交換しない。

（3）オプション取引では、将来の一定期間後（清算日）かそれ以前に契約した一定価格で買う権利、あるいは売る権利を売買する。
Aは、1年後にB社の株を1万円で買う権利を1000円で買った。1年後に1万3000円に上がっても1万円で買って、1万3000円で売ることができる。

利益は、1万3000円－1万円－オプション料1000円＝2000円である。

この株が8000円に下がっても1万円で買わねばならないから、そのときは買う権利を放棄する。損失はオプション料の1000円になる。

（4）CDS（クレジット・デフォルト・スワップ）は債権の回収を保証する保険。デフォルトのリスク確率が上がるとCDSの価格は上がる。リスク確率が下がるとCDSも下がる。CDSは、第三者生命保険のように、自分と無関係な債権・債務にかけて、第三者間で売買ができる。自分のリスクの回避のためのCDSではなく、CDSをかけておいて先物を売るようなモラルハザードが、ギリシャ危機のとき発生した。

がある契約金融資産になっていると理解してください。2000年代から大きくなったデリバティブにより、新たに2496兆円分（日本の全金融資産3422兆円の74％）の金融資産が、米国と欧州の銀行の手で作られたと言えます。

【構成比80％の金利スワップ】

デリバティブの中でもっとも多いのが金利スワップ（金利交換）です。

想定元本が＄505兆（6京600兆円）で、全デリバティブの中での構成比が80％です。

金利スワップは、

- 固定金利をもっている金融機関が、
- 固定金利より低い変動金利をもっている別の金融機関と、
- 金利部分だけを切り離して、交換（スワップ）する契約です。

A銀行が、金利5％の固定金利の住宅ローン債権1兆円をもっているとします。

一方B銀行は、現在の金利4％の、変動金利の住宅ローン債権1兆円をもっているとします。

A銀行は将来の金利上昇を予想し、受け取り金利で損になるかもしれない固定金利を、金利が高くなると上がる変動金利に変えたいと思っているとします。

一方で、Ｂ銀行は金利の低下を予想し、受け取る金利が下がるかもしれない変動金利を、金利が下がっても変わらない固定金利に変えたい意向があるとします。

Ａ、Ｂの銀行が１兆円の住宅ローンのスワップに合意したときが、金利スワップの成立です。金利が変動しないときは何も起こりません。１年後に金利（日々変動しています）が６％に上がったとします。固定金利は変わらないので５％で同じです。変動金利は４％だったものが６％に上がります。

この年、金利の上昇を予想して変動金利に交換したＡ銀行は、Ｂ銀行から元本１兆円の２％（２００億円）を受け取ることができます。２年目がどうなるかは金利次第です。要は、銀行間取引のデリバティブでマネーの受け渡しをしています。

リスクを引き受ければ、いくらでも短期利益を出せるのがデリバティブです。**将来リスクを大きく引き受ければ、大きな当期利益を出すことができます**。このため銀行の利益が本当の利益かどうか、デリバティブによってわからなくなっています。

自行に将来リスクを抱えさせても当期利益を出す。その利益で株価が上がる。オプション株で個人的な報酬を高める。これがいまもウォール街の行動様式です。

デリバティブが増えた原因の50％は、金融トップと担当の自己利益を図る行動様式から発しています。これが米国の所得格差も大きくしています。デリバティブでの運用に預託した資金に対して、投資家が払う手数料は一般に「2％」です。そして金融機関のファンドマネジャーは、出た利益の「20％」を得ます。ところが損失を出したときは、ファンドマネジャーは損をしない仕組みなのです。以上の報酬の仕組みのため、デリバティブは禁止すべきだという理由でもあるのです。

【金融のリスクを移転させるデリバティブ】

金利スワップはデリバティブ全体（＄630兆）の80％を占めています。われわれの預金や住宅ローンには、金融機関によって固定金利と変動金利を交換する金利スワップがかかっています。

想定元本＄630兆の金融資産にかかったデリバティブの価値は、元本の3・3％に相当する＄20・8兆です（BIS：国際決済銀行）。

生命保険にたとえると、想定元本である邦貨7京5600兆円が保険金です。保険料が2496兆円です。払った年間保険料が価値に相当します。保険料率が3・3％ですから、かなり高い。これは金融資産・負債のリスク確率の高まりを示しています。

金利スワップ＄505兆（6京600兆円）では、わずか1％の想定外の金利上昇が起こったとき、固定金利を売って変動金利を引き受けた側の銀行から（6京600兆円×1％＝606

兆円」もの支払義務が生じます。

これは世界の大手行が全部ふっ飛ぶ規模です。低金利の世界金融の〝脆弱性《ぜいじゃく》〟を如実に示すのが、この金利スワップです。

もちろん一方的に固定金利を売って変動金利を買っている銀行だけではありません。606兆円のうち60％は相殺されるでしょう。それでも240兆円の受け渡しというスケールです。世界の住宅ローンは固定金利が多いので住宅ローン債券をもつ銀行は、今後の金利上昇が想定外のときは破産します。

2015年内に予定されるという**FRBの出口政策としての利上げ（当初予定は0・25％）が大きな影響をもたらすのも、金利スワップが重なった卵のように巨大化しているから**です。

デリバティブについて付記すれば、想定外の金利上昇で金融機関が危機に陥ると、その銀行の債務にかかったデフォルトを保証するCDS（元本$16・3兆：1960兆円）の料率が上がり、破産すれば、肩代わりでの支払い義務が生じます。

このように連帯保証の機能ももつCDSにより、リーマン危機のときのように、銀行破産は連鎖します。CDSは連帯保証に似ていると考えるといいでしょう。

【デリバティブを〝産業化〟した欧米】

銀行間でリスクを移転し合うデリバティブは、危機を連鎖、拡大させます。江戸時代の領主が年貢を取り立てる五人組のような連帯保証制度が現代国家ではなくなってきたように、金利スワップ、外貨スワップ、そしてCDSは禁止すべきです。デリバティブはリスクを津波のように拡散させるからです。

わが国では幸か不幸か、銀行の理解が遅れたため、デリバティブ金融は少ない。問題は米国、ドイツ、英国、フランス、スイスです。デリバティブが大きい国では、**危機は思わぬところへ瞬間波及します**。

なぜデリバティブが増えたのか。利益を求めたウォール街のロビー活動による政治力に起因します。それと米国と英国の製造業が空洞化した1980年代以降、リスクを現金化することができる金融のイノベーションとして、デリバティブを〝産業化〟したからです。

作られた金融資産の価値（これも国富です）が、2014年末のデリバティブの時価である$20・8兆（2496兆円）です。日本は、1995年の金融ビッグバンからです。政府が育成し、奨励しています。

もうひとつ禁止すべきは、コンピュータにプログラムで1秒間に数千回の、株や国債の売買を行うHFT（High Frequency Trading：超高速取引）です。HFTは、日米欧の指数取引（日経平均やS&P500などの指数の売買）の約50%を占めています。自動売買を行うプログラムのアルゴリズム（算法）は類似しているので、市場の瞬間の上げ幅と下げ幅が無意味に大きくなっています。世界市場の瞬間連動性を高めているのも、このHFTです。

【MBS（不動産ローン担保証券）の事例】

わが国では作られることが少ないMBS（Mortgage Backed Securities：不動産ローン担保証券）は、

・買い取った**不動産ローンの債権を原資産として組成され、**
・ローンの利払いと返済金を分配するデリバティブ証券です。

国債は政府の財政信用をバックにするものですが、MBSは住宅ローンの支払い信用を担保にした証券です。

MBSの発行残高は、リーマン危機の直前の2008年に$8兆（960兆円：米国証券業金融市場協会 SIFMA）になっていて、サブプライムローンの6・2倍でした。サブプライムローンは最初を払いやすく、あとで金利が上がる、借り手にとってリスクの高いローンです。このローンも、増えた金融資産が高い金利での運用を求めたため作られたものです。

住宅ローンを含む多くの不動産ローンを、投資銀行（ゴールドマン・サックスやJPモルガン）が設立した特定目的会社（SPC：Special Purpose Company）が買い取って合算し、

①優先債（シニア債）、
②中二階債（メザニン債）、
③劣後債に分割（トランシェ）して、それぞれ証券化し、金融商品として販売したものです。

このMBSを原資産として、もっと複雑に構成し、製造したクォンツ以外には、原資産と構造がわからないCDO（Collateralized Debt Obligation：債務担保証券）も作られていました。

ウォール街に多いクォンツとは、統計と数理モデルを使って、デリバティブ証券の作成に従事する人々のことです。

買い手の金融機関の多くはその中身を知らず、AAAの格付けを頼りに買っていました。ところが格付け機関は、MBSやCDOを作った金融機関から格付け料をもらっていました。このため、**下落リスクの大きな証券にも高い格付けをするというモラルハザード**を発生させていたのです。

成分・構造・リスクを知らせず、安全のラベルを貼って売っていたのです。金融機関の営業担当も、その構造とリスクを顧客に説明できなかったからでもあります。投資銀行のブランドが信用されたためでもあります。

【格付けに横たわる矛盾】

格付けの高さは、その証券の回収リスク率の低さを意味します。ＡＡＡ（トリプルＡ）は９段階のうち最上級で、政府財政が黒字のドイツやスイスの国債並みの信用です。リスクの低い証券は、利回りが国債並みに低くなるのが普遍的な原理です。

ところがこれらの**デリバティブ証券は、格付けがトリプルAと高く、しかも利回りが国債より高いという矛盾をもつ**ものでした。

利回りが高いと、本来はリスクの確率が高い。たとえばギリシャの10年債は、最下段のＣＣＣ格（投資不適格：破綻懸念）で流通価格は暴落し、利回りは最高で35％と高かった（２０１２年と２０１５年）。

ところがＭＢＳのシニア債は、受け取り金利は高いが優先債であるという構造から、安全性も高いＡＡＡ級とされていたのです。いわば魔法です。しかし、魔法はない。代わりにネタがあります。

本質的な原因は金融資産・負債の過剰だった

２００７年からサブプライムローンの延滞率が13％に上がると、それを一部として組み込んでいたMBS証券の流通価値では、AAA格のシニア債が60%に低下しました。

シニア債とは、20%くらいの住宅ローンがデフォルトしても影響を受けない部分を切り取った優先債です。ところがそれを買っていた金融機関の担当は、ローンのデフォルト率が高まってくると不安に駆られ、市場が消滅しないうちに逃げる〝投げ売り〟をしたのです。

デリバティブ証券の統計的な処理は正しかった。しかし**「心理的な不安」**という要素が数値化されていません。魔法のネタは債券ディーラーが同時に陥る心理的なパニックがなく、あくまで合理的としたことです。これは現在も解消されていない欠陥です。

BBB格の劣後債部分はエクイティ債とも言い、デフォルト率の高いローンが集まっていて利回りは高かった。しかし買い手が消えたので、金融資産としての価値はゼロになりました。

どんな証券も買い手がなければ価値はない。国債、デリバティブ、株の価値は買い手がいくらで買うかで決まります。**国債のリスクを判定し、必要な利回りを決めるのも市場**です。財務省ではない。財務省は国債の売り手です。

【デリバティブ全体に波及したファンドマネジャーの恐怖】

総額面が$8兆（960兆円）のMBSの下落は、様々なデリバティブ証券を保有していた金融機関に恐怖を与えました。**投げ売りが生まれ、価格が崩壊するに至った**のです。流通しないものが多かったからです。買い手がいないMBSの市場は消滅しました。

MBS（不動産ローン担保証券）市場の消滅を受けて、FRBは金融機関に損が出ないよう$1・7兆（204兆円）分のMBSを額面で買い上げて現在も保有しています。つまりMBSの損はFRBに〝移転〟しているのです。世界の国債の30％の部分は、資産バブルの崩壊で民間金融機関に発生した不良債権の移転分でしょう。


ディーラーにとって怖いのは、暴落よりも買い手の消滅です。買い手がいないと、理論価値はあっても、流通価値はゼロだからです。

デリバティブ証券を大量にもっていた大手金融機関には、数カ月のうちに推計で1000兆円の含み損が発生しました。これこそが米国の大金融機関のほぼ全部を、流動性の不足から同時に破産させたリーマン危機でした。

米国の全金融機関の自己資本（200兆円）の5倍の含み損でした。このため銀行間の短期資金を貸し借りしているコールとレポ市場が凍りつき、お互いがマネーを流さなくなりました。支払いの決済期限は襲ってきます。自己資本が薄かった5大投資銀行が同時に、ほぼ2週間で資金不足になったのです。

金融を崩壊させないためには、政府・FRBがマネーを供給することしかなかった。

事実、FRBは6年間で$4兆（480兆円）のマネーを投入しています。

リーマン危機はデリバティブ証券が下落したとき、ディーラーが不安に駆られて投げ売りし、**数理的には想定できない価格に下落することから起こりました**。現在もデリバティブ証券の根本的な欠陥は直っていません。これは欠陥が隠された車のように、いずれ大事故を起こすことを意味します。金融危機が再来したときはパニック売りが起こり、デリバティブ市場の全面崩壊に至るでしょう。米英の製造業が空洞化した80年代の後、金融を大きく産業化するために作ったデリバティブ商品（時価価値2496兆円：14年末：図2）は、禁止すべきものに思えます。

【ファンドマネジャーの心理的なパニックから生まれたデリバティブの崩壊】

2008年のデリバティブ証券の全面崩壊は、担当マネジャーのパニック心理が引き起こしたものです。原因は、額面価格はあっても原資産に対するどんな権利（または義務）が組み込まれているのか、買っていた人が判断できなかったことです。中身がわからない証券を、〃お手盛り〃の格付けで、顧客に信用させたのは格付け機関でした。その罪は大きい。

リーマン・ブラザーズはMBS（不動産ローン担保証券）の下落と、保証を引き受けていたCDS（債務保証保険）の高騰で約2週間で資金不足になり、つぶれました。

政府がリーマンをつぶした理由は、他への影響が比較的、小さかったからです。影響が大きかった世界最大の保険会社AIGと商業銀行バンク・オブ・アメリカは救済しています。政府とFRBが支援資金を提供しなかったら、米国の大手銀行はすべてが連鎖してつぶれたでしょう。預金取付けが起こり、銀行は閉鎖になる信用恐慌から実体経済も1929〜33年のような恐慌に至っていたでしょう。

米国のみならず世界の金融機関は相互に、深い貸し借りで結ばれています。A銀行が破産して負債の決済ができないと、A銀行に短期資金を貸しているB銀行も倒産します。

金融機関は、借り手の利払いの遅延や債務不履行で倒産することはありません。金融ムラの同僚である銀行の支払い不能とコールローンの引揚げから連鎖倒産します。金融機関の連鎖倒産によって起こる信用恐慌とは、金融機関の自己資本をはるかに超える損失によって、流通するマネー量が急減することです。

【誤っていたグリーンスパンの想定】

元FRB議長のグリーンスパンは前述のように「100年に1度の危機」と言いました。彼が想定していたのは、1929年10月の株価暴落からの世界恐慌でした。

グリーンスパンの想定は誤っていました。リーマン危機は29年にはなかったデリバティブ証券（2014年末は流通価値$20・8兆：2496兆円）が原因となったもので、金融機関にとって

1000兆円以上の損失が瞬間に出た危機であり、21世紀型の金融危機だったからです。

原因の本質は、所得に対する金融資産・負債の過剰です。金融資産の過剰は、必ずどこかで借り手（世帯、企業、政府）の負債の過剰を生みます。リーマン危機のときは、FRBの資金供給$4兆（480兆円）によって、金融機関にある金融資産は守られました。

つまりリーマン危機のときの金融資産と負債の過剰は、現在に持ち越され、続いています。

金融資産が企業と世帯の合計所得であるGDPの増加より高い率で増え続けた場合、いずれ100%の確率で崩落します。金融資産・負債の増え方が名目GDPの増加率より大きく高い状態が続く国では、金融危機は〝必然化〟しています。

所得に対し過剰な金融資産は過剰な負債です。利払いと返済ができず不良化する金融危機は100%の確率で起こるのです。

米欧の金融機関の巨大損には蓋《ふた》がされている

2015年現在もなお、デリバティブについては**保有している間は時価評価の必要がないという特例**が続いています。米国と欧州の金融機関では、持ち手が計算した理論値が計上され続けています。本当の損害がいくらだったか、世界の誰も知りません。政府機関が銀行に対して行うストレステストでも、当局の意図で見過ごされています。このため推計によるしかないのです。

ＦＲＢによる国債とＭＢＳの＄４兆（４８０兆円）の現金化は、金融機関に生じた損失の多くに蓋をしています。これは不良債権の空洞の上を覆う「藁《わら》の上の回復」とも言われています。大手金融機関は処理可能な損失は出しても、**処理に余る含み損失はロールオーバー**（決済または満期の繰り延べ）をしているからです。

一例を挙げましょう。＄１・８兆（２１６兆円）という三菱東京ＵＦＪ銀行並みの総資産をもつシティバンクの株価は、＄50付近です（２０１５年10月）。リーマン危機の前の２００７〜２００８年は１株が＄５００付近でした。ところが現在に至っても、預かり資産でナンバーワンの商業銀行の株価は10分の１に低下したままです（米国yahoo finance）。

株式市場がシティバンクの資産に大きな損失があることを見抜いているからでしょう。こうした含み損が次の金融危機の引き金になるでしょう。

あとで触れますが、欧州での問題は、自己資本比率が３・９％ときわめて低いドイツ銀行です。

ギリシャ国債（残高３１２０億ユーロ：41兆円：14年）のデフォルトが問題になるのは、ドイツ銀行とフランスのＢＮＰパリバがそれを多くもっているからです。ＥＣＢ（欧州中央銀行）がギリシャ国債を買い上げる理由は、銀行に巨大損失を生ませないためです。ギリシャ政府に資金を与えるのではない。ギリシャ国債をもつドイツ銀行とＢＮＰパリバに資金を与えるのです。

https://annualreport.deutsche-bank.com/2015/q1/consolidated-financial-statements/consolidated-balance-sheet.html

【金融危機後もハイパー・インフレにはならない】

21世紀型の金融危機の本質は、「**負債性の通貨の危機**」です。このため金融危機が訪れるときは、金や政府財政が黒字のスイスフランが価値を上げます。ドイツも財政黒字ですが、いまは自国通貨が南欧を抱えるユーロであるため、価値は上がりません。

いや本当は、金やスイスフランが価値を高めるのではない。累積の財務赤字が大きくなった国の、負債性の通貨が自らの価値を下げるのです。通貨が価値を下げるとは言っても、第二次世界大戦後のような消費者物価のハイパー・インフレが起こるのではありません。

工場が破壊され、食品を運ぶロジスティクス（最適量の供給物流）もなかった１９４０年代とは違い、21世紀はグローバルな現地生産が進み、交易量が多く、コンテナ物流も高速化し、世界的な生産能力が常に需要を上回っています。このため、消費者が日常に買う商品が長期間不足することはない。

価格が上がっても数カ月すれば商品はふんだんに供給されるので、供給不足からの消費者物価のハイパー・インフレは起こりません。

そもそもハイパー・インフレは、生活に必要な商品の供給不足から起こります。戦後のインフレは、工場と農業の生産力とロジスティクス（最適量の供給物流）が破壊された中で、需要を増やす通貨が増刷されたために起こったものでした。

大切なことを言うと、現代の金融危機の後の通貨増刷が引き起こすのは、消費財のハイパー・インフレではなく、

金融資産の間で、

①価値を下げるものと、

②大きく価値を上げるものが生じるということです。

なお金融危機は金融資産の下落の過程で株式や国債の空売り、先物売り、そしてCDS（債務保証保険）には大きな利益を与えます。

第3章　わが国の金融危機はどこから起こるのか

わが国で想定される金融危機の端緒は、米国のような世帯の住宅ローンのデフォルトからではありません。

- **政府の財政信用の低下が国債価格の下落**になり、
- **長期金利が3％台に上がる気配のとき**からでしょう。

日本の5230万の世帯は、金融資産が1717兆円で負債は371兆円、純金融資産が1346兆円と健全です（15年6月末：日銀資金循環表）。住宅ローン負債が1200兆円もある米国の世帯とは異なります。日本では住宅ローンの残高は、米国の6分の1の192兆円（2014年末）しかないのです。

銀行も、自己資本面で米国および欧州のレバレッジ倍率（負債÷自己資本）が20倍から30倍と高い大手銀行より、健全な資産内容をもっています。

1998年に銀行は、90年代の不動産バブルの崩壊（総地価で1200兆円の評価損）から生じた不良債権200兆円（公称では100兆円）を抱えていました。その後17年、日銀の短期ゼロ金利策と量的緩和によって、利益と自己資本を回復しているのです。

ゼロ金利は預金課税と同じ

ゼロ金利は世帯と企業の預金金利をほぼゼロにすることで、3％付近だったときの預金金利を、金融機関と負債者に〝**所得移転**〟させる効果（年間で30～40兆円規模）があります。試算すれば、世帯から銀行と負債者への所得移転は〔800兆円×3％×20年＝480兆円〕ですから、それは凄《すさ》まじいものでした。

この480兆円分は負債者（銀行、政府、企業、米国）の利払い額を下げ、純資産をもつ預金者（5230万世帯）には事実上の〝金利課税〟をしたことと同じです。

1世帯平均で918万円（一般会計の10年分）の金利課税額ですから、大きさがわかるでしょう。

この918万円は、もし金利率が3％なら世帯の金利所得になっていたものです。

政府は、1998年からの利下げが実質的に世帯への課税の大きな強化になっていることを意識しているでしょうか。預金の金利が1％以下なら、本当なら、世帯の所得税は無税でいいくらいなのです。

受け取り金利に課税し、それを預金者から負債者に移転させるのが、中央銀行の低金利政策です。2000年代の預金は、ゼロ金利のため増えなくなっています。

預金は銀行の負債です。低金利の理由は、金利が上がると大きな負債を抱えている負債者（政府、企業、世帯、米国）のいずれかが、最初に利払いできなくなるからです。

【日本の金融機関のアキレス腱《けん》は国債】

わが国の日銀を含む金融機関の弱点は、現在はまだＢＩＳと財務省によって安全資産とされている国債の保有量の多さです。

国債が安全資産とされるのは、政府からの満期償還があるからです。途中で90万円に流通価格が下がっても、満期日には額面の100万円が戻ってきます。額面が戻るのは社債、ＭＢＳなどのデリバティブ証券、銀行の融資も同じですが、これらの債券は借り主が破産したときは返済がないリスク資産です。

国債で借りているのは、普通は破産しないとされている政府です。このため国債は、利払いと償還が確実な安全資産とされています。これを根拠に財務省は、**満期までもつと決めた国債については途中で価格が下がっても損失計上しなくてもいい**としているのです。

国債の償還をするお金が政府にないときは、短期国債を作って日銀に売り、政府が現金を得てそれで償還すればいいということでもあります。日銀が買えば、政府は無限に国債を発行できることになります。（注）ドイツを除く世界中の国債で、満期が来た返済分（日本の場合は年間で約120兆円）は、新たな借り換え債という国債になって、満期を延ばすロールオーバーが行われています。

問題は金利が上がるときの理由である

ここで問うべきは金利が上がり、国債価格が下がるときの理由です。**国債の保有者が、増え続ける財政赤字から近い将来の「財政の破産」を予想して国債を売り、買い手も下落リスクが高まった国債を安くしか買わない**ときに問題が生じます。

先進国の近い例は、2010年からの①アイルランド、②ギリシャ、③ポルトガル、④スペイン、⑤そしてイタリアでした。番号順に、金融機関から財政危機が大きいと見なされ、債務不履行（デフォルト）の危機があると感じられて、国債の価格は暴落しました。

最終的には、ドイツの財政の黒字を信用のバックにしている欧州中央銀行（ECB）のドラギ総裁が、**「ＥＣＢができることは、何でも行う」**とコミット（金融市場に向かい約束）したため収まってはいます。

もしこれがアイルランド、ギリシャ、ポルトガル、スペイン、イタリアの各中央銀行による、自国の国債買いの宣言くらいだったら、危機を収める効果はあったでしょうか？　ないはずです。（注）アイルランド、ギリシャ、ポルトガル、スペイン、イタリアにも支店としての中央銀行が存在しています。しかし統一通貨ユーロなので、フランクフルトにあるＥＣＢ本店の指揮でしか動きません。ここで仮想的に言っているのは、それぞれが独立した通貨と中央銀行をもっている状態の想定です。

ラインハートとロゴフが著した『国家は破綻《はたん》する（原題『今度は違う』）』（日経ＢＰ社）は政府の債務がＧＤＰの90％を超えると、その国の経済成長の減速が発生し、税収の減少と金利の上昇から、政府の破産が多発してきたことを８００年の歴史的な視野で示しました。

その後、ＧＤＰ比の90％はデータに誤りがあることが世界の学者から指摘されました。政府債務がＧＤＰ比で１００％以上でも、経済成長率が大きくは減速しない国もあったからです。

こうした欠陥はあっても、この研究によって**「先進国の財政も破産する」**という人々の認識に変わったのは事実です。

２００８年のリーマン危機と、２０１０年からの南欧危機があったためでもあります。

認識の変化は重要です。先進国の財政も破産するという認識は市場の期待金利を上げ、国債価格を下げるからです。株価も同じですが、相場制のある国債価格の将来予想は心理的なものです。

「政府債務÷名目GDP＝債務比率」が、たとえば250％を超えれば破産するという基準はありません。200％以下でも、国債が安くしか買われず、破産することがあるからです。（注）ギリシャの債務比率は177％（2014年）で、イタリアは132％、スペイン98％、ドイツは75％です。

肝心なことはこの**債務比率が悪化に向かっているのか、改善に向かうのか**という傾向です。

第4章　中央銀行の信用は政府の財政信用に由来する

【財政危機のときには効果がない中央銀行による国債買取り】

国債を売買する金融市場が、

①**財政危機**を感じるようになったという原因から、

②国債の**リスクをカバーするための金利が上がり価格が下落**した場合は、中央銀行が国債を買っても国債価格を上げ、金利を下げる点では無効になります。（注）長期国債の金利は普通の時期は、〔期待GDPの実質成長率＋期待物価上昇率〕ですが、財政危機の認識が加わると、既述のように、〔期待GDPの実質成長率＋期待物価上昇率＋リスクプレミアム〕に変わります。

理由は中央銀行に固有の信用資産がなく、**買った国債だけが信用の源泉**だからです。つまり、政府の財政信用がバックになっているのが中央銀行だからです。

金本位制のときは、保有する金（準備通貨と呼ぶ）が信用のバックでした。準備通貨とは、金により支払いの準備ができているという意味です。それが現在は国債に代わっています。中央銀行はどんな資本形態で独立性を主張しても、金融政策では政府に従属する機関です。

日銀は株式会社で、ジャスダックに上場しています。そして、株主が議決権をもたない特殊な法人です。株価は4万4600円です（2015年10月26日）。ところが、1990年には53万円でした。11分の1に下がっています。この株価でも信用がない。値下がりのリスクのある大量の国債を買っているため、倒産に近い価格に下がっているのです。日銀株の55％は財務省がもっています。

財務省に付属した通貨発行庁が中央銀行です。経産省の信用が政府財政に依存するように、中央銀行にも固有の信用はなく、政府の財政信用に依存しています。

政府が株をもたない米国FRBの株主は100％民間の投資銀行ですが、金融政策では財務省の意向に従います。議長は大統領が指名し、上院の承認で決まります。一方、日銀の総裁は首相が指名し、国会の承認で任命されます。このため中央銀行の総裁や議長は、政府の金融大臣のように政府に従属するのです。

【財政信用が低下したときは中央銀行の信用も低下する】

政府の財政信用の低下が原因になった金利の上昇のときは、その財政信用しかバックがない中央銀行の信用、つまり通貨の信用も下がった国債価格に比例して下落します。政府の財政信用がなくなったとき、厚労省の年金基金の信用がなくなるのと同じです。

以上から、**財政危機が原因の金利上昇と国債価格の下落のときは、普通の時期と違い、中央銀行が国債の買いに出動して通貨を増発しても、市場の金利の上昇を抑えることはできません。**中央銀行の信用のもとが国債だからです。（注）ここは、重要なことを述べています。財政の章において詳述します。

国債をリスク資産にすることを検討しているＢＩＳ

中央銀行の上位に位置する中央銀行であり、世界の銀行に対して強制力をもつＢＩＳ（Bank for International settlements：国際決済銀行）は、リーマン危機と南欧債の危機のあと、**安全資産としてきた国債を時価評価が必要なリスク資産とすること**を検討しています。

リーマン危機のあと、米国、欧州、中国は金融機関に生じた不良債権を政府と中央銀行に移転させているからです。日本がこれを行ったのは、他国より10年早い1998年の金融危機からでした。

国債の発行額とは政府の財政赤字ですが、主要国の名目GDPに対する国債残は大きく増加し、減る傾向が見えないからです。リーマン危機と南欧危機以降、主要国の国債の増加によって、国債の下落リスク（=財政のリスク）が大きくなってきたという判断がBISに生じているためです。

BISの会議に出席した黒田総裁は、2015年3月の財政諮問会議で、オフレコと断わった上で10分近い熱弁をふるっています。

「バーゼル（BIS）で、国債をリスク資産に変える議論が始まっている。時価評価の対象にされれば、銀行は損失の発生に備えて、巨額増資、融資の縮小、保有国債の売りが必要になる。銀行や生保が国債を大量に売れば、（日銀が買っても）長期金利は上昇し、国債価格は下がる。日本国債を問題ないとする考えは通用しない」（注）ところがこれは新聞でも報じられて、オフレコにはならなかったのです。オフレコといえば、より一層外へ伝わるのが政府の会議でしょう。政治家や高級官僚がこれはオフレコですがと言いながらリークするからです。

市場の長期金利が上がった場合、国債の価格はどうなるか。金利、社債、国債などの「債券価格の計算式」を知っている人は記者も含めて少ないので、基礎から記します。

平均残存期間7年の国債は、現在の長期金利0・4％が3％に上がると〔**国債残高1000兆円×（1＋0・4％×7年）÷（1＋期待金利3％×7年）＝850兆円**〕となって、流通価格が15％下落します。（注）本当は、（1＋0・004）の7乗、（1＋0・03）の7乗とし、複利で計算します。金利が3％や4％以下と低い場合、複利も単利も大差がないので、単純にするため単利にしています。

国債の売買は1日平均でほぼ40兆円（日本証券業協会）と株式市場の15倍以上もあります。国債はじっともたれるのではなく、激しく回転売買されています。金融機関に保有されている約1000兆円の国債価格は、今日売買される国債の価格で決まります。

【長期金利の3％上昇で生じる含み損150兆円】

市場の金利が3％上がることによる国債の150兆円の下落は、それをもつ銀行、生保、ゆうちょ銀行などの**自己資本を消滅させる規模の「含み損」**になります。銀行、生保、ゆうちょ銀行の全体で1500兆円の総資産として、自己資本比率の平均が10％あっても150兆円だからです。

図4-1　日銀のバランス・シート　2015年9月2日
（営業毎旬報告と14年度決算書のB/Sより筆者作成）

◎円というマネーは、日銀にとっては、国民経済からの、返済の要らない負債である。

資産		構成比	負債と資本		構成比		注記
保有国債	306兆円	85%	紙幣発行	91兆円	25%	紙幣発行＋当座預金がマネタリー・ベース	紙幣の発行。1万円札換算で91億枚ある。
貸付金	35兆円	9.7%	当座預金	231兆円	64%		日銀が金融機関から預かった預金。異次元緩和の2年4カ月で173兆円増加。紙幣と合わせてマネタリー・ベースと言う。
金銭信託	6兆円	1.7%	売り現先	25兆円	6.9%		日銀が、買い戻す約束で、金融機関に一時的に売っている国債の残高
外貨	6兆円	1.7%	その他負債	11兆円	3.0%		引当金勘定などの負債
その他資産	8兆円	2.2%	自己資本	3.5兆円	1.0%		日銀の自己資本。資本金は1億円で明治の創業時のまま。総負債の1.9%しかない
資産合計	361兆円	100%	負債・資本	361兆円	100%		日銀の総資産・負債を日銀信用ともいう。異次元緩和のあと、197兆円増加した。

●通貨発行の際の資産・負債の構造を示すのがB/Sである。日銀は、金融機関から国債を買い取って、当座預金に、現金を振り込む。これが通貨発行である。当座預金は日銀の負債だから、通貨は日銀にとっては、国民経済に対する負債である。通貨の持ち手にとって現金は金融資産だが、日銀にとって、発行通貨は負債になる。円は負債性の通貨である。ドルもユーロも元も、負債性の通貨である。
●2013年4月からの異次元緩和で、日銀の国債保有は125兆円から306兆円へと、181兆円も増えた。国債という金融資産の増加は、紙幣の発行増加（8兆円）と当座預金の増加（203兆円）として、日銀の負債の、211兆円の増加になっていることを、このバランスシートは示している。
●日銀の自己資本は、2014年9月決算のB/Sによると3.5兆円でしかない。
http://www.boj.or.jp/about/account/data/zai1411a.pdf

そして実は**国債が下落したとき真っ先に債務超過になるのは、発行国債の30%にあたる306兆円をもつ日銀**です。図4-1に日銀のもっとも新しいバランス・シートを示しています。

日銀の留保利益を加えた自己資本は、3・5兆円です（2014年9月期）。もっとも最近の総資産・総負債361兆円に対して、1%の自己資本でしかない。資本金に至ってはわずか1億円です。

ほとんどの人がびっくりしますが、**純資産の面ではきわ**

めて脆弱《ぜいじゃく》なのが日銀です。その信用は保有国債の信用、つまり政府の財政信用でしかない。これを示すのが図4-1のバランス・シートです。

市場の期待金利が1%上がると、既発国債の平均残存期間が7年なので、流通価格は6・4%下がります。2%上がれば12%も下落します。

【1%の金利上昇で15兆円の債務超過になる日銀】

306兆円の国債をもつ日銀には、10年債の売買で決まる長期金利がわずか1%上がり、1・4%になっても、19兆円の含み損失が生じます。3・5兆円の自己資本は消え、15・5兆円の債務超過に陥るのです。

そう指摘されると日銀は、「国債は満期までもつから債務超過ではない」と100%の確率で主張するでしょう。これは国内では通用するかもしれません。日銀を監督するBISが、国債をリスク資産にしようとしている時期でもあります。問題は海外です。時価評価で債務超過になった中央銀行が発行している通貨は、信用低下により売られます。海外がもつ国債（43兆円）も売られます。方法は先物売りです。これも日銀が買い支えることになるでしょう。

日銀が普通の銀行なら、銀行間で普通に行われている借り入れのロールオーバー（借り換えで返済日を延ばすこと）が、危険を感じた相手銀行から拒否されて、破産します。

デリバティブ証券であるCDSの高騰と、MBSの下落で含み損を抱えたリーマン・ブラザーズも相手行からのロールオーバーの拒否が起こり、2週間で破産しました。

銀行にとって、**銀行間借り入れのロールオーバーの拒否が倒産に直結**します。返済満期、決済、送金が次々に回ってきたときに支払いができなくなるからです。

信用低下に至ると、即座に倒産するのが銀行です。銀行は貸し借りで連結しているので、大手の一行の倒産が融通手形のように連鎖します。政府が決めている銀行の制度会計では国債の下落分は損失計上の必要がないとはいっても、銀行間取引では相手行に自己資本を消す規模の含み損があればロールオーバーの拒否が起こります。

金利がわずか1％上がることで、日銀にはその日に19兆円の含み損失が生じ、15・5兆円の債務超過になります。以上は特別な情報をもたなくても、10日ごとに更新される営業毎旬報告を見れば誰でも計算ができる事実です。

【現在の円国債はバブル価格】

1％の金利上昇でも大きな損が出ることからも、国債価格がゼロ金利策のためバブル価格であることがわかります。超低金利の円国債は少しの金利上昇ショックで、大きく下落するリスク資産になっているのです。

２０１３年４月から異次元緩和を推進した政府と日銀は、超低金利の国債がリスク証券になったことは考えなかったのか。多分、そこまでの考えはなかった。日銀が国債を買い続ける限り、金利が上がることはないとしていたのでしょう。

政府は、金融市場で生まれる財政危機への認識から金利が上がることはないと思い込んでいるからです。財務省は、いつも金融機関をコントロールできると考えています。政府にとって、**金融機関が下落損を恐れて円国債を買わなくなることは想定外**です。

【混同されている国の対外資産と政府の対外資産】

日本には９３９兆円の対外資産があり、対外負債５９６兆円を引いた対外純資産３４３兆円があります（15年6月：日銀）。政府がこの対外資産を売って、円国債を買うことができるから政府は破産しないという説があります。誰が言いだしたのか。これは明白な誤りです。

確かに日本の対外資産は９３９兆円と大きい。ところがこのうち**政府がもつのは外貨準備の１５１兆円**だけです。84％の７８８兆円は、①銀行がもつ外債と外貨預金、②企業の対外投資、③世帯がもつ外貨預金です。

しかも政府の１５１兆円の外貨準備は、財務省が国庫短期証券（短期国債）を日銀に対して売ることで、現金を得て、貿易黒字で入ってきた外貨を銀行から買い上げたものです。政府が外貨準備を売れば、国庫短期証券の返済に充《あ》てねばならない。財務省の外貨準備151兆円は、債務と相殺される資産なのです。

以上から**政府が対外資産を売って、財政資金や国債の買いに充当することはできません。**

この対外資産説は、国の対外資産939兆円を政府の対外資産と〝誤解〟することから始まっています。国の経済主体は、世帯、企業、政府の三者です。日本国の対外資産のうち16％しか政府の資産ではない。しかもそれは借入金で買ったものです。

【国債の下落で日銀が債務超過になるとき】

日銀が自己資本**（3・5兆円）**を超える損失から債務超過になることは、通貨信用の下落になるので拙《まず》い。そのときには政府が不足分を出資するとされています。

日銀は保有国債の受け取り金利で1・0兆円、ドル債の評価増などで8570億円の収益をあげ、1・3兆円の申告利益を出しています（2014年3月決算）。

法人税を3400億円納めた上で、政府に対し7500億円の特別国庫納付金を出しています。この国庫納付金の見返りとして、市場の金利が上がり国債価格が下がって債務超過になったとき、**財務省が出資することになっています。**

黒田総裁は2013年4月の異次元緩和の開始に当たり、「異次元緩和が効果を生み、期待物価が上昇して、市場の金利も上がって、国債価格の下落で日銀が債務超過になったとき、自己資本はどうするか」を財務省に確認したと言われます（伝聞）。

政府の一般会計は毎年35兆円から40兆円の赤字です。つまり、35～40兆円のマネーが財政の必要な支払いに対して不足しています。政府には、30兆円以上が必要になる日銀への出資のお金はありません。一体どうするのか。

日銀に対しまたしても**国庫短期証券**という国債を30兆円分、買ってもらう。国庫短期証券は国会の議決を経なくても、金融市場を介さず日銀に直接に売ることができるからです。

これで日銀から30兆円の現金を得て、19兆円の含み損が生じた日銀に政府が30兆円出資するのです。30兆円のお金を出した日銀にとっては、タコが自分の足を食って空腹を抑えるようなお笑いの出資です。

政府の財政信用が残っている時期なら、財務省からの出資も有効でしょう。しかし国債の買い手が財政にリスクがあると予想して国債を売ったから、金利が上がり、国債価格が下がったのです。このため日銀が債務超過になった。その日銀の30兆円の増資のため、財務省が日銀に短期国債を渡して増資資金を借りる。

これで日銀の信用が回復するわけがないのは常識人ならわかるでしょう。しかし、「われこそ国家なり」と全能感と自負をもっている財務省官僚には常識的なことがわからないのかもしれません。

【円と国債の空売り・先物売りで生じる巨大利益】

別の問題は、金利の上昇からの中央銀行の債務超過に対し、海外からの**円売りによる円安**（円の信用の低下）、**円国債の空売《から》りと先物売り**が、同時に生じることです。

自分の利益のためにアジア通貨危機（1997年）を引き起こした、ヘッジファンドの行動と同じです。まず、海外からの短期借り入れを長期投資に使うという弱点をもっていたタイ・バーツを狙《ねら》って先物売り、オプション売り、そして空売りをしかけたのでした。

空売りは、たとえば国債を証券会社から借りて現在の価格で売って、約定日（3カ月、6カ月、1年後）に、そのときの時価で買い戻して返却する取引です。先物売りは、たとえば3カ月先の先物（価格は現在の価格＋3カ月の金利）を売って、3カ月後に買い戻す清算取引です。いずれも、売った国債価格や通貨が下がると、レバレッジのかかった利益が出ます。先物はデリバティブです。

円国債が下がったとき大きな利益が出る空売りと先物売りの機会を、リーマン危機以降、ずっと狙っている米国系の大手ファンドがあります。金利の1％上昇による日銀の15兆円の債務超過は、癪《しゃく》なことですが、彼らに巨大利益の機会を与えます。

円と国債の先物売り、ＣＤＳの買いの結果は大きな円安、不況下での金利の高騰、そして、国債価格の一層の下落です。

ＰＥＲ60倍とバブル化していた日本株が崩壊した１９９０年、ヘッジファンドが当時の日本人が知らなかった株価指数の先物とオプションの売りを仕掛けて、下落の過程で巨額利益をかすめ取ったことと同じです。

米国に従属する政府の政策もあって、日本は金融面では略奪される国家を甘受しています。30兆円の米国債を買った小泉内閣もこれでした。円安を目的に、米国債と株を30兆円規模でゆうちょ銀行、かんぽ、年金基金に買わせている安倍内閣も同じです。歴代の内閣では、２００８年の福田首相のみが要請があった米国債の買い取りを拒否しています。

結論を言えば、**政府財政が危機に陥ったと市場から予想される時期に至ると、普通のときには有効な日銀による国債買い支えが無効になるのです。**

肝心なのは、**政府財政が健全に向かう方向**です。通貨の信用も根底を言えば、中央銀行の信用ではなく、政府財政の健全化なのです。政府は異次元緩和によるインフレ目標の達成ではなく、政府財政の健全化にこそコミットせねばならない。それが金融市場から信じられれば、国債増発による資金調達はできるからです。

過去から現在までは大きな財政赤字であっても、5年先、10年先の将来はGDPに対する政府赤字は減って（プライマリー・バランスは黒字になって）、財政は持続可能なものになると予想されることです。（注）財政信用の根底であるプライマリー・バランス（基礎的財政収支）の先行きについては、15章で述べます。

過去25年上がり続けてきた国債価格の下落がもたらす恐怖

市場の期待金利が上がってきたとき、保有損を恐れる金融機関は国債を売りに出します。少し先のページですが、図8-3（162ページ）で、1989年から2015年までの長期金利を見てください。ほぼ25年間、わが国の金利は8％台から0・4％にまで、20分の1に下がり続けています。

25年間の金利の低下が意味するのは、国債を保有してきた金融機関に「国債の値上がり益」が生じていたことです。買った国債をしばらくもち、金利が下がったときに価格が上がる国債を売れば利益（キャピタルゲイン）が出ます。これが25年も続きました。

金利4％のときの額面100万円の10年債は市場の金利が2％に下がると、どうなるか。残存期間を7年とします。〔100万円×（1＋4％×7年）÷（1＋期待金利2％×7年）〕の計算です。結果は、100×1・28÷1・14≒112万円です。12万円も上がり、売れば国債保有額の12％ものキャピタルゲインが得られます。（注）国債の利益は、このキャピタルゲインと金利です。

【国債の将来リスクを高める日銀のゼロ金利策】

長期金利が0・4％や0・3％にまで下がってしまうと、その後、どうなるか。名目金利は0・3％以下に下がることはほとんどありません。ということは、将来（2016年、2017年、2018年）の金利は上がる確率が高くなります。

0％台の下限金利であることが意味するのは、**国債がバブルの最高価格（ピーク）**にあることです。高さの極限まで行けば、後は維持か、下がるしかない。

- 2016年は物価も上がらず、低金利が続き、価格を維持できるかもしれません。
- 2017年はどうかとなると、危ない。

原油が上がると物価も上がります。人々が抱く期待物価上昇率が1・5％や2％に向かうと、市場の期待金利も1・5～2・0％に上がって、国債価格は6～10％は下げるからです。

過去25年間、上がり続けていた国債が下がるようになると、上がる国債を買うことに慣れてきた金融機関はどんな反応を示すでしょうか。

「下がる国債は買えない」、「超低金利の国債をもち続ければ、自行の含み損失が大きくなる」……つまり、売りの姿勢でしょう。

「売り>買い」になった市場では、国債価格は一層下がります。**政府の財政信用が落ちたときの国債の価格下落では、金利は3カ月の短い時間で3%、5%、10%と高騰**します。国債の下落が保有者に不安を生み、売りが加速するからです。

このときすでに306兆円の国債をもつ日銀が、1%の金利上昇で先頭を切って債務超過になっているため、信用がなくなり、市場の金利をコントロールできなくなるのです。信用のなくなった会社が、「お金を貸す」と言っても信用できません。これと同じ理由です。

日銀に固有の信用があると思う人は日銀の国債買いで金利上昇を抑え、国債価格を維持させることができると考えているでしょう。

3・5兆円の自己資本を失って15兆円以上の債務超過になった日銀に、どんな信用があるのか。政府機関であるという信用しかない。政府機関なら政府の財政信用が鍵となります。その財政信用とは何か。

日銀による国債買い支えがあれば国債の危機は起こらないのか

金融機関や海外ファンドが国債の下落を予想し、売りに出したときは日銀が全部を買い上げればいい。金利は上がらず国債価格は下落しないという説もあります。

これは前提として日銀を万能とし、人々が日銀に寄せる信用を無限としたものです。実際には「有限」です。信用とは、本人が自分は信用が高いと言うから高まるものではない。周囲の人々がその人や機関に信用を寄せるかどうかにかかっています。

【政府の財政信用に従属的なものでしかない日銀の信用】

政府の財政信用が低下していない時期なら、日銀の国債買いは金利の上昇を抑えることができます。しかし**政府の財政信用が低下したと見られたときの金利の上昇では、日銀の国債買いがあっても、金利が下がらなくなります。**

理由は既述のように、日銀の信用は国債の価値、つまり政府の財政信用をバックにしているからです。日銀は、国債を資産としてもち、その国債を担保に（デリバティブ風に言えば原資産として）、負債性の通貨である円を発行しているからです。

図4-2　国債を通貨へ変換することが、日銀の通貨発行機能

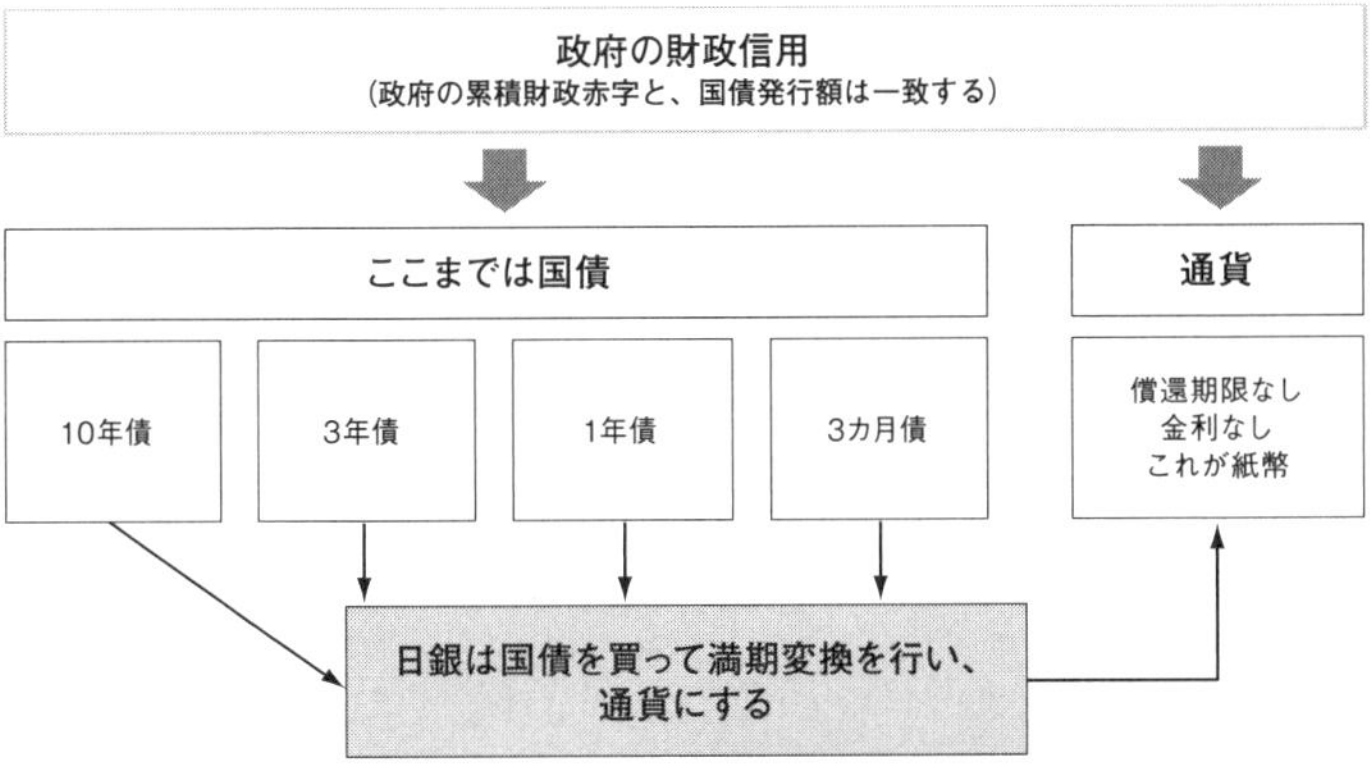

国債の信用は、政府の財政信用以外にない。
国債の満期をなくし、無金利にしたものが紙幣である。
日銀は、国債を買って、同額の円に変換している。
これを、金融における満期変換と言う。
満期変換を行うことが、日銀による通貨の発行である。

図4-2を見てください。通貨の信用は、政府の累積赤字である国債の信用がバックになっています。日銀による国債の買い（つまり円の発行）は、国債という政府の累積赤字を、円という日銀の負債に変換していることです。「国債↓日銀の買い↓円」です。

円という紙幣は、**「政府の累積赤字である国債を、償還期限もなく、金利もつかない小切手に変換したもの」**です。

したがって円の信用は国債と同じように、政府の財政信用に依存します。

金融の教科書では、金融機関の仲介機能は①預金では短期を長期に、②貸付では短期を長期にする「満期変換」のこととしています。貸付という行為は銀行が長期の貸付債券を得て、満期のない現金に変換して貸し付けることです。

日銀も国債という長期の債券を買い、現金という満期のない通貨に変換して渡しています。これが通貨の増発です。10年債は、10年後にしか現金にはなりません。しかしその10年債を金融機関が買うと、今日、現金になります。これが満期変換です。

図4-1のバランス・シートを見ても、日銀の信用、つまり発行する負債性の通貨である円の信用は、資産である国債（306兆円：15年9月）をバックにしたものとわかります。日銀には資産としては、円国債以外の資産は55兆円しかないのです。

日銀の信用は、円国債の信用から来ています。このため**財政信用の低下で下落した国債の信用を、日銀の信用で高めることは原理的にできません**。

親である財政の低下した信用を、子供である日銀が保証しても、信用は回復しないことと同じです。

ギリシャのこととして考えても、これがわかるでしょう。アテネにあるギリシャ中央銀行がギリシャ政府の国債を買っても、国債の信用が高まってギリシャの金利が下がることはない。ギリシャ中央銀行の固有の資産も信用もないからです。

ＥＣＢには財政が健全なドイツの財政信用というバックがあります。このためギリシャ危機のときも、ＥＣＢがギリシャ国債を買うか、マネーを貸すと言えば有効になるのです。

不換紙幣を発行している日銀、ＦＲＢ、ＥＣＢはすべて政府の財政信用をバックにしています。金本位制つまり金準備制度のときは、中央銀行の信用は保有する金がもたらすものでした。金交換が停止された１９７１年以降、金に代わるものは国債です。

この信用構造から、

- 政府の財政信用がなくなったことが原因で国債価格が下がったとき、
- 国債の信用しかバックにない中央銀行がその国債を買い上げても、市場の金利を下げて下がった国債を上げるという点では無効になることがわかるでしょう。

国債は累積財政赤字であり、政府の負債です。国債の金融資産としての価値は、財政信用によります。財政信用とは**「政府が国債の利払いができ、返済しようと思えば返済できる」**という信頼です。

この信用が、財政赤字の巨大化つまり国債残の大きさによって崩れたときは、国債の信用も崩れ、結果として金利が高騰します。

金融での金利は、将来リスクをカバーするという本質的な意味をもっています。10年債の金利が高く、３カ月債が低いのは、将来10年間のほうがリスクが大きいからです。

現金紙幣に金利がつかないのは、その場で1万円の価値として使うことができるからです。

商店が1万円を信用し、商品と交換してくれるからです。円の信用を知らない人々が多い国で円は使えません。

【日銀の信用は政府の財政信用に由来する】

財政危機のとき、中央銀行が国債価格の下落を大量買いで抑えようとしても、中央銀行の信用そのものが保有する国債の価値から来ているという循環論のディレンマ（矛盾）に突き当たります。

政府財政が信用されている普通の時期なら、日銀が国債を買うことで金利は下がり、国債価格は上がります。しかし政府の財政信用が国民と金融市場の目から見て崩れた後は、固有の信用をもたない日銀が買いを発動しても、金利を下げ国債価格を上げるには〝無効〟になるのです。

1年に80兆円、国債の保有を増やしている日銀の異次元緩和は事実上、政府から国債を買って現金を振りこむ財政ファイナンスです。国債を現金化（マネタイゼーション）していることになります（図4-2を参照）。

日銀が国債を買うことによって金利が下がる時期は、政府の財政信用はあると見ることができます。日銀の国債買いにもかかわらず金利が上がるときは、政府の財政信用が〝壊れて〟いるのです。（注）マネーと金融資産の秘密にもなるこの件は、本書で詳述します。

以上から、政府の財政信用がなくなったときの**国債価格の下落に対しては、それを中央銀行が買い支えても無効**であることがわかります。政府には財政信用を回復することが必要なのです。

日銀がいくらでも国債を買い支えることができるから、政府財政は破産しないという考えは誤りです。この誤った考えを主張している論者は、わが国のみならず世界にも多い。

第5章　名目GDPの成長率より常に高かった金融資産の増加率

1年に6～7％増えてきた先進国の金融資産の増殖率は、名目GDPつまり企業と世帯の所得（現在は1年に1～2％程度と低い）と政府税収の増加率を上回って来ました。（注）中国でも預金の増加は2000年代が年率20％、2010年代が15％です。これも名目GDP増加率より2倍も高い。中国の預金は105兆元（1995兆円）と日本の1・5倍です。

金融資産の増加はマネー・ストックの増加としても現れます。ただし日本の2014年から2015年の増加は、前年比で3・3％と低い（1228兆円：M3：15年7月日銀）。これでも1998年以降、0％台を続けている名目GDPの増加率よりは高い。

マネー・ストックは世帯と企業の預金だと考えてください。図5-1のM2（エムツー：そのほとんどは預金）で見ると、1980年にはマネー・ストックは200兆円でした。当時の名目GDPは250兆円です。わが国の預金総額200兆円と名目GDPは、ほぼつりあっていたのです。

1990年には、物価上昇を含む名目GDPはほぼ500兆円になっています。ところがその後の25年の名目GDPは500兆円を前後し、2015年4月には499兆円でしかない。25年間もGDPが増えない中で、1990年には500兆円だったM2は2015年7月には911兆円へと1・8倍に増えたのです。つまり、名目GDP（所得）の増加より金融資産である預金の増加がはるかに大きかった。名目GDPの増加より金融資産の増加が大きいことは、米国、欧州、中国、アジア、日本に共通しています。

【金融危機の本質とは何か】

金融資産の所得以上の増加はその裏側で、金融負債が政府・企業・世帯の所得の増加を上回り続けることを意味します。政府の所得と見なせる税収は、世帯と企業の所得増に依存します。金融資産がGDPに対して過剰になると、政府の負債も増えすぎることになります。

事実、主要国のGDPに対する国債残高は大きくなり続けています。図5-2は2000年

図5-1　わが国の名目GDPとマネー・ストック額（M2）

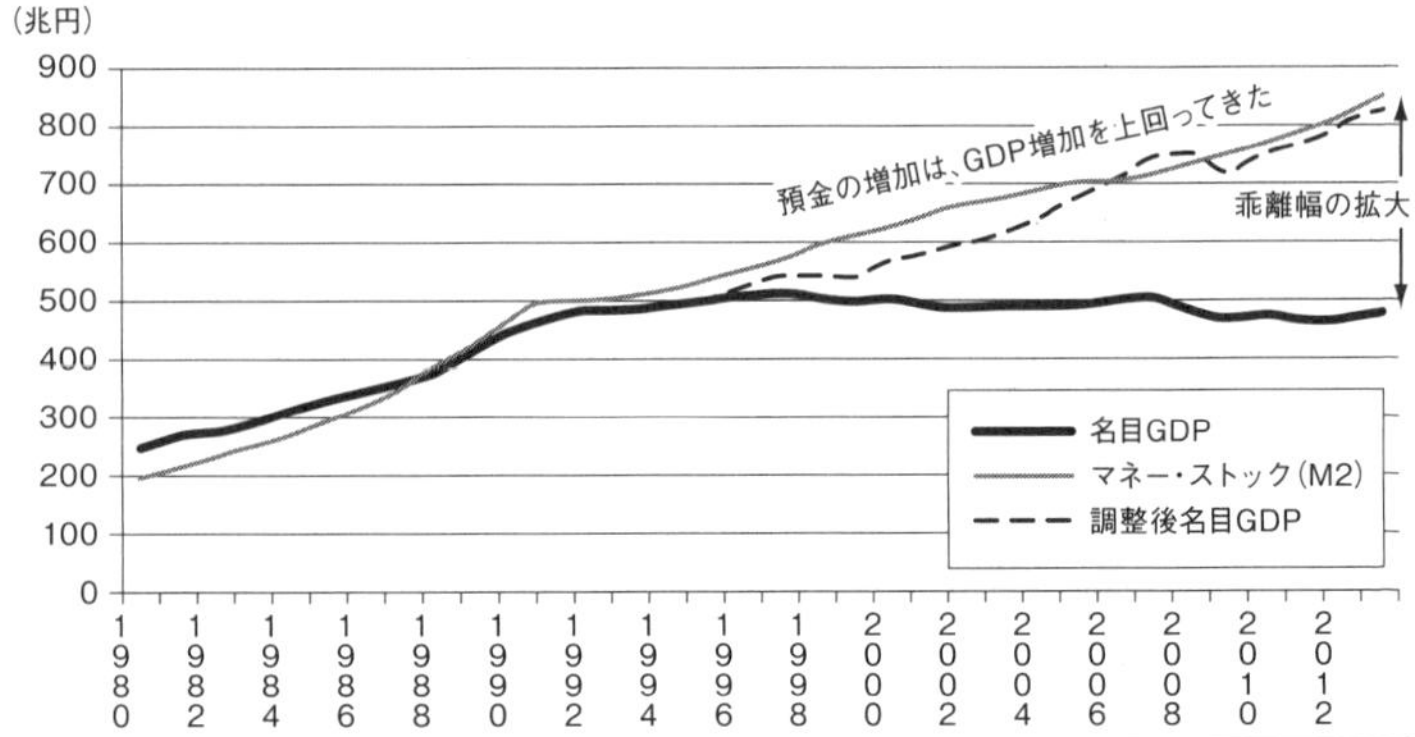

①M2(エムツー)とは、現金通貨＋国内銀行の普通・定期の預金を言う。(注)M3は、M2にゆうちょ銀行と信用金庫等の預金と譲渡性預金を加えたもの。
②調整後名目GDPは、米国のGDPデフレータで、日本の名目GDPを修正したもの。日本は金融危機の1998年以降、物価上昇は0%以下で名目GDPは増えなかった。
③他方で、預金資産であるM2は、1990年にくらべて、1.8倍に増えている。

出所：経済産業研究所・中島厚志

図5-2　先進国のGDP比での政府債務比率

G(名目GDP増加率)＜D(債務増加率)が続くと、GDPに対する政府債務は増加し続けて財政信用を失う。ワニの口のように名目GDPに対する債務比率が発散するからである。
一方、D＜Gなら債務比率は下がるので、財政赤字はサステナブル(維持可能)である。00年比での日本は1.7倍に拡大し、大きく開くワニの口になっている。

	2000年	2005年	2010年	2015年	00年比
日本	136%	170%	193%	234%	1.7倍
米国	48%	67%	102%	101%	2.1倍
英国	44%	45%	78%	98%	2.2倍
ドイツ	59%	70%	84%	76%	1.3倍
フランス	72%	77%	97%	117%	1.6倍
イタリア	119%	116%	126%	149%	1.5倍
カナダ	84%	75%	90%	94%	1.1倍

この米国の政府債務は、中央政府のものだけです。他に含まれるべきは、①政府系住宅金融の負債$8兆(980兆円)、②州政府の債務$4兆(480兆円)です。これらの$12兆を含むと米国政府債務はGDPの101%ではなく150%に増えます。米国は、GDPの150%の政府債務であり、イタリア並み(149%)と見ておくべきです。

出所：『わが国の財政』2015年財務省

から15年の先進7カ国の政府債務をGDP比で見たものです。15年時点で多い順に日本234%、イタリア149%、フランス117%、米国101%、英国98%、カナダ94%、ドイツ76%です。

15年前の2000年の日本では、GDP比の政府債務は136%にとどまっていました。いまより98ポイントも少なかった。15年間でGDP比は1・7倍に拡大しました。米国と英国でもGDP比2倍以上と増え方が激しい。7カ国ではドイツとカナダが健全です。ただし、ドイツでは銀行部門の自己資本に弱さがあります。

リーマン危機以降、金融対策と経済対策のため政府負債の増え方が大きくなっています。世帯が借りなければ企業が、企業が借りなければ政府が、あるいは海外が借りるものが金融資産です。

- 日本では世帯の負債が371兆円と少ない。一方、政府の債務が1209兆円と多い（2015年6月末：日銀の資金循環表）。
- 米国では、世帯の負債が$13・5兆（1620兆円：2014年末FRB）と大きい。政府債務（$18兆：2160兆円）に対し75%です。住宅ローンの残高が$10・2兆（1244兆円）と日本の約5倍もあるためです。

米国は、住宅ローンを加えれば日本より債務が少ないとは言えません。なおこの住宅ローンを証券化して販売し、＄8兆（980兆円）負債をもつファニーメイ、フレディマックは住宅ローン危機での破産後は、GSE（連邦住宅抵当公庫）として政府機関になっています。

米国政府債務には、このGSEの負債＄8兆を入れる必要があります。そうすると、米国の政府負債はGDPの149％の〝イタリア並み〟に増えるのです。

リーマン危機後の6年で、20都市の住宅価格は再び危機前の90％水準に上がり、サブプライム型の最初は金利が極めて低く、あとで高くなる自動車ローンが増えて（＄1兆：120兆円）、世帯の負債が危機前と同じ水準に増えています。価格がもともと高いサンフランシスコの住宅は、前年比で10％上がっています。米国の住宅では、リーマン危機の前と類似した低金利バブルが起こっています。

米国の次回の金融危機は、サブプライムローン危機と同じように、

①世帯のローン負債のデフォルトがデリバティブ証券の下落を招くことから、

②または、基軸通貨の崩落から起こることになるでしょう。

金融危機の本質とは、**借りた主体の所得で利払いと返済が可能な額になるまで、増えすぎた金融資産が縮小すること**です。

不換紙幣から来ている「金融資産＝誰かの負債」という構造の基本

マネー（金融資産）が借り手の負債であるという構造は通貨の面では、金とドルの交換が停止された1971年から始まっています（ニクソン・ショック）。

1944年に協定され、第二次世界大戦後に始まったブレトン・ウッズ体制は、FRBが世界から集めていた金を、1オンス（31・1グラム）＄35として交換保証するものでした。

当時、米国の金保有は2万トン（現在価格なら約100兆円）だったとされていますが、確証はありません。2015年現在、FRBが保有する金は公称で8133トンです（IMF）。

他方、世界の中央銀行が資産としてもつ金は総量で3万トンとされます（WGC）。

1971年までのブレトン・ウッズ体制下においては、「＄1紙幣が1グラムの金貨」といったイメージでした。金は別の誰かの負債でもなく、裏で誰かが借りているものでもない。金自体が人々に評価される価値をもっています。

この**金本位時代にFRBが発行していた紙幣は、海外の中央銀行からの要求があれば、金を渡す義務があるもの**でした。ドル紙幣の価値を保証する裏付けは、金（ゴールド）でした。兌換《だかん》紙幣《しへい》は金貨ではありませんが、公定価格で金と交換できるものでした。通貨発行には金準備という裏付けが必要だったのです。

現在の紙幣の価値を〝裏付ける〟ものは国債です。紙幣発行は中央銀行にとって負債の増加です。その負債を裏付けるのは、紙幣発行額とほぼ同額を中央銀行が買っている国債です。

参考のために示すと、中国の人民銀行は人民元の国債ではなく、ドルとドル国債を準備資産にして元を発行しています。人民銀行がもつ外貨は23兆2960億元（邦貨で454兆円）であり、対応した元の発行額は21兆2820億元（413兆円：2011年）です。

貿易黒字で得たドルとドル国債を人民銀行が買い上げ、そのドルを準備資産にして人民元が発行されています。通貨に対応する資産は準備資産と言います。人民元の準備資産は米ドル債です。つまり人民元の価値を裏付けるのは米ドルです。外交と軍事では米国と対立していますが、「通貨」と「経済」では同盟しています。（資料：https://www.nochuri.co.jp/report/pdf/f1201fo1.pdf）

中国を含む新興国では自国の国債の信用が低いため、ドルの外貨準備を通貨の裏付けにすることが多いのです。

【2011年から始まった中央銀行の金買い】

リーマン危機後のドル増発からドルが下落したあとの2011年以降、世界の中央銀行とりわけ中国、ロシア、ブラジル、インド、トルコ、サウジアラビアなどの**新興国は保有する金を**

米ドルに代わり得る準備通貨と考えるように変わったと観察できます。

ＦＲＢのドル増刷は、まず「ＱＥ１」の＄１・72兆、「ＱＥ２」の＄６０００億でした。その後２０１２年９月からの「ＱＥ３」は２０１４年10月まで続き、＄２兆が追加発行されて、現在に至っています。３回の合計で＄４・32兆（５１８兆円）という巨額のドル増発です。

リーマン危機後の大量増発で米ドルが下落した２０１１年以降、過去20年の金売りの歴史を転換して、世界の中央銀行は年間４００トンのハイペースで金を買うようになっています。指摘する人はほとんどいないのですが、これは世界の通貨にとってきわめて重大な〝変化〟です。この２０１１年には中央銀行が金買いに転じたことを理由に、金価格が１オンス＄１９００の最高価格に上がっています。

その後、米国ＦＲＢは金価格を下げるための市場介入を行っています（２０１５年９月は１オンス＄１１２１：ピーク比の59％）。

残念なことに、日銀は金を買っていません。所有量は７６５トンで、まったく増えていないのです。

主要国の中央銀行の保有量は、①米国８１３３トン、②ドイツ３３８１トン、③ＩＭＦ２８１４トン、④イタリア２４５１トン、⑤フランス２４３５トン、⑥中国１６５８トン、⑦ロシア１２７５トン、⑧スイス１６４０トン、⑨日本７６５トンです（ＷＧＣ：２０１５年 Gold

Demand & Supply)。

世界の中央銀行は3万トン余の金を、通貨発行の準備資産とは言わずに保有しています。年間で416トン(2014年)の金を自国で生産した上に、香港を含めば1051トン(2014年)も輸入している中国の金保有は、3000トンをはるかに超えていると観測されています。原油、鉱石資源、穀物の国際価格が中国の需要で決まるように、**金需要でも中国は世界の金価格を上げるポイントの国**です。

米国FRBは、金が高騰した1980年(1オンス$850)から、金価格を下げるために売り続けてきたため金保有がないとも言われています。右記の保有高は、IMFへの自主申告だからです。

日銀の金765トンのほとんどは、FRBに預託(カストディ)されています。ドイツ連邦銀行(ブンデスバンク)の金3381トンのほとんどもFRBに預託されています。FRBがもつという8133トンの金は、FRBが各国の中央銀行から預託されたものでしょう。現物を見ても、預託か保有かはわかりません。FRBがドイツ(ブンデスバンク)、日本(日銀)、中国(人民銀行)の金を預かっているのは安全のためとされますが、本当はいざというとき没収するためでしょう。(注)世界の中央銀行で2010年ごろから米ドルに代わる次世代の準備通貨と見なされ始めてきたゴールド。これについては13章で述べます。

第6章　国債の信用とは財政の信用である

中央銀行はもっとも信用があるとされる国債を買い、保有する国債の額に見合う通貨（マネタリー・ベースと言う）を発行しています。

国債は政府の負債です。紙幣と中央銀行の当座預金からなるマネタリー・ベースは、中央銀行の負債です。その負債の裏付けは政府の負債である国債という、いわば負債の循環構造でしかない。循環とは、Aさんの信用をBさんが担保し、Bさんの信用をAさんが担保することです。Aさんが中央銀行、Bさんが政府の財政です。

国債と通貨のもたれ合いの構造が示すのは、

- 通貨の信用とは国債の信用であり、

・国債の信用は通貨の信用であることです。

通貨の信用の根源にあるのは政府の財政の信用

【政府の債務（国債）を日銀が受け取って、短期証券に両替したものが円である】

国債という政府債務を、中央銀行が無利子の短期証券に両替したものが紙幣と考えてもいい。これを示すのが既出の4章の図（4-2）です。

江戸時代の銀行は両替商と呼ばれました。一両小判を細切れの銀貨に両替し、銀貨や銅貨を一両小判に換える商売をしていたからです。銀座という町名は、両替商が集まっていた名残《なごり》です。

この両替商のように、銀行から毎月7兆円の国債を買い取り、1万円札7億枚に相当する現金に両替して、それぞれ銀行の当座預金口座に振り込んでいるのが、日銀の量的緩和です。この通貨発行の方法は、世界の中央銀行に共通です。

日銀は、国債を、商取引に使える通貨に替える両替商であると考えると、通貨発行機能の本質がわかるでしょう。国債を通貨に両替するのが、日銀の通貨発行という行為です。

国債は政府の負債です。したがって、それを両替した1万円札も負債性の通貨になります。

この不換紙幣の価値（購買力）を裏付けるのは、国債の信用つまり政府財政への信用しかありません。

政府の財政の信用とは、前述のように発行した国債の利払いができ、いずれは返済もできるということです。将来、返済できないと見なされた国債は、ギリシャ債のように信用がなくなります。

国債を買う金融機関に「政府は将来、国債の利払いと返済ができないだろう」と思う人が増え、国債が信用されなくなると、当然ながら国債を価値の裏付けにしている通貨の信用も下落します。

米ドルと金との交換が保証されていたとき、そのドルの価値を保証していたのは国債（つまり政府財政）ではなく、中央銀行が交換に備えて準備（reserve）していた金でした。

FRBはFederal Reserve Bank（連邦準備銀行）です。どんな資産を準備して通貨を発行するか、ここが中央銀行の本質です。1971年以前の準備資産は金でした。現在の準備資産は、政府の負債である国債でしかないのです。

【金準備の時代】

1944年から1971年までの金準備の時代、ドルの発行量はFRBが準備する現物金の量によって制限されるものでした。各国の中央銀行がＦＲＢに対してドルと金の交換を要求したとき、ＦＲＢは＄35に対して1オンスの金を渡す義務を負っていたからです。

米ドルは金を裏付けに国際的な取引に用いられる基軸通貨、つまり世界がその価値を信用するKey Currencyと認められたのです（1944年ブレトン・ウッズ体制）。

各国の通貨は、金ドル交換停止がニクソン大統領によって発令された1971年までは、ドルを中心にした固定相場でした。＄1は360円でした。

これは1オンス（31・1グラム）の金が、円では〔＄35×360円＝1万2600円〕だったことも意味します。1グラム405円。円も米ドル経由での間接的な金本位制でした。

この金本位を離れて44年目ですが、現在の金価格は1グラムが4500円付近なので、円は金に対して11分の1に価値が下落しています。金に対して年率平均5・3％の円の価値低下があったといえば、われわれの生活実感に合うでしょう。

なおドルは金に対して、33分の1に低下しています。ドルは円より3倍も価値低下が速い。原因は、米国の累積した経常収支の赤字＄26・5兆（3180兆円）です。日本は逆に、30年間経常収支が黒字で、対外債権が939兆円（15年6月）なので、いくらでも増発できる不換紙幣ではあっても、米ドルに比べて価値低下が少なかったのです。

【増発され続け下落する通貨の価値】

ドルや円と比較すると金が上がったように見えますが、本当は金と交換されなくなった通貨の価値が下落しているのです。

ドルをはじめとして金本位を離脱した通貨は国債との両替により、中央銀行が必要に応じ、いくらでも増発できるものになったからです。

紙幣は10倍増刷されれば、同じ流通速度のときは1枚が10分の1の価値に下がります。通貨の増刷を続ける各国の中央銀行がもっとも言いたくないことがこれなのです。しかし、10倍増発された通貨が10分の1の価値に下がるのは、誰にとっても、理の当然でしょう。

金本位の時代には、準備金を2倍に増やさないで通貨発行量を2倍に増やすと、金が2倍に高騰するという形で、通貨価値の下落がわかるものでした。金とリンクが切断された1971年以降は、各国の通貨は価値の基準を失っています。

不換紙幣になった通貨は各国の通貨同士で、相対評価することしかできない。1ドル80円が120円になったとき、ドル高か円安かどうか本当はわからない。お互いが価値を変えているからです。（注）金は通貨のメートル原器のような価値の基準と考えておけばいいでしょう。

預金マネーにより、日銀より多くの通貨の創造ができる銀行

通貨を増発できるのは、中央銀行だけと思っている人が多いでしょう。それも誤りです。ドルや円のような紙幣は中央銀行しか発行できません。三菱東京UFJ銀行は確かに紙幣の発行はできません。

しかし紙幣ではない預金も**「預金通貨」**です。価値の貯蓄と決済の機能が紙幣と変わらない預金は、通貨と同じです。

銀行は借り主が利払いと返済を承諾したとき、その返済能力（信用力）を審査して、貸付をし、預金口座にマネーを振り込みます。これが銀行が行うことのできる預金通貨の創造です。

この借り主の預金は、銀行にとって負債です。負債と銀行の資産である貸付金は、銀行が融資で創造したものです。銀行が貸し付けるとき、以下のような伝票処理をしています。

借方：A銀行の資産	貸方：A銀行の負債
貸付金　2000万円	Bさんの普通預金　2000万円

A銀行の資産にはBさんへの貸付金2000万円が記録され、同時にBさんが銀行にもつ普通預金の口座の数字が2000万円になります。この貸付で、Bさんの口座に2000万円という預金通貨が増えます。

A銀行は預金通貨2000万円をどこからもってきたのか？　実はどこからももってきていないのです。**貸付金という債権**（**資産**）**を2000万円増やした**だけです。これが銀行による信用創造であり、その貸付によって、Bさんの口座には預金通貨2000万円が増えます。

ただしBさんが2000万円を現金で引き出す場合は、A銀行がもつ日銀の当座預金（A銀行が預金引き出しに備えてもつ準備預金）から2000万円の紙幣を引き出し、支店に用意しておく必要があります。多額の現金は銀行にはないので、あらかじめ日銀の支店に連絡しておくことが必要です。

現金で引き出される場合、A銀行も現金が必要ですが、預金通貨である限り数字だけがあれば他に何も要らない。ほとんどのケースでは現金で引き出さず、支払いのときに相手の口座に振り込むだけです。現金紙幣が使われることは、わが国では7・3％しかないのです。

マネー・ストック（M3：1228兆円　15年7月）の中では、現金紙幣は90兆円です。7・3％の構成比ときわめて少ない。**預金通貨が1138兆円で、全体の93％**を占めています。

大きな金額の取引や企業間取引では現金は使われず、預金振り替えになっているからです。カードでの買い物も預金振り替えです。銀行は貸付のときに現金を準備する必要はなく、預金通貨の数字の創造でよくなったのです。

他方、日銀が信用創造をしてマネーを振り込む先は、国民が関与してない金融機関の日銀当座預金です。

日銀は銀行に対してだけマネー創造ができます。一方、国民（個人と法人）に対して貸付金という形で預金マネーを創造できるのは、日銀ではなく銀行です。

【マネタリー・ベースとは異なるマネー・ストックの増加】

日銀が国債を変換し**銀行の当座預金**にいくら多くのマネーを振り込んでも、銀行が国民に対して貸付を増やさない限り、**国民が使える預金通貨**は増えません。

2013年4月から、日銀は国債を買って金融機関の当座預金を58兆円（13年3月）から231兆円（15年9月）へと3・9倍に増やしました。ところが、世帯と企業の預金であるマネー・ストック（M3：1228兆円）は前年比で3・3％（41兆円）の増加に過ぎません（15年7月）。

2013年4月から異次元緩和をする前のマネー・ストック（企業と世帯の現金と預金）の増加は2～2・5％程度でした。異次元緩和が世帯と企業のマネー・ストックを増やす効果はほとんどないと言っていいのです。

このマネー・ストックの増加のなさが、政府・日銀の異次元緩和を実行した目的、**「2年をめどに、消費者物価を2%の安定上昇にもっていく」が果たされていない原因**です。

世帯の住宅ローン需要と企業の設備投資用の借り入れの増加需要が少なく、銀行も貸付金という信用創造額を増やしてはいない。借りる側に、設備投資や不動産購入のための増加資金需要がないとき、無理やりに貸し付けることはできないのです。

【米欧に多いレポ取引】

ただし**現在の日米欧のような短期金利ゼロの場合、金融機関が国債、株、デリバティブ証券、つまり金融商品を買うための銀行間借り入れは増加**します。

たとえば金利0・4%の10年債を買う。このために、銀行間でほぼ金利ゼロの短期の借り入れをするわけです。

これが欧州と米国の投資銀行に多い「**レポ取引**」です。まず自行の1兆円で10年債を買う。この国債の担保としての欠け目率（ヘアーカット率と言う）が5%だったとします。

買った国債を担保に、またゼロ金利で借りる。すると、9500万円の国債が買えます。この国債も担保に入れて借りる。9500万円×95%＝9025万円の国債を買うことができます。さらに、この国債を担保に入れて借りる。

これを続けた場合、無限等比級数になり、最大では〔1兆円÷0・05＝**20兆円**〕**の国債保有**になります。この20兆円の国債に対して1年間に政府から支払われる金利は、〔20兆円×0・4％＝**800億円**〕になります。低金利だからこそ、最初の1兆円が800億円（8％）と高い利回りになって、大きな利益が銀行に生じます。このため短期ゼロ金利のときは、超低金利の国債でも金融機関に売れるのです。

欧州、米国、そして日本の金融機関がゼロ金利を自行の利益にする目的で実行しているのが、レポ取引（債券担保金融）です。（注）債券を担保に資金を借りるこの取引は、リバースレポとも言います。レポ取引はデリバティブのようなレバレッジ効果をもちます。


リーマン危機後丸6年が経過しましたが、日本、米国、欧州のゼロ金利と量的緩和は本当は国債を発行する政府と、それを買う金融機関のための政策であることがレポ取引からもわかるでしょう。

米国と欧州の大手銀行は以上のようなレポ取引を交えて、自己資本の20倍から30倍のレバレッジをかけた借り入れと運用をしているのです。

現実には実行できないヘリコプター・マネー

前FRB議長のバーナンキは、1929年から米国で発生した大恐慌の研究者です。この恐慌は、中央銀行が金融機関に十分な流動性（現金）を貸与しなかったことから起こりました。バーナンキ議長は、**「ヘリコプターでマネーをばらまけばよい」**と公の場でも言ったので、ヘリコプター・ベンとも言われました。空から紙幣が落ちてくれば、誰でも拾って預金するか、使うからです。

しかし、現実のマネーは無償で提供されることはない。ヘリコプターでお金をばらまいたとき、監視カメラで撮影され、拾った人がわかるとします。高速道路の監視カメラが車のナンバーを特定できることと同じです。

100万円を拾うと100万円の債務になる場合、債務となってもかまわない人や、返済する意思と能力のない人以外は拾いません。中央銀行のマネー増刷が個人や企業に達する場合、普通それは銀行からの借入金になります。

このため**個人や企業のほとんどは債務になるヘリコプター・マネーを拾わない**。これが日銀のマネタリー・ベースが3・9倍の322兆円（15年9月）に増えても、世帯と企業の預金であるマネー・ストックが3%台しか増えていない〝理由〟です。

個人は、住宅価格が将来は下がるという予想があれば、住宅ローンでの買いを増やしません。企業は、新しい設備投資が金利率以上のROI（＝リスク控除後の予想利益÷投資額）の利益を生むと考えない場合、借り入れは増やさない。債務になるヘリコプター・マネーでは、住宅価格やROIを上げることはできないのです。

しかし、拾った人の債務にならないヘリコプター・マネーなら、商品や資産の購入に向かい、経済は大きなインフレになります。無償で1億円もらった人は、宝くじにあたったかのように住宅を買い、車を買い替えて、海外旅行に行き、ぜいたくな服を買って高級レストランにも行くからです。仕事も辞めるかもしれません。しかしこれでは、拾った人と拾わなかった人が出て不公平です。

1人2万円の地域振興券や2万6000円の子育て支援金（民主党案）も、実はヘリコプター・マネーでしたが、金額が小さかったため需要増加の効果は上げていません。

【本当のヘリコプター・マネーは拾っても負債にならないもの】

世界に前例のない1人100万円、総額127兆円の債務にならないヘリコプター・マネーを、この日本で最初に行ったらどうでしょう。日銀が円を増刷すればいい。円の増刷の方法は貸付金です。

日銀が円を127兆円増発し、個人の銀行口座に等分に振り込む。国民が過去20年払って来た低金利という預金課税の還付金のようなものです。1億2700万人に100万円ずつ渡すと127兆円です。

借方：日銀の資産	貸方：日銀の負債
貸付金　127兆円	国民への給付127兆円

国民への貸付金は、無金利で返済なしとする。**結果は需要超過からのインフレ**でしょう。政府・日銀は異次元緩和2年目を目途に、インフレ目標2％を達成するとしていました。2年4カ月目の現在、インフレ率は総合で0・2％、収穫という要因で価格変動の大きな生鮮食品を除けば0・0％です（2015年7月）。インフレ目標とは、はるかな乖離《かいり》があります。

受け取った人の債務にならないヘリコプター・マネーなら、**世帯・企業の現金・預金であるマネー・ストックを直接に127兆円（10％）増加させることができ、その50％は商品需要に**

向かい、物価は上がるでしょう。

日銀はマネタリー・ベースという負債を322兆円に増やしています（15年9月）。今度は世帯の預金口座に直接振り込むという形で、マネー・ストックを増やす。名目は過去に納めてきた消費税の還付など、なんでもいいのです。いまとなれば、政府負債1209兆円に比べて「わずか127兆円」です。

現在、日銀はマネタリー・ベースを1年に80兆円増やしています。これを47兆円増やして127兆円にする追加緩和です。

根拠がないマネーの増刷で円の信用は落ち、円安になって金利は上昇しますが、不可能ではない。日銀も回収できない債権が127兆円になり、大きな債務超過になります。

日銀がこれを行わないとすれば、やはり異次元緩和でのマネー増刷の目的は、

①**政府財政のファイナンス**と、

②国債を、政府の負債から日銀の債務に変える**マネタイゼーション**（国債の現金化）であることになります。

第7章　金本位制を否定してきた世界の中央銀行

86年で55分の1に減価したドル

金本位制については、「金は準備通貨にするには少なすぎる。1929年のNY株暴落から金融恐慌になったのは、金本位のため中央銀行がドルを増発できなかったからだ」という説がありますｏ これは誤った俗説です。

金本位制とは中央銀行が金準備をし、その金と交換できる紙幣を発行することです。金の現物がなければ紙幣を増やせないわけではない。準備率を上げれば紙幣発行は減りますが、下げれば紙幣の発行を増やせます。また金の公定価格を上げることにより、通貨の発行量を増やすことができます。

1929年の金は、1オンス（31・1グラム）が$21で固定されていました。2015年10月現在、1オンスは$1160付近、1グラムで$37（卸値：税抜き4440円）です。ドルは55分の1に減価しています。

金価格と準備率を固定したままなら、ドルの発行量はFRBの金保有量に制限されます。しかし1オンスの金の公定価格を$21から$42に上げれば、ドル紙幣は2倍発行できます。$210にすれば10倍です。金の価格を上げれば、金本位制でも金が不足することはない。

ただし通貨の発行量を増やして金価格を上げると、通貨の増発によってその価値が下がることが歴然と見えます。

マネーの増発がマネーの価値の下落と受け取られると、通貨の価値保存力が減ったことがわかり、通貨の信用が落ちます。これでもかまわないと思えますが、中央銀行は通貨の価値の下落が歴然とわかるのは不都合だと考えているようです。

【否定の論拠は金の量の少なさだった】

このため、「金本位にするには、金の量が少なすぎる。通貨の増刷が必要になったときに、通貨不足から恐慌が起こる」というニセの学説を作って、普及させたのです。

しかし金は不足しません。不足なら金の価格を上げればいいからです。中央銀行が決めることができる金の公定価格を、たとえば約5倍（1オンス$6000：1グラム2・3万円）にすれば現在でも世界の金は不足しない。自明のことでしょう。

経済学者も、通貨としての金の研究をしなくなっています。『一般理論』（1936年）の前に『貨幣論』（1930年）を書いていたケインズも、金との交換を停止した中央銀行に寄り添い、「金は馬鹿げた金属である」と言っています。金属がバカであるはずはない。金を信じるのは馬鹿げたことだと言ったのです。通貨としての金に対する研究は、**主流派経済学から抑圧**されてきたのです。

【地上の金の総量は18・3万トン】

地上の金の現在量は、18万3600トンと言われます（World Gold Council：2014年）。新しく増えるのは鉱山からの採掘分です。2014年には3133トンでした。

地上の金は、1年に1・7％ずつ増えています。電子部品や宝飾品からのリサイクルは1169トン（2014年）でしたが、これは地上の金を増やすものではない。経済的に採掘できる埋蔵量は、現在5万トンと言われています。現在のペースなら16年で枯渇する量ですが、実際の採掘可能量はもっと増えるでしょう。

1グラムの現在価格を4500円とすると、18万3600トンの全在庫で826兆円です。世界の通貨発行額（中央銀行のバランスシートの合計）を3000兆円としたとき、金価格が（3000兆円÷826兆円≒3・6倍）、つまり1グラムの公定価格を1万6200円（現在の約3・6倍）とすれば、金本位でも不足しません。

金1グラムの小売価格は、8％消費税と手数料込で4922円です（15年10月26日）。金価格は時期は別にして、必然化している米国の金融危機やドル危機が再来するとき、2倍や3倍に向かい高騰するはずです。特に中国と新興国の中央銀行が2011年以降、ドル準備の代わりに買い進めるように変わったからです。

ただし金本位では、いままでに増刷してきた通貨の価値低下が明白になります。**金本位の否定**は政府・中央銀行に通貨発行権を独占させることにより、国民の金融資産の価値を政府・中央銀行が意のままにできるようにするためのものです。

金融資産の価値が高くなることは、負債の価値も高くなることです。国民の金融資産を国債で借りる政府にとって、負債の価値の高さは不都合でしょう。このため、いずれはインフレを生む不換紙幣という中央銀行の負債である通貨を発行するようにしたのです。負債である通貨は、中央銀行が国債を買う量的緩和によって、任意に増加させることができます。

どんな場合に中央銀行に通貨の発行益が生じているのか

古来、**通貨の発行益**《シーニョレッジ》（領主特権）は、その発行益を得るために国家を作るというくらい重んじられたものでした。近代や現代でも同じです。金貨には発行益がありませんが、不換紙幣には発行益があります。これは政府・中央銀行が不換紙幣を発行したがる理由でもあるのです。

戦争のときは露骨に現れます。多くの占領軍はそれまでの通貨を廃止し、軍票（不換紙幣）を作って通貨として強制します。この目的は、領地の富を無償で獲得することです。紙幣の印刷費は1枚数円です。紙幣を渡すこと、つまりお金を払うことで政府になった占領軍は食料、商品、雇用を得ています。中央銀行は政府から独立しているとはいいますが、それはどの国でも擬制の独立です。

中央銀行のミッション（優先して行うべきこと）は通貨の価値を守ることであり、インフレが起こらないように、発行量を抑制し金利を抑制することだとは言います。

通貨の価値とは、商品・サービス、および資産の購買力です。インフレは商品物価一般が上がることですが、本当はGDPに対して増えすぎた通貨の購買力が下がることです。

中央銀行が負っているというインフレ抑制の義務も、**タテマエ**に過ぎない。**実際は、政府の赤字財政からのマネーの必要が優先しています。**

政府や占領軍ではない中央銀行が発行する通貨の場合、通貨の発行益は生じないという説があります。紙幣と当座預金（マネタリー・ベース322兆円：15年8月）は、日銀のバランス・シートの右側に記載する負債である、通貨発行益としては国債の金利分しかないと日銀も言っています。

日銀の保有国債（306兆円：15年9月）の平均利回りはほぼ0・8％ですから、1年に2・4兆円の金利収入があり、それが日銀が1年間に得る通貨発行益である。しかし日銀は利益が出た場合、税金を払うと同時に通貨発行益の約30％を国庫納付金（2014年度は7567億円）として政府に納めている。したがって日銀には事実上、通貨発行益はないというのが日銀の主張です。

【日銀に通貨発行益が生じるとき】

マネタリー・ベースはバランス・シート上は、日銀の負債になります。通貨を増刷し、負債を増やしても、発行益は買った国債の金利分しかない。その通りに思えます。

ところがこれは、**事実上という観点から見ると違う**のです。

日銀が保有国債を売って通貨発行（マネタリー・ベース）を減らすと、それは資産（国債）の減少であり、日銀にとっての損失とも言えます。

しかし今回の異次元緩和のように、日銀がマネタリー・ベース（紙幣＋当座預金）を増やし、その**負債を増やし続けている間は、その通貨発行の増加分が日銀にとって事実上の利益**になります。

この利益によって国債という金融資産が、日銀に増え続けているのです。日銀がマネタリー・ベースを維持した場合、日銀の通貨発行益はマネタリー・ベース分、つまり322兆円分もあることになります（戻って図4-1のマネタリー・ベース＝紙幣＋日銀当座預金）。

以上は、すこし考えてみればわかることです。もし資産家の親が、あなたに無利子の条件で1億円の貸付をしたとします。返済期限も無期限とされ（あるとき払いの催促なし）、しかもあなたの意志で、追加で借りることもできるとします。

これは形式上は負債です。しかし事実上は負債ではありません。返す必要がないからです。利払いも要らず、返す必要のない負債は事実上、1億円の利益を得たことと同じです。

つまり日銀は自分の意思で、マネタリー・ベースの322兆円（2015年9月時点）を減らさない限り、同額の通貨発行益を事実上、もち続けることができます。通貨発行を減らさないことを事実上とすれば、通貨発行益はあるのです。

ただしインフレが昂進《こうしん》し、物価上昇が望ましい水準を超えても止まらないとき、日銀が通貨発行量を減らす場合は、日銀に損失が生じます。このときは、日銀が得てきた通貨発行益

322兆円が国債を売って、金融機関から円を吸収した分（＝マネタリー・ベースを減らす分）、減少します。

【無税国家論の誤謬《ごびゅう》】

政府紙幣の発行や、国債を中央銀行が買い続けることによる無税国家論を主張する人もいます。

政府の財政支出のために国債を発行する。中央銀行が買い取って、政府に代金としてマネーを与える。これが直接の財政ファイナンスです。明治維新の太政官札のような政府紙幣の発行と同じです。そのマネーを、政府が使う。日銀が財政ファイナンスを続けるなら、税金を廃止した**無税国家**も実現する。これは本当に無税国家なのか。違います。

財政がファイナンスされたマネーを政府が財政支出として使った場合、それを受け取った国民のマネー・ストックが増えすぎることになり、大きなインフレになるからです（企業と世帯の預金：1228兆円（M3）：2015年7月：日銀）。

マネー・ストックは、従来よりマネー・サプライ（マネーの供給額）と言われてきましたが、2008年からマネー・ストック（マネーの貯蓄）と日銀が言い換えています。

その理由は、日銀は世帯と企業の預金であるマネー・ストックを直接には増やすことができないからです。日銀が国債を買うことを通じて増やすことができるのは、日銀の負債勘定である紙幣と、金融機関の日銀への預金である当座預金です。既述のようにマネタリー・ベースは金融機関の現金資産であり、企業と世帯の預金であるマネー・ストックとは違うものです。

無税国家論に基づき、日銀が国債を直接買って政府の財政のファイナンスをし、政府がその増刷されたマネーを財政の支出（年金、医療費、介護費、公務員の報酬、国防費、教育費、公共投資、および国債の利払い）に使った場合、このマネーは公共事業として企業と世帯の預金口座に振り込まれるため、マネー・ストックの増加になります。

日銀が増刷したマネーの分の財政支出が、国民経済の需要を増やすことになるからです。このため、商品とサービスは供給不足になります。「需要＞供給」の関係から、物価が大きく上がります。資産価格（不動産・株・債券・金）も高騰します。

一方、政府の税は、国民にとっては所得の減少です。政府はその税を財政支出に使います。税収が財政支出になっている場合、税を払った分、国民が使える所得が減っているため国民経済での需要の超過は起こらず、インフレにもなりません。

しかし、無税で、国債を日銀が買って財政支出に使った場合は、無税の代わりに物価が上がるのです。物価の上昇が50％なら、〔元の価格１００円＋隠れた税金50円〕を商品代金として国民が払うことになります。

実例を言います。明治元年、税収がなかった新政府は、戊辰《ぼしん》戦争と殖産興業《しょくさんこうぎょう》の費用の支払いのために、政府紙幣である太政官札を４８００万両発行しました（１８６８年）。この政府紙幣は、明治政府が発行したものでした。

これは、日銀が政府の発行する国債を買って、財政ファイナンスしたときの通貨と同じです。国債でなくてもいいのです。財務大臣が「借入金４８００万両」と書いて印を押した紙切れを日銀に渡せば、日銀が政府に貸し付けた通貨は、政府紙幣と同じものになります。（注）明治元年には日銀はまだありませんでした。ここでは仮想的な話をしています。

４８００万両、つまり当時の国民１人当たりで１両の通貨を発行しすぎた結果は超過需要を生んで、その後1年で66％の物価上昇（これが見えない税金）になり、価格が上がった商品が買えなくなった国民は困窮しました。政府通貨が増えても、商品の供給は増えないからです。

リーマン危機の後の２００９年、急速に増えていた財政赤字に対し、米国政府内で＄１兆（１２０兆円）のプラチナコインの案が浮上したことがあります。１枚の小さなプラチナコインに、１兆ドルと財務省が刻印する。それをＦＲＢに買ってもらう。政府には＄１兆が手に入る。それを政府が使えばいいというものでした。

しかし、それでは露骨にドルの価値を否定することになるだろうという意見で、この提案は消えたのです。しかし、政府が印刷した＄１兆の国債をＦＲＢが買うなら、１枚のプラチナコインと変わるものではありません。量的緩和第一弾、第二弾、第三弾とＦＲＢは、国債とＭＢＳを＄４兆余り買って、ドルを増発しています。日銀が２０１３年４月から開始した異次元緩和も、この１兆ドルのプラチナコインを日銀が買うことと同じです。

政府紙幣と同等になってきた紙幣の増発をしても、日米欧でそれが原因のインフレが起こっていない理由は、政府の財政支出に使われたのではなく、通貨増発分の多くが中央銀行内の当座預金の増加だけになっているからです。

日銀による通貨の増刷分を政府が財政支出で使ったのなら、それは企業と世帯に回って、実質ＧＤＰの潜在供給力を上回る需要の超過になるため、即座にインフレが起こっているでしょう。

維新政府による政府紙幣の４８００万両の発行は、66％の物価の上昇という形で、国民の所得に対し66％の課税をする機能を果たしました。政府紙幣は、国民がもっている金融資産の価値から、その発行分の価値を政府が奪う行為だったのです。

人々に信用される偽札《にせさつ》の購買力は、正貨《せいか》の価値から盗み取った価値に由来します。政府や日銀が通貨を発行した場合、それは偽札ではない。しかし正貨に紛れ込み、正貨を増やします。なお正貨とは、戦前は金貨のことでした。正貨でないものが紙幣でした。金貨がなくなれば、紙幣が正貨です。戦前の横浜正金銀行の正金とは、「正貨」の意味です。横浜正金銀行は東京銀行（現在の三菱東京ＵＦＪ銀行）の前身です。

その国の商品の供給力より増えた正貨が使われれば、物価を上げます。**通貨を増刷することによって作られる無税国家は、税の代わりに国民がもつ金融資産の価値を物価上昇という形で盗み取るもの**なのです。

【戦時国債の例】

第二次世界大戦のときの日本、英国、米国の戦時国債も同じでした。国債を中央銀行が買い取り、政府に現金を供給したのです。これが財政ファイナンスです。中央銀行が仲介して国債を通貨に変換する点で、明治維新の太政官札と同じ政府紙幣の発行になります。

英国が戦費に使った国債の残高はＧＤＰの２５０％に達していました。米国にも戦後はＧＤＰの１００％の国債がありました。日本もＧＤＰの２６７％の国債を抱えていました。

日本の国債と地方債の１０１９兆円を含む政府部門の債務は１２０９兆円に増え、名目ＧＤＰ

（499兆円）の242％です（2015年3月の残高）。平時なのに、戦時国債の残高に近い。①バブル崩壊の1990年代以降のGDPの低下を防ぐ公共事業のためと、②1998年以降の金融危機対策としての赤字国債の発行、③2008年のリーマン危機の後の、国債増発を続けてきたからです。

政府は、そのマネーを財政支出である軍事費に使いました。近代の戦争は経済的には、国債の発行によって国家の経済力を総動員する公共事業です。

政府紙幣ではありませんでしたが、中央銀行が国債を買い取って通貨に変換したので、事実上の政府紙幣でした。政府の信用をバックにした政府紙幣が払われて、兵器製造、装備、兵糧の調達と兵士の雇用が行われたのです。

戦争は70年以上前のことなので、現代は違うと思っている方が多いでしょう。確かに先進国にとって国の経済力を動員する総力戦だった世界大戦は、核兵器の全体破壊という抑止力によって起こりにくくなっています。現代の戦争は、対テロ戦のような限定戦争になっています。

先進国に多い未計上の社会保障負債

現代は軍事費ではなく、

①不況と金融危機のときの対策費、
②増える社会保障費（年金、医療費、介護費）の補塡《ほてん》として、

赤字国債を発行し続け、GDPに対する戦時並みの国債残になっています。これは金融面で言うと、戦時国債と変わらないものです。

インフレになっていない理由は、グローバル生産の進展による商品供給力の増加があり、先進国の商品需要は消費の成熟化でさほど増えないことと、通貨の増発が戦時よりは抑制的だからです。

世界の生産力の一例を挙げると、中国で自動車の生産能力は5000万台です（2014年の生産台数は2372万台：日経新聞）。過剰な生産力が中国だけで2600万台もあります。他の家電、衣料、消費財も生産力の過剰では車に類似しています。

2008年のリーマン危機後の需要縮小のあと、世界は高い商品生産力をもち続けています。これがマネー量が増えても高いインフレにならない、根本の理由です。

ただし各国ベースでは、たとえばマネーの増発から円安が50％も進行すると、海外から輸入する資源と商品が50％上がるため、国内の消費者物価は数％は上がるようになります。輸入と関係が深い商品は10％以上は上がります。

世界全体では資源と商品の供給力が需要を大きく超過していても、通貨安は直接に輸入物価

を上げるからです。21世紀の世界は、20世紀とはインフレもデフレも経路が変わって、通貨からになっています。

米国は政府債務の残高（$19兆：2280兆円：2015年：IMF）に匹敵する、年金および医療費を主とする社会保障費の将来支払い義務（推計2000兆円）という、帳簿には計上されていない負債を抱えています。

主要国の「国債＋政府の借入金＋未計上の社会保障債務」の残高は、第二次世界大戦後の戦費をはるかに超えています。計上されていない社会保障債務とは、これからの年金や医療費の支払いに対する基金以外の、政府の補填《ほてん》義務の分です。

税収で不足する分を赤字国債でまかなっている一般会計から、政府は年金、医療費への補塡をしなければならない。この補塡分が社会保障費の将来債務です。

わが国でも高齢者に対して政府が払うことを約束している年金、医療費、介護費として、高齢者自身の保険支払い分を除いても、**1400兆円の計上されていない政府債務**があると推計されています。

65歳以上の国民（3189万人：2013年）に対するこれからの社会保障給付（年金、医療費、介護費）の義務額から、高齢者自身が支払ってきて、これからも払う自己負担額を除いた債務だけで1400兆円（名目GDPの280％）ということです。現在の国債・地方債の残高は1022兆円ですから、これを入れれば2・4倍の2422兆円に膨らみます。

この1400兆円は、これからの保険料と政府の一般会計から払わねばならない義務があるものですから、事実上、政府の債務と同じです（日本経済研究センター：主任研究員　愛宕伸康氏：http://www.jcer.or.jp/angle/index4654.html：他に法政大学教授　小黒一正氏等）。

こうした将来の社会保障義務を除いても、主要国の政府債務で計上された残高はGDP比で日本234％、ギリシャ177％、イタリア149％、ポルトガル130％、フランス117％、米国110％、英国98％、スペイン98％、カナダ94％、ドイツ76％です（2015年：OECD）。

2008年9月のリーマン危機以降、世界が国債の発行を増やし、金融危機と不況対策のために財政支出を大きくしたため、世界の国債発行は大きく増えているのです。

先進国の社会保障の義務は、政府の国債のような借金ではありません。しかし「支払わねばならない」ということからは、債務と同じように将来負担になるものです。この観点で言うと、現代の先進国は戦時国債よりはるかに大きな負債、つまり将来の支払い義務を抱えています。

第8章　金融資産と負債はどれくらいあるのか？

日銀は四半期ごとに**国全体の資金循環表を作成**し、公開しています。金融資産の所有者から金融機関の仲介を経て、政府、企業、世帯、海外にいくらのマネーがどう流れているかを示すものです。金融の仲介機関とは銀行、証券会社、生保、社会保障基金などです。

(http://www.boj.or.jp/statistics/sj/sjexp.pdf)

この中に**日米欧の金融仲介機関を介した資金循環の比較**があります。わが国と米国およびユーロ19カ国の国民（世帯、企業、政府）がもつ金融資産と負債がわかります。

もとの表はわかりにくいので、そのデータから作った金融仲介機関の資産と負債を図8－1に示します。

図8-1　わが国の金融資産と負債
（2015年6月：日銀資金循環表より筆者作成）

金融負債			金融資産		
借入主体	分類	金額	所有主体	分類	金額
世帯 371兆円	借入金	311兆円	世帯 1,717兆円	現金・預金	893兆円
	その他負債	60兆円		証券	307兆円
民間企業 1,543兆円	借入金	342兆円		保険・年金準備金	444兆円
	社債等	398兆円		その他	74兆円
	株式（時価）	517兆円	民間企業 1,124兆円	現金・預金	243兆円
	その他負債	285兆円		証券	391兆円
政府部門 1,209兆円	借入金	163兆円		その他	490兆円
	公債（国債＋地方債）	1,022兆円	政府部門 581兆円	証券	224兆円
				財政融資資金	35兆円
	その他	25兆円		その他	323兆円
国内の負債合計		3123兆円	国内の資産合計		3422兆円
対外債務（海外からの負債）		596兆円	対外債券（海外にもつ資産）		939兆円

http://www.boj.or.jp/statistics/sj/sjexp.pdf

世帯、企業、政府部門がもつ合計の金融資産は２０１５年６月で**合計３４２２兆円**に増えています。このうち５２３０万の世帯が持つ分は１７１７兆円で、１世帯あたり平均３２８０万円です。残りは企業と政府の金融資産です。

世帯の１７１７兆円の内訳は、

①現金・預金が８９３兆円（構成比52％）、

②株を含む証券が３０７兆円（同18％）、

③保険・年金準備金が４４４兆円（同26％）、

④その他が74兆円です（２０１５年６月）。

世帯の金融資産のうち現金・預金はほぼ半分です。

自分がもつ銀行や郵貯の預金額からして、多すぎるのではないかと思われるでしょう。これには、法人化せずに個人事業を行っている世帯、そして医師、弁護士、会計士、都市近郊の土地をもつ農家など、勤労者世帯や退職して年金を受け取っている世帯より金融資産の多い世帯が含まれます。たとえば100軒に1世帯が5億円の金融資産をもっていると、平均は大きく上がります。また金融資産には預金や株だけでなく、自分の分がいくらあるか知らない人が多い生命保険と年金の積立金も含まれます。株は時価評価されています。

問題は、われわれ5230万の世帯がもつ金融資産が10年後も1717兆円の商品購買力をもつのかということです。世帯平均で3280万円もの金融資産が、10年後に現在の3280万円分や、それに近い商品と資産の購買力をもち得るかということです。

通貨の機能は、①価値の保存、②決済、③計量単位です。金融資産は、価値つまり購買力が保存されたものですが、問題になるのは将来の購買力です。

インフレは一般に消費者物価だけで計られます。しかし、通貨がもつ価値の保存機能という面では、資産価格(株、不動産、債券、外貨、金)との関係も見なければならない。資産価格が10年後に2倍に上昇していれば、通貨の価値は2分の1に減価したことになるからです。

毎年35〜40兆円ずつ増えていく政府部門の純負債

5230万の世帯は1717兆円（世帯平均3280万円）、つまり年間所得の6・8年分の金融資産をもっています。世帯の負債は371兆円（1世帯710万円）です。負債を引いた純金融資産は1346兆円です。負債のうち住宅ローンは192兆円です。1軒平均1500万円の残高とすると、ほぼ1280万戸分（5軒に1軒）にローン残があります。ローン金利が上がった場合、デフォルトは増えますが、大きなものではない。つまり、世帯分の負債は大丈夫です。

民間企業（非金融法人260万社）は金融資産を1124兆円もっていて、金融負債は1543兆円です。株式での負債が517兆円ですから、返済が必要な負債は1026兆円になります。

1社平均では3・9億円が利払いと返済が必要な負債です。現在の銀行融資の平均金利は1・1%と低い。1社平均の利払いは430万円と少ない。金利が3%に上がると、利払いは1170万円と、ほぼ3倍に増えます。負債が多く、利益が出ていない中小企業の破産は増えるでしょう。なお株価の下落があると、株式の時価517兆円はその下落分、株主の金融資産が不良化することです。

政府部門の金融資産は581兆円です。負債は1209兆円ですから、純負債が628兆円です。問題は1年にほぼ40兆円の財政赤字で、純負債が毎年40兆円（6・3％）ずつ増えていくことです。

第15章で政府負債のサステナビリティ（維持可能性）を検討します。問題になるのは金利の上昇です。現在は10年債が0・3〜0・4％の超低金利であり、政府の利払いは年間10兆円ととても少ない。この超低金利のため、財政破産に陥ってはいません。

金利が3％に向かって上がっていくと、利払いも30兆円に向かって年々増えていきます。国債発行額の中でも、利払いの増加分が増えます。政府にとって金利3％はサステナブルではない。すぐあとで検討しますが、4％の金利はとても無理です。

【名目GDPの6・8年分の金融資産と負債】

名目GDP（499兆円：2015年3月期）に対し、3422兆円の総金融資産は6・8年分に相当します。世帯でも、年間所得の6・8年分の金融資産に相当しています。

名目GDPは、物価上昇を含む商品とサービスの付加価値の生産高を示しますが、GDPは「企業と世帯を合計した所得額＋減価償却費（約100兆円）」でもあります。

名目GDPは、20年前の1995年には504兆円でした。2015年4月は年換算で

499兆円です（内閣府）。ここ20年間、名目GDPの増加はなく、企業と世帯の合計所得の増加もないのです。

一方で、世帯と企業の金融資産は年率4〜7％で増加してきました。このため世帯・企業・政府の総金融資産は3422兆円に増え、所得の増加率が低かったため、名目GDPの6・8年分という世界一のレベルに膨らんだのです。

金融資産・負債がGDPに対して大きすぎると金利は高くならない

3422兆円の金融資産と負債は、金利の面では何を意味しているのか。金融資産の平均利回りが、普通の金利である4％のときは、借り主の利払いは1年に〔3422兆円×4％＝137兆円〕になるということです。

直近の名目GDPは499兆円です。このGDPの中で、金利が4％なら、利払いと配当が137兆円（GDPの27％）になってしまいます。GDPの27％に相当する分が金利と配当であるという経済は成立し得ません。

金利4％は、平均的な金融資産をもつ世帯の金利と配当収入が、所得の27％に達するという意味でもあります。働いて得る所得が600万円の世帯では、所得と別に、金利と配当収入が

162万円あるということです。これが金利4%の意味です。

現在は預金金利がほぼ0%です。1000万円の定期預金があっても、年間の金利は2500円です。もっとも高い銀行でもたった2万5000円です。

金利を払うのは金融資産を借りている政府、企業、世帯です。もっとも多く利払いすべきは、国債の1022兆円を含む負債が、1209兆円に増えている政府部門（中央政府＋自治体）です。

平均金利が4%に上がった場合、

- 借り換えが進んで**3年目には、現在10兆円の国債の利払いは3倍の30兆円**に、
- 借り換えが完了する**7年目には50兆円**になります。

2015年の国税（所得税、法人税、消費税等）の予定収入は、54・5兆円です。金利が4%なら、税収のほぼ全部が政府負債の利払いとして消えてしまいます。公務員の人件費、社会保障費（年金の補填・医療負の補填・介護費の補填）、公共事業費、文教費、防衛費などの一般会計の全部の支出ができなくなってしまいます。つまり、国家財政のデフォルトです。

以上が示すのは、わが国の3422兆円の金融資産額がある限り、利回りは永久に4%や5%の普通の金利には戻り得ないことです。

金利は銀行ではなく、借り主である政府（国債と借入金）、企業（借入金と株式配当）、世帯（住宅ローン）が払うものです。銀行は預金と貸出を仲介しているだけです。

3％の金利でも無理です（利払い36兆円）。2％でも負債が1209兆円もあり、年間で35〜40兆円は増え続けている政府が利払い不能になるでしょう（利払い額24兆円）。

【問題となる政府の利払い能力】

1209兆円を借りている政府の2015年度の利払い予定額は、10・1兆円です（財務省）。過去の2％台の金利のものが30％くらいは残ってはいても、総借入1209兆円に対する平均金利は0・84％に過ぎません。日銀が国債を1年に80兆円も買い上げているため、市場の金利が0％台に抑えられ、10年債の金利も0・3〜0・5％付近でしかないからです。

長期金利は、債券市場での国債の供給と需要で決まります。金融危機の1998年以降の17年間、日銀は国債を大量に買い支え続けてきました。短期金利はゼロを続け、長期金利（10年債の金利）も0・3〜0・5％という低さです。

仮に、日銀が異次元緩和として買い増している年間80兆円を停止すればどうなるか？　その発表があれば、金利は一夜で10％以上に高騰すると断言できます。残高1000兆円の国債価格は、平均で40％（400兆円）も下落します。

政府財政の破産と**即刻の金融危機**となります。この出口政策をどうするか、まだ決まっていません。現在の低金利は、日銀が国債を大量に買い、債券市場での国債の売りの超過は絶対にないという前提での異常なものです。金融機関が10年債で0・4％や0・3％の金利の国債を買っているのは、すぐ後に日銀が発行額面より高い価格で買ってくれて利益が出るからです。金利が0・3％だからといって、国債を信用しているわけではない。

2017年からと予想される日銀の出口政策は、**現在0・1％の日銀当座預金の特例の金利（補完当座預金制度）を、0・25％に引き上げるという微温的なものでしかあり得ません。**年間80兆円の国債の買い増しは、1カ月に1兆円くらいを減らす程度でしょう（必要期間80カ月：7年）。

直近（15年9月）で言えば、中国発の株価下落から、逆に一層の追加緩和が必要になっているくらいです。リーマン危機の後の米国FRBも、量的緩和を6年間で3回も行っています。FRBは、もともと1回目のQE1でやめるつもりでしたが、経済と金融の状態がそれを許さなかったのです。

長期金利が低いのは日本だけではない。米国1・99％、英国1・90％、カナダ1・27％、ユーロ19カ国0・58％、中国3・27％、スイスはマイナス0・1％（間違いではない）です（15年9月）。中国を除き、資本の移動が自由化され、マネーの移動（＝通貨の売買）は自由です。このため、先進国の金利は均等化に向かう傾向をもちます。金利の低い国から高い国の通貨の買いが起こり、金利差は縮小に向かうからです。

日本と米国で言えば、日本から見て円高・ドル安での為替差損を見込んだとき、金利差（イールド・スプレッド）は1・5～2％で均衡するでしょう。

事実上のゼロ金利に向かって下がってきた長期金利

図8-2に、わが国の金融危機後の1998年からの10年債の金利を示しています。2007年にはきわめて低い水準とはいえ、1・4～1・8％でした。2015年現在は、超低金利と言える0・4～0・5％です。これは満期1年の国債ではなく、現金になる償還まで10年もある10年債の金利です。

図8-3の参考図は、資産バブルの崩壊が始まった1990年の長期金利8％から2015年の0・4％まで、四半世紀の推移を示しています。90年代に8％から2％台に下がり、00年代は1・5～2％、10年代は1％以下です。

日銀が国債を大量に買う量的緩和を行い、同時に短期金利を0％に下げているため、1209兆円（国税収入54・5兆円の22年分）の負債をもつ政府は破産していません。普通の金利の4％なら、10年前に破産しています。

破産とは利払いができず、満期が来た国債の返済もできなくて、医療費や年金の支出も滞ることです。政府の財政を破産させることはできないので、日銀が国債を大量に買って財政ファ

図8-2　下落を続けるわが国の長期金利（10年もの新発債の金利）

わが国では、2007年以降、日銀の政策で金利は下がり、国債価格は一貫して上がってきた。

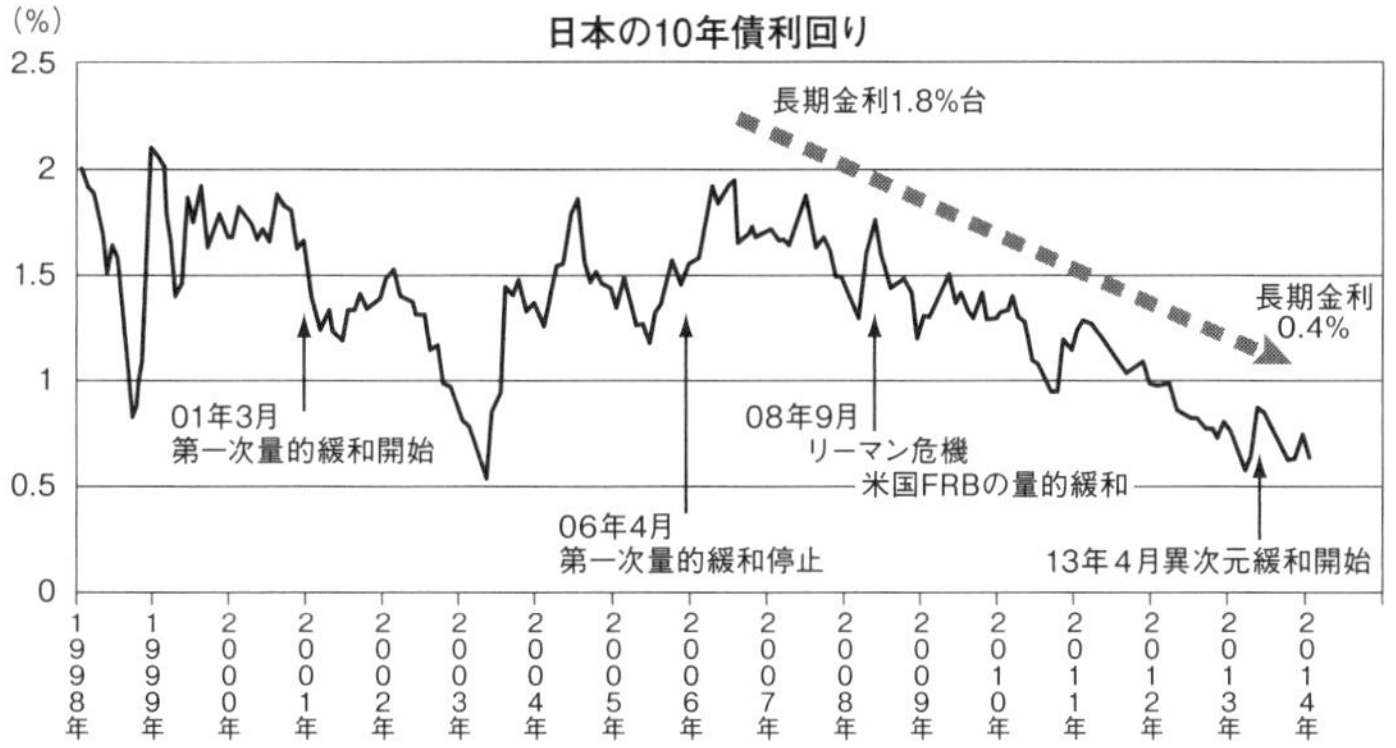

（データの出所）財務省

金利が下落すると、既発国債の価格は上昇する。金利が上昇すると、既発国債の価格は下落する。
①将来に向かう期待金利が下がると、金融機関は、価格上昇が見込める国債を買う。
②逆に、将来の期待金利が上がると、国債価格が下がるので、金融機関は国債を売ることが多くなる。

イナンスをし、国債の金利をゼロ％付近に下げているのです。

【2013年4月から始まっていた日銀による財政ファイナンス】

財政のファイナンスとは、買った国債の代わりに日銀が政府にマネーを振り込むことです。日銀と政府は「財政ファンナンスではない」と言っていますが、金融機関が35兆円の新規債を買わず、日銀が80兆円の国債を買っていることは**事実上の財政ファイナンス**です。

政府・日銀が財政ファイナンスではないと言い張るのは、財政信用が維持されていると見せ、国債の金利高騰を抑える必要からです。

財政信用とは、政府が国債の利払いを続けることができ、国債の返済も政府にその意思が

図8-3　1989年から2015年までの長期と短期の金利

1998年のわが国の金融危機以後、日銀は短期金利をゼロに誘導し続けている

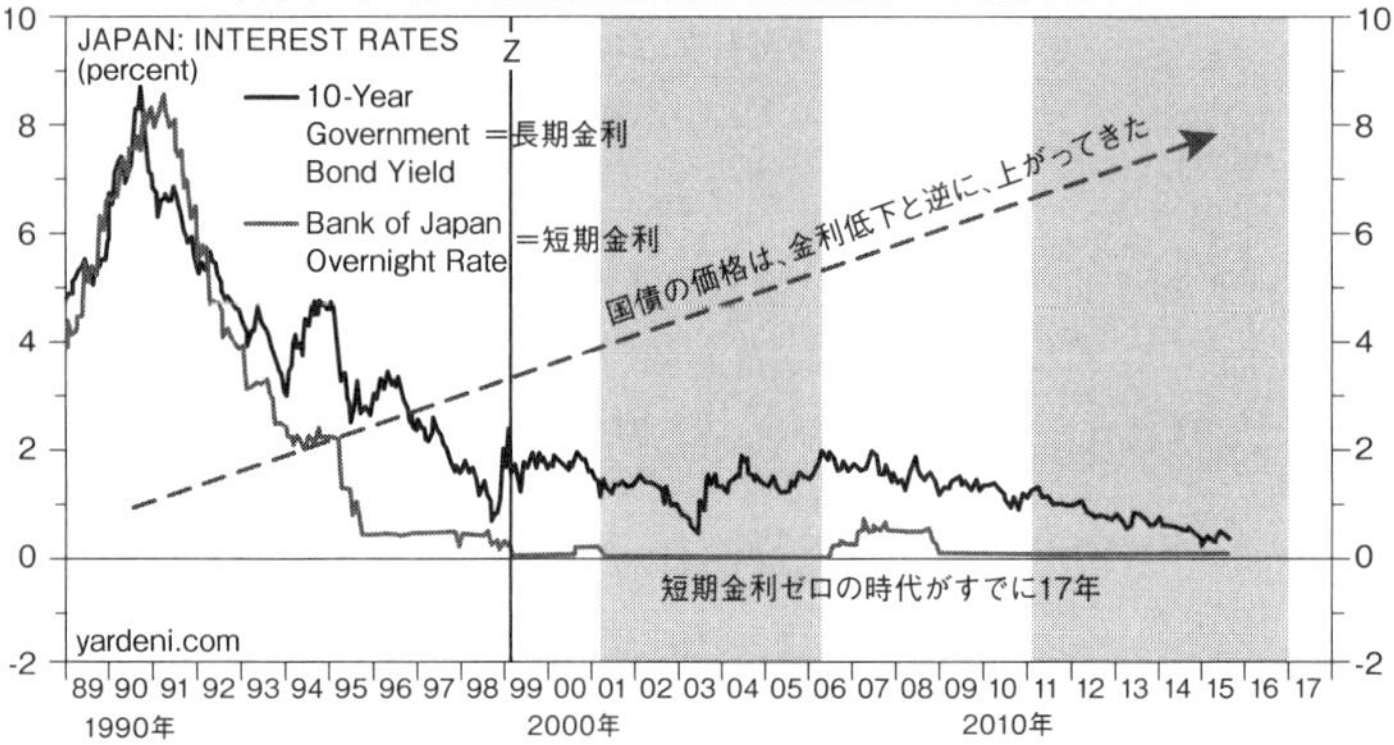

短期金利は、日銀の金融政策で決めることができる。長期金利は、債券市場での10年債の売買価格で決まる。日銀は、直接には、長期金利をコントロールできないが、量的緩和で国債を買い続けることによって、長期国債の価格を上げて、長期金利を下げる誘導ができる。1998年以降、長期金利も下がっているのは、日銀の買いオペレーションの大きさによる。

あればできるということです。金利が低ければ、債務が多い政府も利払いができます。

日銀の国債買いは財政ファイナンスが目的だと政府が言えば、国債の返済は将来もできない、返済する意思がないと認めたことになるからです。そう言えば、瞬間に金利は高騰します。

国債は満期が来て借り換え債を発行するとき、新しい金利になります。金利が3%に上がったとき、すぐに政府が支払い困難になるということではない。長短の国債の平均償還期間は約7年です。7年かけて、全部が市場金利になります。このため、金利が3%に上がると、3年目くらいから政府の利払い困難が生じます。

わが国の長期金利（10年債の利回り）は25年前、資産バブルが崩壊に向かっていた1990年には**8％**付近でした（図8-3）。郵貯の定額預金の金利も7％くらいであり、10年の複利では100万円の預金が200万円にも膨らんでいたのです。預金が10年で2倍になるという、夢のような時代もあったのです。

1990年の、わが国世帯の金融資産は1017兆円でした（金融広報中央委員会）。このうち預金は456兆円であり、現在の883兆円のほぼ半分でした。現在の世帯の金融資産である1717兆円と比較すれば、1017兆円は60％です。金融資産がGDPに対して50％も小さかったため、金利が5％や7％になることができたのです。1990年と2015年の名目GDPは500兆円程度で、ほぼ同じです。

現在が7％の金利なら、1世帯平均で3280万円の金融資産は、金利だけで**1年で225万円増えます**。これを複利で運用すれば、10年後の2025年には2倍の6452万円になります。1・07の10乗は2倍です。こんなことはあり得ないことがわかるでしょう。

もし世帯平均の金融資産が10年後に名目額で6452万円になっているとすれば、物価と資産価格も2倍以上に上がっているはずです。物価が3倍に上がっているなら、世帯当たりの金融資産の実質価値は〔6452÷3倍＝2151万円〕に減価しているはずです。実質とは、物価上昇を引いた金額です。

1ドルが79円の円高になった1995年に、長期金利は3・4％に下がりました。アジアの通貨危機と日本の金融危機の1998年にはさらに1・5％に下がって、小泉内閣時代の日銀のゼロ金利策と第一次量的緩和（2001年～2006年3月）から誘導された長期金利は、2003年に1％を割って0・99％でした。

黒田総裁が就任して、異次元緩和が実行された2014年の長期金利は0・66％、追加緩和の2015年では0・4％付近です。2013年4月からの異次元緩和で年間60～70兆円、14年11月からの追加緩和では年80兆円ペースで日銀が買い増しています。日銀の国債保有は306兆円と、発行国債の30％を占めるまで膨らんでいます（15年9月末：営業毎旬報告）。

日銀が国債の買いを停止する出口政策がとれず現在の買いのペースで行けば、東京オリンピックの2020年には700兆円になり、日銀の保有は国債発行額の現在の30％から60％に倍増するでしょう。

そのころには日銀に1年で40兆円くらい売っている金融機関は、国債を買う習慣をなくしているはずです。金利が上がり国債価格が大きく下がるという予想では、買えば損をする国債は買えません。このため、**「出口政策の実行はできない」**と推計しています。

現在、名目ＧＤＰに対する政府負債（１２０９兆円）の残高は２４１％に増えて、第二次世界大戦後の２６０％に近い。毎年少なくとも35兆円は増えますから、２０１８年には敗戦後の水準を超えます。

この国債のうち30％を日銀が保有しています（15年8月）。このまま行けば毎年約８％（80兆円）保有が増えます。２０２０年には１２００兆円の国債のうち７００兆円（58％）を日銀がもつという事態になります。無茶を超えた異常ですが、一体どうなるのか。本書の中で予測します。

国債の流通価格が上がると金利は下がる

日銀による大量の国債買いは債券市場での国債需要の超過を招きます。買いが超過すると、流通価格が上がります。過去に発行された国債の金利は固定しているので、支払われる金利は発行時と同じですが、上がった国債価格に対しての金利率は下がります。これが金利の低下です。預金や貸付の金利は国債の金利によって決まります。

【事例計算】 10年債が発行されたとき、額面１００万円に対する金利が０・７％だったとします。発行後1年目に日銀の大量買いにより、１０２万円に上がったとします。額面の１００万円に対する利払いは0・7％のままですから、年間で7000円です。

9年間の合計受け取り金利は6万3000円です（ここでは単利として計算します）。そして9年後の満期に政府から返済されるのは、流通価格の102万円ではない。発行時の額面の100万円です。したがって、9年間で受け取る金利6万3000円から2万円を引いた4万3000円が純金利です。

〔純金利4万3000円÷買った国債の価格102万円＝4・22％〕が9年間の利回りです。

1年間の金利は0・7％から〔4・22％÷9年≒0・47％〕に下がりました。

このように額面100万円、表面金利0・7％、残存期間9年の10年債は102万円に上がると、その長期金利が0・47％付近に下がります。同じ国債が104万円に上がれば、0・7％だった金利は0・26％に下がります。

一般式では、国債の金利＝〔｛額面金額×（1＋発行時金利×残存年数）｝÷流通価格－1〕÷残存年数、です。確かめてみます。｛100×（1＋0・7％×9）÷102－1｝÷9＝（106・3÷102－1）÷9＝0・042÷9≒0・47％、となって正しい答えがでました。

わが国の長期金利も、0・5％は必要な管理と事務の手数料を引くと、この25年間で金利ゼロの水準に下がっています。世帯と企業の名目上の金融資産は増え続けたのですが、運用の利回りは0・5％以下になっています。金利が下がったことは、金融資産の利回り価値の低下と言えます。利回り価値が下がると、金利が高かった時期の国債の価格は、上がります。

金融資産の価値低下の中で、図8-2のように、10年債の金利が2％付近から0・4％付近に下がる過程で国債を日銀に売ってきた金融機関は国債が高く売れたため、大きな利益を出しています。1000兆円の国債は、年間で1・4回転するくらい売買されているからです（年間売買額1400兆円：2015年）。

超低金利の17年間、世帯の金融資産の金利は大きく減りましたが、**金融機関は国債で利益を増やした**のです。というより1998年の金融危機の後から始まった短期ゼロ金利策と量的緩和は、

①自己資本を失った金融機関に利益を与えること、

②国債を大量発行をしても円滑に売れて、金利を上げないことが目的でした。

わが国の短期と長期国債を総平均した残存期間は7年です。平均残存期間7年の長短国債の平均金利が2％から0・4％に下がると、その価格は以下のように上がります。〔1000兆円×｛（1＋2％×7年）÷（1＋0・4％×7年）｝＝1109兆円〕

日銀の量的緩和で金利が低下する中、2010年代に国債をもつ金融機関が上げた利益は109兆円になります。1年平均で20兆円です。金融機関には保有国債を日銀に売るだけで、

毎年、この巨大利益が出たのです。

預金者はゼロ金利のために、前述のように大きな損をし続けました。しかし金融機関は金利低下で、普段は出ない大きな利益を出したのです。貸出を増やす誘因がなくなるのは当然でしょう。

ただし今後は長期金利が0・4％や0・35％からさらに下がる可能性は少なく、下がってもその幅は狭い。むしろ金利は上がる確率が大きくなり、金融機関は**国債を売れば損をし、持ち続ければ、運用利回りを上げられず機会損失する時代**に向かいます。

借り手が払える金利には上限がある

図8-1で、わが国の国内の総負債が3123兆円とわかります。その中で、世帯の負債が住宅ローン192兆円を含んで371兆円です。休眠やペーパー・カンパニーを除く、民間260万社の負債は借入金342兆円、社債等398兆円、株式（時価）517兆円、その他負債285兆円で、合計が1543兆円です。政府部門の負債が国債・地方債1022兆円を含んで1209兆円であることは、何度も述べています（15年6月時点：日銀資金循環表）。

負債の形態とリスクが異なるので、金利または配当もそれぞれ多少は異なります。株式の配当も金利の一種です。それらの金利の基礎になるのは、政府の10年債の金利です。

合計の負債３１２３兆円に対して、平均金利が１％のときの利払い額は31兆円です。

世帯は３・７兆円、企業は15兆円、政府は12兆円の利払い額になります。２０１５年現在、政府の利払いは約10兆円です。平均金利が１％の水準なら、世帯、企業、政府は利払いを続けることができるでしょう。

平均金利が２％に上がると、利払い額も62兆円と２倍になります。世帯の利払いは７・４兆円、企業は30兆円、政府は24兆円に上がります。政府の利払いは、現在の10兆円の２・４倍増えるのです。

なお既発国債は満期での借り換えのとき、新しい金利に上がります。現在の長短国債の総平均での残存期間は７年です。平均金利が２％に上がったときは、向こう３・５年の国債の純増分（１３０兆円）と合わせると、政府の利払いは総負債（１２０９＋１３０＝１３３９兆円）の１・５％付近になるでしょう。３・５年後の利払い額は約20兆円です。７年後に全部の平均金利が２％に上がったときは、利払いは（（１３３９兆円＋１３０兆円）×２％＝29兆円）に増えます。

このように金利が２％に上がっただけで、３・５年目に政府の利払いが２倍に増え、７年後には約３倍に増えます。しかも利払いが増えた分は国債の追加発行になるため、実際の利払いはこれより増えるのです。以上から言えるのは、**平均金利が２％に上がるだけで、その後３年**

目付近からの財政破産が予想できるものになるということです。

ＧＤＰの６・８年分の金融資産に拡大しているわが国では、ほぼ金利２％から政府の利払いが困難になります。２・５％では財政破産は確実になって、３％の金利なら、その年度に財政が破産するくらいの利払いの増加と国債価格の下落が生じます。金融資産と負債がＧＤＰ比で世界一多いわが国では、長期金利が２・５％に上がることすら不可能になっています。

【名目ＧＤＰに対して増えすぎた金融資産】

金融資産の側から言えば、名目ＧＤＰ（４９９兆円）の６・８年分に膨らんだ金融資産は、利回りという価値をなくしています。円はゼロ金利で、貸出金利と預金金利が低い「**チープ・マネー**」になってしまったのです。チープ・マネーとは、外為相場での円安ではなく、金利が〝低い〟マネーのことです。日銀の利下げが、円をチープ・マネーにしています。

外為相場で円がチープ・マネーに見えない理由は、ドルもユーロもチープ・マネーになっているからです。２０００年代で約5倍に高騰した金価格を基準にした場合、5分の1のチープ・マネーになっています。

しかしチープ・マネーでも金利が２・５％以上に上がるくらいから、借りた人、借りた企業、そして政府が利払いができなくなって債権が不良化していきます。

わが国の金融資産がこれ以上増え続けることは可能でしょうか？

〔金融資産＝金融負債〕であるという原理から、増える速度は低下していきます。

しかし政府部門だけは財政の赤字のため、毎年35兆円から40兆円の負債を増やします。向こう10年で約400兆円の追加になって、政府の負債合計は〔1209＋400＝**1609兆円**〕になるでしょう。そして金利が上昇する時期には、国債が不良化します。金融資産である国債の不良化は、金融危機を引き起こします。以上の事態が必然になっているのです。

【金融危機にも効用はある】

〔資産＝負債〕という構造をもつ経済の中での金融危機の効用は、負債の実質額を世帯と企業の所得、政府の税収で払うことができる額に縮小させることです。

マクロの金融全体では、**「金融危機の効用」**ということができます。

1998年のアジア通貨危機のように、金融危機で負債と金融資産が同時に縮小すると、その2年から3年後の経済は成長軌道に戻ります。

しかし現代の世界では、債務の不良化から起こる金融のシステミックな危機（連鎖的危機）に対して、中央銀行が国債を買うという方法でマネーを増刷し、そのマネーを金融機関に供給することによって防ぎます。これは中央銀行が負債を増やすことによって作ったマネーを、金融機関に与えること、あるいは貸すことです。低い金利で貸すことは、貸出が増え続けている間は与えることと同じです。

２００８年９月のリーマン危機のとき言われた「Too Big To Fail」がこれです。大手金融機関が破産すれば、マネー量の縮小から実体経済の商取引が急減して、実体経済も恐慌になる。大手の銀行はつぶすには大きすぎる。このため**副作用が何であれ、中央銀行がマネーを貸与して救済する**。これが世界に共通した対策です。その副作用のひとつは、最終的には救済されるからということから生じる、大手銀行のモラル・ハザードです。

この対策のため金融機関は金融危機後も、本来は収縮すべきだった不良債権を抱え続けます。根雪のような不良債権が残るため、その後の経済成長では、３％以下の低い状態が続きます。１９９８年の金融危機の後の日本、２００８年のリーマン危機後の米国、２０１０年の南欧危機の後のユーロがそれです。

長期金利の均衡値は、〔実質ＧＤＰの期待成長率＋物価の期待上昇率＝名目ＧＤＰの期待成長率〕です。金融危機後に例外なく敷かれるゼロ金利は、名目ＧＤＰの期待成長率の低さも意味しています。個人の感覚で言うと、来年の所得は２％以下しか増えないだろうというのが、名目ＧＤＰの期待成長率２％ということです。

第9章　国債の信用を担保にしたマネー増発の仕組み

中央銀行のマネー発行とは、①紙幣と、②中央銀行内の当座預金の残高を増やすことです。〔発行紙幣額＋当座預金額〕はマネタリー・ベース、またはベース・マネーと言われます。日銀は306兆円の国債を買って91兆円の1万円札を発行し、金融機関が日銀にもつ当座預金に231兆円を振り込んでいます。

このマネタリー・ベースは日銀が追加緩和として、1年に80兆円もの国債を買い増しているので現在は年80兆円ペースで増えています。

紙幣の発行は91兆円（1万円札で91億枚）からはほとんど増えず、増えるのは銀行、生命保険、ゆうちょ銀行、証券会社、年金基金が日銀にもつ当座預金の預金マネーです（231兆円：

2015年9月2日)。

紙幣は世帯や企業ももつことができますが、日銀当座に口座をもつのは金融機関と政府だけです。2013年4月からの異次元緩和では、日銀の負債である**「当座預金のマネー」**のみが増えています。

【信用の拡大という紛らわしい言葉】

日常的な用語で言えば、**発行紙幣と当座預金は中央銀行の借金**です。借金を増やすことを、経済学では信用の拡大と言っています。本当は、信用度が増えたのではない。この場合の信用の原語は、「クレジット」です。クレジットが増えたと言えば、借金が増えて信用の残りが減ったことがわかるでしょう。クレジットと日本語の信用には意味内容の違いがあるため、中央銀行の信用の拡大(マネーの増発)がどんなことかわからなくなります。

中央銀行のマネー発行は信用拡大ですが、実際は中央銀行の債務であるマネタリー・ベースを増やすことです。

マネーを増発するとき、中央銀行は次の取引をします。左側が資産の増加、右側が負債の増加です。日銀が国債を買えば、金融機関が日銀にもつ現金性のマネー、つまり当座預金が増えます。国債が日銀の仲介で現金化されると言ってもいい(→図4-2)。

〔1兆円のマネーを発行したときの中央銀行の帳簿〕

借方（資産の増加）	貸方（負債の増加）
国債購入　1兆円	当座預金振込　1兆円

日銀が金融機関から国債を買い、代金を振り込むことにより当座預金の残高が増えることは日銀の債務が増えることとです。**当座預金は紙幣と同じ機能をもつ「預金通貨」**です。大きな金額の取引では紙幣を使いません。預金通貨を振り込むことで決済をします。

日銀が債務を減らすには、資産として保有している国債をたとえば50兆円、金融機関に売って、金融機関が日銀内にもつ当座預金から現金性のマネーを50兆円吸収しなければならない。これが量的緩和からの出口政策と言われることです。

こうすると、金利が上昇して国債価格が下がります。わが国のように政府がGDPの2倍の国債という債務がある場合、量的緩和から一転して金利を上昇させる出口政策をとることは、不可能に近いくらい難しいことです。

米国が3回のQEからの出口政策をとって利上げもできるのは、海外からの米国債に対する50兆円／年くらいの買いがあるからです。円国債は海外からの買いが少ない。日銀が1年に80兆円も買い増している国債を売る出口政策に転じると、債券市場で「国債の供給＞国債の需要」になり、金利が高騰します。

このため、日銀が買った国債を売ることは、想定できる将来の範囲では難しいでしょう。可能なのは日銀当座預金の金利を0・2％に上げて、これを出口政策とすることです。日銀当座の金利を上げると、市場の金利はそれ以上に上がります。出口政策後も、日銀による国債の買い増しはやめることができないと思えます。

中央銀行の当座預金という特殊な口座

日銀の当座預金は、金融機関の間の貸し借りと決済のみに使われる特殊な口座です。当座預金口座のマネーは預金通貨です。中央銀行は、負債を増やすことによりこの預金通貨を発行します。これも特殊な用語ですが、「マネタリー・ベース」や「ベース・マネー」と言っています。基礎になるお金という意味です。

一方、世帯や企業の預金は、われわれが口座をもつ預金取扱銀行の口座にあります。われわれの預金は日銀の当座預金のマネタリー・ベースではなく、銀行の口座内のマネー・ストックです。

日銀当座預金は、金融機関と政府だけが日銀内にもつ預金口座です。この当座預金は、金融機関の間の資金決済と貸し借りのとき使われます。企業や世帯とは無関係な口座です。もともとは、銀行が大きな預金引き出しに備える準備預金の機能でした。しかし準備預金なら、約5兆円しか必要がない。

2015年9月では日銀が国債を買った代金が231兆円あり、46倍もの超過準備です。日銀が13年4月から異次元緩和（1年に80兆円の国債の買い増し）をしている目的は大きな超過準備をバックに、銀行が企業と世帯に貸付を1年に80兆円増やすことです。

ところが、これはまるで果たされていません。つまり異次元緩和は宣言した政策目的を失っているのです。日銀の国債買いが一度は金融機関を介するにせよ、政府の財政をファイナンスすることが真の目的だったと観察され始めています。

中央銀行内の当座預金、つまりマネタリー・ベースが銀行の融資を経由していくらのマネー・ストックになるかという倍率を「信用乗数」と言っています。マネー・ストックは、企業と世帯が銀行にもつ預金と現金です。商品の購買や投資に使われるのがこれです。

図9-1では政府の累積赤字が国債の発行額になり、その国債を金融機関と日銀が買い受けることで発行される通貨の全体の流れを描いています。

日銀の国債買受けは、紙幣の発行と当座預金への通貨の振り込みになります。銀行は、この当座預金を支払い準備預金として貸付金を作り、その貸付金を借り主（企業や世帯）の預金口座に振り込みます。これが**企業と世帯の預金であるマネー・ストック**（1340兆円：15年6月）です。

図9-1　国債と通貨の発行から、国民（世帯と企業）の預金に至る仕組み（金額は15年6月時点）

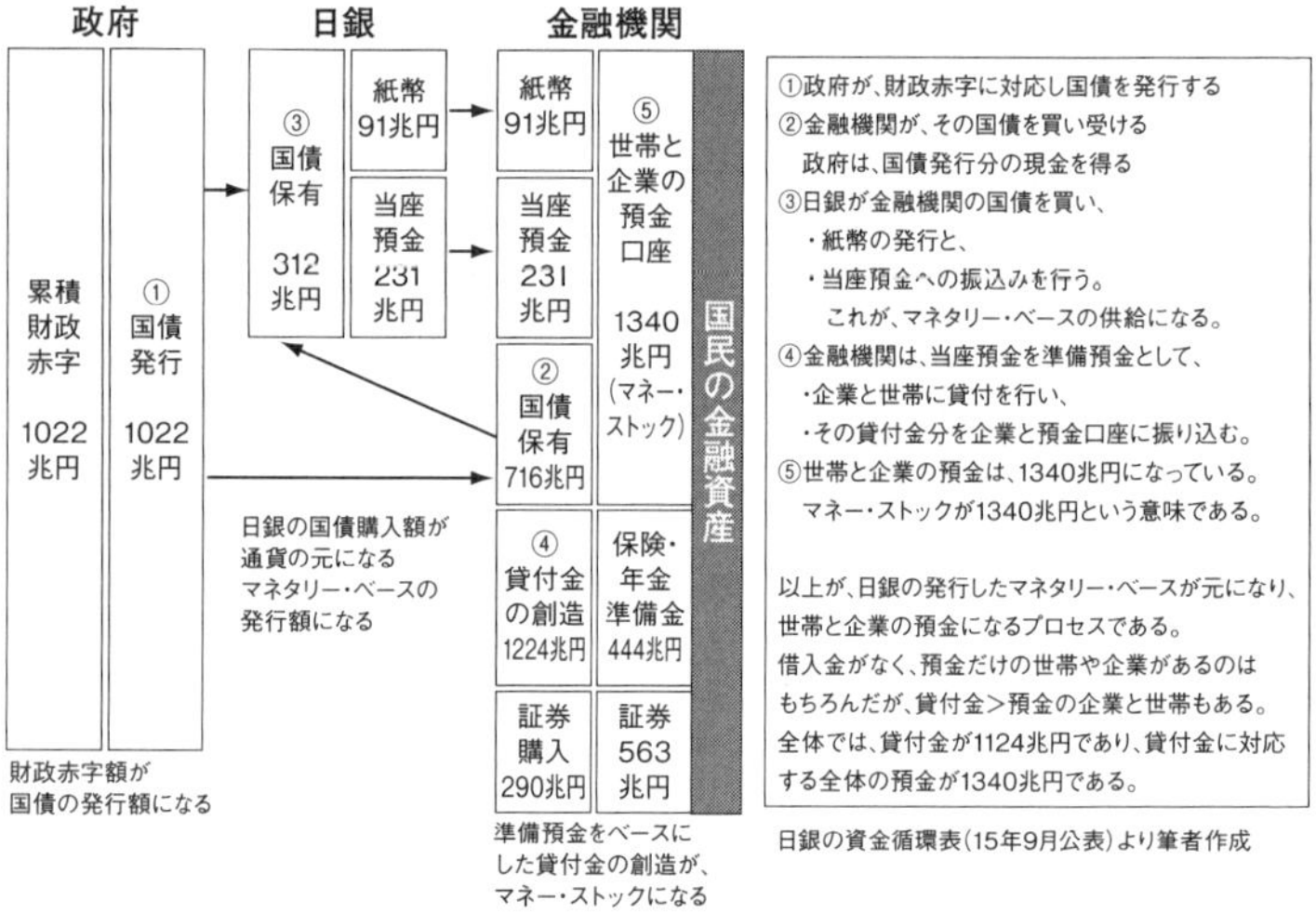

日銀の資金循環表（15年9月公表）より筆者作成

この不換性のマネーの源流は、政府の財政赤字が証券化された国債です。

日銀が国債を買い増す2013年4月からの異次元緩和により、紙幣発行＋当座預金は、13年3月の141兆円から322兆円へと2・3倍に増えています。金融機関がもつ日銀当座預金には231兆円もがあふれていて、マネーはじゃぶじゃぶになっています。

たとえば国債をもっとも多く日銀に売っている**ゆうちょ銀行では、日銀当座預金が20兆円も増えて33兆円**に膨らんでいます（2012年9月と15年3月の比較）。一方で、国債保有は106兆円に減ったのです。

総資産が284兆円と国内最大の三菱UFJフィナンシャルグループでも、国債の保有は66兆円に減って、**預金勘定は43兆円**に増えています（2015年3月）。

金融機関はその保有国債から、1年に合計で約40兆円分を日銀に売ってきました。日銀が新規債を40兆円、金融機関の保有分を40兆円、合計で1年に80兆円を買い増すという異常な異次元緩和を実行しているからです。

日銀当座預金は大きく増えました。しかし企業と世帯のもつ預金通貨（マネー・ストック）は、過去の傾向線上の、年率2～3％しか増えていません。

増加したマネタリー・ベースを、銀行が企業と世帯に供給するときの**「信用乗数」**は、わが国のGDPの期待成長率が低いため、大きく低下しているのです。（注）2015年8月時点での米国のマネー・ストック（M2）は、年率で5・7％増加しています（FRB）http://www.federalreserve.gov/releases/h6/current/。ユーロでもM3が5・3％の増加です（15年7月）。https://www.ecb.europa.eu/press/pdf/md/md1507.pdf

中央銀行がマネーを発行した場合、資産と負債が同時に膨らむので、バランス・シート（B／S）が拡大します。中央銀行のB／Sの拡大は、既述のように**「中央銀行の信用増加」**とも言います。

金融的な信用とは、負債のことです。マネーは中央銀行のバランス・シートでは負債です。

マネーの増発は、中央銀行の負債を拡大することです。こうした通貨を金と交換ができた兌換紙幣と対照させて、本書では**「負債性の通貨」**としています。

図9-2のリーマン危機以後、$4兆（480兆円）拡大したままのFRBのバランス・シートと、その説明を参照してください。

出口政策は金利を高騰させ、国債価格を下げるから実行困難として、異次元緩和があと4年続けば日銀も、GDPが約4倍の米国FRBと同じ480兆円のマネーの増発になります。

金融のシステミックなリスクのとき、中央銀行は通貨を増発する

金融のシステミックな、言い換えれば全体に連鎖する危機のとき、

- 中央銀行が危機対策として行うバランス・シートの拡大（信用の拡大、預金通貨の増刷）は、
- 資産バブルの崩壊により金融機関の資産に生じた不良債権（バッド・ローン）を買って、中央銀行に移転させることです。

①1998年の日本の金融危機のとき、②2008年からのリーマン危機のとき、③2010年からの南欧債の危機のとき、日米欧の政府・中央銀行がとった対策は、いずれもマネーを増刷し、発生した不良債権のために流動性を減らした金融機関に供与することでした。

図9-2　リーマン危機の後、3回の量的緩和で拡大したFRBの信用と負債（2015年5月）

FRBの資産		備考	FRBの負債		備考
米国債	$2兆4960億	FRBが金融機関から買い上げた国債	ドル発行	$1兆3160億	FRBが債券を買った金融機関に渡したドル紙幣
MBS	$1兆7190億	FRBが金融機関から買い上げた住宅ローン担保証券	当座預金預かり	$2兆5810億	FRBが、債券を買った金融機関に振り込んだドル
その他資産	$2560億	FRBの貸付金などの資産	その他負債	$5460億	FRBが買い取り義務を負う債券
			資本	$580億	資本は、総負債の1.3%しかない
総資産	$4兆4710億	FRBの信用は、$4兆(480兆円)拡大された	総負債と資本	$4兆4710億	FRBは、負債を$4兆(480兆円)拡大した

ドル発行と当座預金の合計$3兆8970億（477兆円）が、FRBが金融機関に供給しているマネタリー・ベースである。中央銀行は、債券（国債やMBS）を買い取ったとき、売った金融機関の当座預金の金額を増やす。当座預金は金融機関にとっては現金資産であるが、FRBにとっては負債である。FRBが、金融機関がもつ債券を買うことが量的緩和であり、それがFRBの負債であるマネタリー・ベースの増加をもたらす。

FRBは、リーマン危機以降の3回の量的緩和で、合計で$4兆（480兆円）の信用を拡大して、金融機関に紙幣と当座預金の預り金を供給している。デリバティブの不良債権がもたらした金融危機で、大手金融機関のほぼ全部が、破産状態になったからである。これは、金融機関のバッドローンが、FRBに移転していることを意味する。MBSは流通価格ではなく、額面金額で買い上げているからである。

http://www.federalreserve.gov/monetarypolicy/files/quarterly_balance_sheet_developments_report_201505.pdf

中央銀行が信用（原語はクレジット）、言い換えれば**債務を拡大することによって、金融機関の資産の不良化によるマネー量の減少を防いだ**のです。これから後も、金融危機のときは中央銀行の負債の拡大（通貨の増発）という対策がとられます。これは確定的に言えることです。

【中央銀行の負債が行き着くところ】

危機対策としての中央銀行の負債の拡大、すなわち信用拡大が行き着くとどうなるか。たとえば近い将来、米国大手銀行のもつ資産（貸付金、債券、株式）の不良化が起点になり、金融危機が再来したときです。

ここで指摘しておかねばならないのは、**米欧の大手投資銀行と商業銀行の自己資本**

比率の低さです。シティバンク、バンク・オブ・アメリカ、そしてドイツ銀行は、「負債÷自己資本」で計るレバレッジ倍率が20〜30倍と高い。つまり自己資本比率は3〜5％しかなく、簿外のデリバティブが巨大です。米欧の大手金融機関は、自己資本の面でわが国の大手銀行よりもはるかに脆弱です。

ここで言うレバレッジ倍率は、銀行の制度的会計での「リスク資産額÷Tier1」の倍率ではなく、安全資産とされる国債やAAA級の債券を含む「B／S上の総資産÷自己資本」の倍率です。超低金利で価格が高くなっている国債は、BIS（国際決済銀行）におけるリスク資産化の検討からうかがえるように、下落リスクが大きくなっているため、安全資産とは言えなくなってきています。このため、自己資本からレバレッジは「B／S上の総資産÷自己資本」で計るほうが妥当です。

米欧の銀行の自己資本比率の低さは、想定外の金利上昇やデリバティブ証券の下落があると、即刻に金融危機を引き起こすことを意味します。3173億ユーロ（42兆円：2014年）しかないギリシャ国債の下落が、ユーロの通貨体制を揺るがす問題になるのは、ギリシャ国債をもつドイツ銀行やBNPパリバの自己資本比率が低く、損も利益も拡大するデリバティブ証券が大きいからです。つまり米国または欧州で次の金融危機が起こった場合、銀行の自己資本の耐久力は強くはないのです。

このため米国FRBやユーロのECBは、再び国債、不良化した証券、デリバティブを大量に買って中央銀行の信用を拡大し、マネーを増発することに向かわざるを得ません。

そしておそらく**FRBが現在の$4兆に加えて、$2兆**（240兆円）**か$3兆**（360兆円）**の信用拡大を行ったころ、信用の量的な変化が、質的な変化になる臨界点に達する可能性が高い。**金融での臨界点は、金融資産の基礎である通貨信用の下落です。複雑系ではこれを相転移とも呼びます。水が0度になると、液体としての連続的な変化ではなく、物理的な性質が違う固体の氷になるようなことです。それは**株を含む資産価格の高騰、通貨の暴落、輸入物価の高騰、金利の上昇、金価格の高騰という現象**になります。人々が、中央銀行の信用の限度を超えて増刷されるマネーを信用しなくなるのです。マネーの信用は、それを使う人々がその通貨に寄せるものです。

マネーの信用とは財政信用である

マネーの信用は、経済学者の岩井克人氏が指摘したように、「人がその価値を信用して受け取って商品を渡すから、自分も信用する」という循環構造をもっています（『貨幣論』1998年）。人々の心理的な信用の連鎖の構造をもつ通貨信用は、短期間で崩れる時期があります。

ユーロはドイツ経済がバックにあるので、信用が高い。ギリシャがそのユーロを離脱し、ギリシャ中央銀行がギリシャ国債を買ってドラクマを発行した場合、その新ドラクマに人々は信用を寄せるのか。対外赤字が大きなギリシャの財政には、信用がありません。したがってギリシャ国債の信用もない。国債の信用がなければ、中央銀行が発行するドラクマの信用もないのです。

通貨信用はヘビが尻尾を飲み込んだような人々の心理の「循環構造」だとは言っても、通貨信用の根底には政府の財政信用があります。

中央銀行は財政信用が価値である国債を買い、その国債を担保に通貨を発行しています。金本位制のときは金準備が通貨の担保でしたが、現在は**国債が担保**です。

通貨の信用を担保するものは、その国の財政の信用です。

企業が発行する手形（決済日を書いた証書）が信用されるかどうかは、企業の財務状況に依存します。決裁に不安がある手形は信用されず、受け取られません。これと同じように国債の信用は、政府財政の信用です。

財政の信用とは前述のように、

①政府が国債の利払いができること、

②満期日に返済ができること、

③返済ができないときは借り換え債を、もとの国債と同じ低い金利で発行することができ、借り換え債で利払いと返済が続けられること、です。（注）借り換え債を発行すると金利が高騰するようになったときが国債のデフォルトです。

【徴税権論は誤りである】

財政が大きな赤字でも増税ができる徴税権が政府にあるから、財政は破産しないという人がいますが、これも誤りです。増税は選挙で選ばれた議員からなる政党が国会で法を作らないと、実行できません。増税を公約する政党が多数派の与党にならないと、徴税権は発揮できないからです。民主国では国民が認めないと、政府の独断での増税は不可能です。政府の意思だけでできることではない。

右記の③の借り換え債の発行のように政府の財政の信用が高く、したがって通貨の信用も高く、中央銀行が国債を買ってマネーを増発し続けることができる間は負債が多くても政府財政は破産しません。

これがある地平まで行くと、中央銀行が負債（＝信用）を拡大して、通貨を増発することが通貨の信用を劣化させるに至ります。

通貨の信用が下落する臨界点で起こること

中央銀行の信用が臨界点に近づいたときに起こることは、その通貨の下落です。価値が下落する通貨を、人々はもちたがらないので、ホット・ポテトとも言います。茹《ゆ》でたジャガイモは熱い。自分の手に渡ってきたら、皆がすぐ手放す。受け取った直後に少額なら商品、大きな金額だったら外貨、または価値を下げないと思われる資産に交換されます。

マネー脱出ともいえる外貨への大量変換の結果、起こるのは**自国通貨の暴落**です。そして、買われた資産（不動産や株）は高騰します。金も買われて価格が数倍には暴騰するでしょう。つられてまず輸入財から始まり、消費財の物価が上がっていきます。

このように政府の財政が信用を失うと、政府の〝借用証〟である国債が価値の裏付けである通貨も信用を失います。自国の国債が価値を失うと感じた国民は、自国の通貨を預金のままにしておかず、**価値を失わないと思われる外貨、資産、そして金に交換**します。ギリシャで起こったことはドイツ、フランスへの銀行預金の大量流出でした。15年10月現在、財政危機のブラジルの通貨レアルで預金流出が起こっています。

統一通貨でない通貨がホット・ポテトと見なされるようになると、その通貨を受け取った人はすみやかに外貨や資産に交換します。通貨の流通速度が上がっていき、まずは買われた資産のインフレ、次に必要なものが買われる消費者物価のインフレが起こります。

マネー・ストックの量は増えなくても受け取った人がお金を使う速度が高まると、マネー量が増大したことと同じ結果になります。**「マネー・ストックの金額×回転速度＝商品と資産の購買力」**だからです。

日米欧の政府と中央銀行における現在の負債の増加ペースからすれば、今後、**「最長でも10年内」で財政の破産と資産インフレが襲う**でしょう。

ただし消費者物価の上昇は、グローバルな商品生産力の過剰があるため大きくない。資産インフレは、現象としては資産価格の上昇です。しかしその本質は通貨の信用、すなわち通貨価値の下落です。

金融危機を中央銀行の通貨増発で凌《しの》ぎ続けていると、金融機関が抱えた不良債権が中央銀行に移転します。移転額が大きくなると、次は中央銀行の負債である通貨の信用が低下します。通貨の信用の下落は国債の信用低下として、金利の高騰になっていきます。

国債の理論的な金利

国債の理論的な金利は平常時には、**〔実質GDPの期待成長率＋物価の期待上昇率〕**です。実際の金利は、この理論を中心にして国債の日々の需給で決まっています。

期待成長率とは、人々が抱く今後数年での、自国の経済の予想成長率です。物価の期待上昇率は現状の物価上昇の傾向をベースにして、人々が将来に向かって抱く物価の予想上昇率です。

この国債の金利は危機の際には既述のように**〔実質GDPの期待成長率＋物価の期待上昇率＋財政の予想リスク率〕**となって高騰します。

【デフォルト時に国債の回収を保証するCDS】

財政の予想リスク率は、デフォルトのときにその国債の回収を保証するCDS（クレジット・デフォルト・スワップ）の料率に反映されます。CDSには適当な訳語がありません。直訳すれば、債務の不履行を補うものです。債務の回収を保証する保険のようなデリバティブです。

CDSを発行する金融機関（保証機関）はCDSの料率を国債や社債そしてMBSなどの債券

の保険料として受け取って、その債券がデフォルトしたときに額面を支払う義務を負います。

リーマン危機時、世界最大の保険会社**AIGは270兆円ものCDSの発行元になっていました**。このためデフォルトしたMBS（住宅ローンの回収権を担保にしたデリバティブ証券）の支払いができず、自分が破産しました。

CDSには政府の規制がないため、対象とした元本が巨額すぎたからです。デフォルトが起こらないときは、数％の保険料がまる取りになるので、AIGにとって利益だったため引き受けを増やしていたのです。AIGをつぶせば波及的な影響が大きすぎるとして政府が救済しました。

大きすぎる負債があると、当事者である経営者は追放されても、大手の金融機関はつぶすことができない。これは**21世紀金融の真理**です。

2015年7月のギリシャ危機の再来時、その国債にかかったCDSは75％に上がっていました（ブルームバーグ）。1兆円の額面の国債の償還を保証する保険料が7500億円の価値でした。EUから3年間で11兆円の支援が決まった後は15％に下がっていますが、それでもまだ高い。

米国債にかかったCDSの料率は現在、0・15％です（保証1年間）。日本国債のCDSの料率は、保証期間1年で0・4％です。10年債の金利が0・4％付近ですから、CDSが0・4

%ということは、CDSを除いた国債金利は0%です。これは、わが国の**〔実質GDPの期待成長率＋物価の期待上昇率〕**が0%付近であることも示しているのです。CDSもデリバティブ証券として銀行間で売買されています。CDSは債権・債務に無関係な第三者も作って販売ができます。（注）普段は目にすることがないCDSの料率は、ブルームバーグがほぼリアルタイムで表示し、提供しています。

http://www.bloomberg.co.jp/apps/cbuilder?T=jp09_&ticker1=Cjgb1u5%3AIND

国債の残高が増えた先進国では、10年債の金利が6%から7%くらいに上がると、買い手が減った国債を追加で発行した場合、金利が高騰するため国債の新規発行が困難になります。（注）日本の場合は、国債残高がGDPの200%を超えているため、2・5%から3%の金利が財政が破産しない上限でしょう。

このとき2015年6月のギリシャのようにマネーが不足する政府は予定された支払いができず、デフォルトに向かいます。ギリシャは金利が高騰するため、財政をまかなう新しい国債を発行できなかったのです。ギリシャ国債はユーロ建てであっても、数%の金利では買い手がいなかったからです。

第10章　米国とユーロ19カ国の金融資産と負債

中央銀行による通貨の増刷は、**負債であるマネタリー・ベース（発行紙幣額＋中央銀行内の当座預金額）の増加**です。

これはスイスや日本のようなゼロ金利でないときは、

・金融機関による貸付を増加させ、

・その国の金融資産と負債を、ＧＤＰ（＝所得）の増加率以上に大きくしていきます。

ここでは米国の金融資産と負債を見ていきましょう。ＧＤＰの増加率よりも金融資産・負債の増加率が大きかったため、米国でも金融資産・負債はＧＤＰの５・１年分に増えています。

米国の金融資産と負債

図10-1に示すように、米国の金融資産は家計と企業が直接にもつ株を含むと、日本の3倍である$88・7兆（1京644兆円）です。金融仲介機関の負債（$79・1兆）と、国民が金融機関を介さずに直接にもつ株式の時価総額（$9・6兆）が政府と国民（世帯と企業）の金融資産になります。

米国の名目GDPは$17・4兆（2088兆円：2014年）ですから、名目GDPの5・1年分が米国の金融資産と見ていい。これは、金融資産が世帯と企業の合計所得の5・1年分であることを意味します。

日本の6・8年分よりは25％少ない。ただし日本は金融資産が大きく増えたことによって6・8年分になったのではありません。1998年以降、17年も名目GDPの増加がないために、6・8年分に拡大したことはすでに示しました。

金融資産は金融負債です。米国はGDP比で日本よりは金融負債も25％少ないため、米国の金利は、常に1・5～2ポイント（％）くらい高くなり得ます。負債が少ない分、借り手が払うことができる金利の上限は上がるからです。（注）米国の金利が常に日本より1・5～3％高い理

図10-1　米国の金融仲介機関の金融資産と負債（2015年6月末）

米国の金融資産（金融負債）は＄79.1兆（9492兆円）であり、名目GDP（＄17.4兆：2014年）の4.5年分である。

ただしこれには世帯や企業がもつ株式が、入っていない。金融機関のもつ株（＄17.1兆）しか出てない。

米国の株式の時価総額は、NYSEが＄19.4兆（2338兆円）ナスダックが＄7.3兆（876兆円）である（2015年2月）。

世帯と企業が、投資信託を介さず、直接にもつ株式を入れると、米国の金融資産（金融機関の金融負債）は、下の表より＄9.6兆（1152兆円）増えて、＄88.7兆（1京644兆円）と名目GDPの5.1年分になる。

本書では、米国の金融資産は名目GDPの5.1年分とする。国民1人当たりでは＄27万（3240万円）になる。

日本人の1人当たり2694万円より20%多い（＄1＝120円換算）。

金融仲介機関の資産（米政府と国民の金融負債）		合計 ＄81.6兆	円換算 9,792兆円	金融仲介機関の負債（米政府と国民の金融資産）		合計 ＄79.1兆	円換算 9,492兆円	米国民1人当たり 2,970万円
現金・預金	4%	3.3	392	現金・預金	16%	12.7	1,519	475
貸出金	29%	23.7	2,840	金融機関の借入金	6%	4.7	547	178
債券	23%	18.8	2,252	保険・年金準備金	28%	22.1	2,658	861
株式・出資金	21%	19.1	2,350	株式・出資金	0%	0	0	0
投資信託	6%	4.9	588	債券	17%	13.4	1,614	505
その他	14%	11.4	1,371	投資信託	23%	18.2	2,183	683
				その他	10%	7.9	949	267

金融仲介機関の金融負債（＄78.7兆：9444兆円）は、米国の世帯、企業、政府、海外の金融資産である。

金融仲介機関の金融資産（＄81.2兆：9744兆円）は、米国の世帯、企業、政府、海外の金融負債である。

出所：日銀の資金循環表参考資料より筆者作成　http://www.boj.or.jp/statistics/sj/sjhiq.pdf

由は、経常収支で赤字を続ける米国は海外からの資金の流入が必要なためです。

米国の3億2000万人の国民1人当たりに換算した金融資産は$27万（3240万円）と、日本人1人当たり換算（2694万円）より20%多い。この1人当たり換算は世帯、企業、政府の金融資産を合算したものです。

これは、2012年の$1＝80円が現在は120円台であり、50%のドル高・円安になったための逆転です。日本から見ると、ドルベースの米国の金融資産がドル上昇で50%も大きくなったからです。

わが国の円安は輸出企業以外の国民にとって、輸入物価上昇を引いた実質所得を減らすことです。国全体にとって本当は、通貨が上がることが〝望ましい〟のです。

米国の長期金利（10年債の金利：15年9月）も低く、1・99％です。日本では極限に低い0・35％付近です。差は1・64％です。この金利差（イールド・スプレッド）のため、円で金利の高いドル国債を買う動きが出ます。米国の出口政策（FRBの利上げ）で米国の金利が上がると、日本からもドル債の購入が増えてドル高・円安を招きやすくなります。

円安とは、ドルが買われて円が売られることです。円安は、国内で流通していた円が海外に流出することも意味しています。

通貨は金利のみの要因で高くなり、または安くなるとは言えません。他の要素、つまり経済の成長率、貿易収支、財政赤字、金融危機などの要素もあるからです。他の要素が同じとき、米ドルの金利が上がった場合はドル高になります。

米国の金融資産・負債も、名目GDPの5・1年分です。この負債の大きさは、金融資産の金利は5％や6％に戻り得ないことを示しています。4％以上でも無理でしょう。4％以上になると、負債のデフォルトが発生するからです。

日本では2・5％や3％の金利から金融危機に向かいますが、米国ではそれより上の4％か5％の金利からでしょう。

FRBは3度行った量的緩和からの出口政策として当初は0・25%、到達点では3・5%を上限とする利上げを考えているようです。6年間の$4兆（480兆円）の量的緩和で生じた資産（株と不動産）のバブルを引き締め、金融危機が生じない上限は確かに3・5%でしょう。

南欧の金融危機が必然化しているユーロ

図10-2に示すように、ユーロ19カ国の金融資産もGDPの4・9年分であり、65・4兆ユーロ（8698兆円）です。ユーロでは、2010年からのアイルランドとギリシャから南欧（スペイン、ポルトガル、イタリア）に及んだ金融危機を経験しています。

2015年にはギリシャの国債と対外債務の危機が再発しましたが、EUが向こう3年間、11兆円を支援すると表明して収まったかに見えてはいます。

支援の条件は社会保障費（主は年金と医療費）と、公務員の人件費を抑える緊縮財政、および増税の実行です。ただしEUの資金支援は、ギリシャの既発国債を銀行から買い取るという形であり、ギリシャ国債をもつドイツとフランスの金融機関に対するものです。これは、ギリシャへの新たな資金投入ではない。このため今後も、ギリシャは資金不足を続けます。

ドイツとフランスによって統一通貨のユーロ圏が作られたのは、米国の経常収支が赤字のた

図10-2　ユーロ19カ国の金融仲介機関の金融資産と負債（2015年3月末）

2014年のユーロのGDPは13.4兆ユーロ（1782兆円）である。1ユーロ133円で換算している。

ユーロの金融資産65.4兆ユーロ（8698兆円）は、ユーロのGDPの、4.9年分になる。

日本の6.1年分よりは少ないが、米国の5.1年分並みである。

ユーロ圏の人口3億3500万人の1人換算では、2596万円の金融資産になる。

金融仲介機関の資産		兆ユーロ	円換算 兆円	金融仲介機関の負債		兆ユーロ	円換算 兆円	国民1人当たり 万円
合計		66.3	8,818	合計		65.4	8,698	2,596
現金・預金	20%	13.3	1,764	現金・預金	35%	22.9	3,044	909
貸出金	28%	18.6	2,469	金融機関の借入金	7%	4.6	609	182
債券	23%	15.2	2,028	保険・年金準備金	12%	7.8	1,044	312
株式・出資金	19%	12.6	1,675	株式・出資金	14%	9.2	1,218	364
投資信託	7%	4.6	617	債券	13%	8.5	1,131	338
その他	3%	2	225	投資信託	16%	10.5	1,392	415
				その他	3%	2	261	78

金融仲介機関の金融負債（65.4兆ユーロ：8698兆円）は、ユーロ諸国の世帯、企業、政府、海外がもつ金融資産である。

金融仲介機関の金融資産（66.3兆ユーロ：8818兆円）は、ユーロ諸国の世帯、企業、政府、海外の金融負債である。

出所：日銀の資金循環表参考資料より筆者作成　http://www.boj.or.jp/statistics/sj/sjhiq.pdf

め、ドルの切り下げが必然化しているからでした。貿易黒字で米ドルを貯めていても、周期的な切り下げで輸出国に為替差損が生じるからです。

【構造的な問題を抱えるユーロ】

ユーロは経済力が異なる国の統一通貨です。前述のように、ユーロのレートは（ドイツの経済力＋他国の経済力）÷2で決まります。ドイツにとって常にユーロは安い。しかし、南欧諸国にとっては高い通貨です。関税が撤廃されているユーロの中で、輸出力の強いドイツは経常収支が黒字になります。

代金の決済であるマネーの動きは、商品の動きとは逆の方向になります。商品を輸入すれば、その代金であるマネーは相手国に行きます。

ドイツにとってのユーロは、マルクのときより安い。このため年間で＄２８００億（33兆円）規模の経常収支の黒字が続き、ユーロ内の経常収支の赤字国に貸付を増やすことになります。経常収支の黒字は、国内では貯蓄である金融資産を増やすことですが、対外的には赤字国への貸付金を増やすことです。

自国の単独通貨のときよりユーロが高いため、輸出力が弱くなるスペイン、ギリシャ、ポルトガル、フランスなどでは貿易の赤字が続きます。黒字国のドイツから資本が流入せざるを得なくなり、対外債務は膨らみ続けるのです。

対外的な経常収支の赤字は消費の過剰も示し、政府の財政赤字も意味しますから、政府債務も膨らみ続けます。

各国が異なる通貨だったら、通貨が下落して金利が上がり、対外債務の増加と財政赤字も抑制されます。しかしユーロでは南欧にとっては自国通貨のときより、ドイツがいるため常に金利が低い。

一方、ドイツの銀行にはユーロ19カ国内では為替差損がない。このためドイツより高い金利の南欧国債の買い、融資、投資が増えるのです。南欧の対外債務と財政赤字（国債）は膨らみ続けます。

対外債務と政府の累積赤字が信用の臨界点に近づくと、財政と金融の同時危機に陥ります。ユーロは、経済力に格差がある国の、〝無理〟な統一通貨です。構造的に、域内諸国間での対外不均衡が続きます。今後も財政と金融危機を繰り返すことになるので、最終的には解体と各国通貨への回帰しか方法はない。

原則から言うと、

- 輸出力が異なる国で統一通貨制をとると、
- いずれは債務危機、言い換えれば金融危機が必然化します。

ユーロは、**EUとドイツが資金の無償提供をしない限り、「解体」に向かわざるを得ない**。ギリシャ危機は一時的な資金提供で収まっても、次は南欧のいずれかの国で再発することが確定しているでしょう。

統一通貨の理論的な枠組みを作ったのは、ロバート・マンデルの「最適通貨圏論」でした。マンデルはユーロを起案した功績で、1999年にノーベル経済学賞を受けています。

ただし、この**最適通貨圏が成立する条件は労働力のすみやかで自由な相互移動**でした。賃金が低い国から高い国に労働者が移動することによって、ユーロ域内の労働生産性は一国であるかのように均等化に向かう。労働生産性が均等化すれば、経済力の格差は解消に向かい、商品価格も均等化し、貿易収支は均衡に向かうというものです。

ところが実際は労働力の移動には言語と生活文化、価値観の違いがあり、障害がありました。**南欧の労働生産性は低いまま、高い通貨ユーロにより賃金が高くなり、商品価格も上がった**のです。南欧の物価は高騰したのです。このため南欧の輸出力は弱くなりました。これが南欧危機の根本の原因でした。原因は続いています。ユーロ圏では、ユーロが解体される日まで、数年のサイクルで金融危機を繰り返します。

【ドイツの意思】

ユーロをもっとも解体したくないのは、ドイツです。輸出と金融力で他の18カ国を支配下に置けるからです。ギリシャに対し、緊縮財政の事実上の命令をしたのは債権者であるドイツでした。債務者は、債権者の意向に従わねばならない。（注）日本がもつ対外純資産の366兆円のうち70％（250兆円：14年末）は米国に対するものです。日本は米国の債権者ですが、米軍に守られているため、政治的には劣位です。

フランクフルトにあるECB（ユーロを発行する中央銀行）は2015年1月からのギリシャの債務危機の再発を受け、月間600億ユーロ（8兆円）の量的緩和を続けています。日銀の異次元緩和のように、マネタリー・ベース（紙幣発行額＋当座預金）を1年で2倍にする金額です。E

CBが、ギリシャを含むユーロ諸国の国債を買っているため、ユーロの金利も0・59％と低い（2015年8月）。

【中央銀行の救済相手はデフォルトした債務者ではなく、常に銀行である】

ユーロは現在、金融危機対策の最中です。

ギリシャの財政危機（つまり国債価格の下落）は、ギリシャ国債を買っているドイツ銀行やフランスのBNPパリバの損害です。ECBはギリシャを救うように言いながら、本当はドイツとフランスの大手銀行を救うために、国債を買う量的緩和を行っています。

金融危機の際の中央銀行の行動は、各国共通です。わが国の金融危機の1998年には過剰な借金で破産した企業ではなく、銀行を救済するために日銀は金利をゼロにし、量的緩和（30兆円規模）と貸付も行っています。

リーマン危機時のFRBの行動も同じです。住宅ローンで破産した世帯を救うマネーの提供をしたのではない。不動産ローンから作られたデリバティブ証券が不良化していた銀行を救ったのです。

中央銀行が救済する相手は過去も今後も、債務者である企業や世帯ではない。不動産、債券、株のバブルのあと、債務者は破産しています。ローンで住宅を買っていた世帯は住宅を失っています。

中央銀行が国民経済への負債として創造した通貨で**救済するのは、企業や世帯に対して債権をもつ金融機関**です。預金の取り付けと金融恐慌が起こるので、銀行を破産させることができないからです。

公共性をもつべき量的緩和によって、債務者を救う〝ふり〟をして金融機関の救済を行います。この救済によって、金融機関にマネーを預託している所有者の金融資産が守られます。

危機の効用として縮小すべきだった金融資産と負債は、政府・中央銀行によって維持されます。**その後7年から10年、金融資産は再び増え、次の金融危機を迎える**のです。

第11章　トマ・ピケティの「r＞g」の世界は、崩壊する宿命にある

フランスの経済学者トマ・ピケティは、『21世紀の資本』の中で、「r（資本の収益率）＞g（所得の成長率）」という、これ以上は単純にならない不等式を用い、資本の収益率は常に所得の成長率を上回ってきた、今後もそうだと述べています。

ピケティの資本は資産のことであり、金融資産と不動産です。資本主義では、資産の格差が大きくなるのが必然であると示したことで格差の拡大を気にしていた世界のベストセラーになっています。資産格差のもっとも大きな米国では、上位3％がもつ資産は1989年で米国の総資産の45％でした。これが2007年には52％に、2013年には54％にまで増えています。

ピケティは不動産と金融資産の拡大の歴史を述べていますが、単純な数式として原則化したこ

とにより将来をも示したのです。

資本（=資産）**の収益率が、生産物と所得の成長率を上回るとき、資本主義は自動的に、恣意《しい》的で持続不可能な格差を生み出す**（『21世紀の資本』）。

結論は、埋めようのない格差の発生と拡大でした。所得より金融資産の格差は大きい。肝心なことは、ピケティ的世界が行き着くところでしょう。それは所得に対して増えすぎた金融負債のデフォルトによる、金融資産の崩壊です。新しい恒等式を作りましょう。

Ay=Di（その国の金融資産額×利回り率＝金融負債額×金利率）

A（Asset）を金融資産の残高、y（yield）をその利回り率、D（Debt）を負債額、i（interest）を負債の金利とした場合、金融のマクロ（全体）では以下の式が成り立ちます。

マクロの金融資産とは個々の預金、貸付、国債を含む債券、保険と年金の基金、株式というミクロの国全体での合計です。金融負債は借入金、国債を含む債券、株式の合計です。

Ay=Di（その国の金融資産額×利回り率＝金融負債額×金利率）

金融資産と負債は、同じ額が増えていきます。そしてピケティが言うように、「r（資本の収益率）＞g（所得の成長率）」です。金融資産の増加率は、所得の増加率より大きい。長期の世界の歴史を見れば、資本（金融資産と不動産）の利回りは、所得の増加率より高かった。

資本の収益率とは、

①価格の上昇によって得られるキャピタルゲインと、

②金利の合計です。

資本の収益率の分、金融資産は増えます。

株で言えば、「株価上昇率＋配当率」です。不動産で言えば、「地価の上昇率＋レント率（地代率）」です。一般式で言うと、〔資本の収益率＝キャピタルゲイン率＋金利率〕です。

資本の収益率が所得の成長率より高いと、資本は所得より早いスピードで増えていきます。

「r（資本の収益率）＞g（所得の成長率）」は**資本主義経済の宿命**、つまり、

・**金融資産と負債が所得の増加率より大きなスピードで増えていく**こと、

・**債務はいずれ借り手（政府、企業、世帯）の利払いと返済の能力を上回る**こと、

・**行き着く先は資産価格**（**不動産、株、債券**）**の下落と、債務のデフォルトになる**ことも示しているのです。

ピケティが古代と中世の推計を含んで、２１００年までを予想して表した世界の資本の収益率と経済成長率（＝所得の増加率）のグラフが図11−1です。

右側の最近の分を見ると、戦後の１９５０年から２０１２年の資本の収益率は、５・３％付近です。

●62年間で、〔１・０５３の62乗＝約25倍〕に金融資産・負債が増えてきたことを示します。

●他方、所得の増加率は年率３・８％ですから〔１・０３８の62乗＝10倍〕です。

この結果、**62年間で、所得に対する金融資産・負債の倍率は２・５倍**に膨らんでいます。１年では１・５％の増加率の差に過ぎませんが、62年間の複利計算では幾何級数になって２・５倍の違いを生みます。１・０１５の62乗を手許の函数電卓でたたくと、２・５１７倍という結果が表示されます。

日本のデータを日銀からとってみます。

●１９８０年には〔金融資産３５１兆円÷名目ＧＤＰ２４１兆円≒１・５倍〕でした。

●25年後の２００５年は〔金融資産１５４９兆円÷名目ＧＤＰ５０１兆円≒３・１倍〕です。

図11-1　世界の資本の収益率と経済成長率（＝所得成長率）の比較（古代〜2100年）

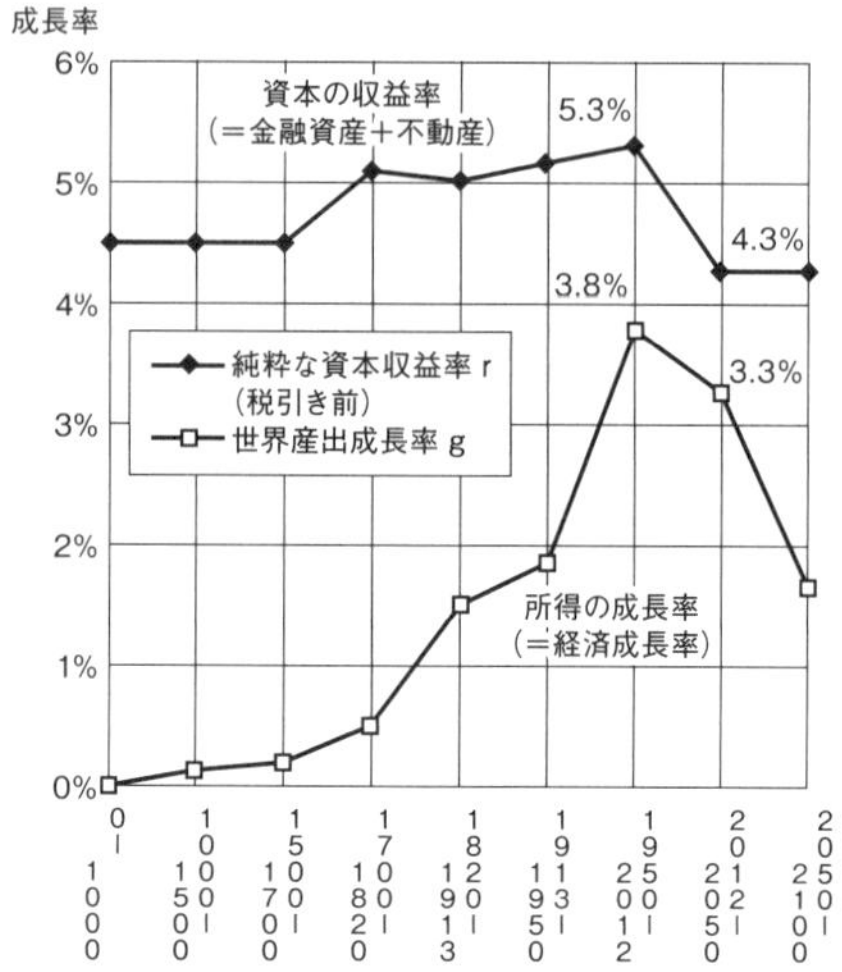

『21世紀の資本』の集計では、資本の収益率は、常に所得の成長率より高かった。これは、資本である金融資産の増加率が、人々の所得の上昇率より大きく、金融資産・金融負債は、所得増加より常に大きかったことを示している。

1950年から2012年は、資本の収益率は5.3%で、所得の成長率は3.8%だった。戦後の62年間で、資本（金融資産）は1.053の62乗＝約25倍に膨らんだが、所得は、1.038の62乗＝10倍にしかならず、所得に対する金融資産は2.5倍になったことを示す。

なお2012年〜2050年は、資本の収益率、所得の成長率は下がり、2050年〜2100年には所得の成長率は更に下がって、1.5%になるとピケティは予想している。

http://piketty.pse.ens.fr/fr/capital21c

所得である名目GDPに対しての金融資産は、2005年までの25年間で（3・1÷1・5＝2・1倍）に増えています。この金融資産は家計のものだけで、企業と政府のものは含んでいません。それでもピケティが世界データで集計した1950年から2012年（62年間）の金融資産に対する所得の膨らみである2・5倍に近いのがわかるでしょう。

増え続けた金融資産・負債とそれより低い所得（名目GDP）の増加率は、「近々、世界でデフォルトと金融危機が起こる」ことを示しているのです。金融資産の借り手が自分の所得に対し増えすぎた債務の利払いと、元本の返済ができなくなっていくからです。

金融資産の増加と所得の増加の対照

図11-2は、1950年から2012年までの世界の金融資産（ピケティは資本と言う）の増加傾向と、所得の増加の実績を示しています。

今後の2012年から2050年までは、ピケティの推計による金融資産の増加率4・3％と、所得の増加率3・3％（↓前図11-1）で計算した金融資産と所得です。

金融資産・負債は1950年の123倍に増えますが、所得は34倍にしか増えません。

金融資産・負債の所得倍率、つまり〔金融資産・負債（123倍）÷所得（34倍）〕の結果は1950年に対し3・6倍に拡大しています。

債務の利払いと返済は、借り手の所得から行われます。負債が所得に対して大きくなりすぎると、返済不能の臨界点（複雑系では相転移のポイント）に達し、デフォルトが増えることから金融危機に至ります。ピケティ的世界は、必ず金融危機に至るのです。

【デフォルトはどこで起こるか】

次の大きなデフォルトは主要国の国債において起こるでしょう。中国では不動産バブルの崩

図11-2　資本の収益率が所得の増加率を上回り続けると、金融危機に至る

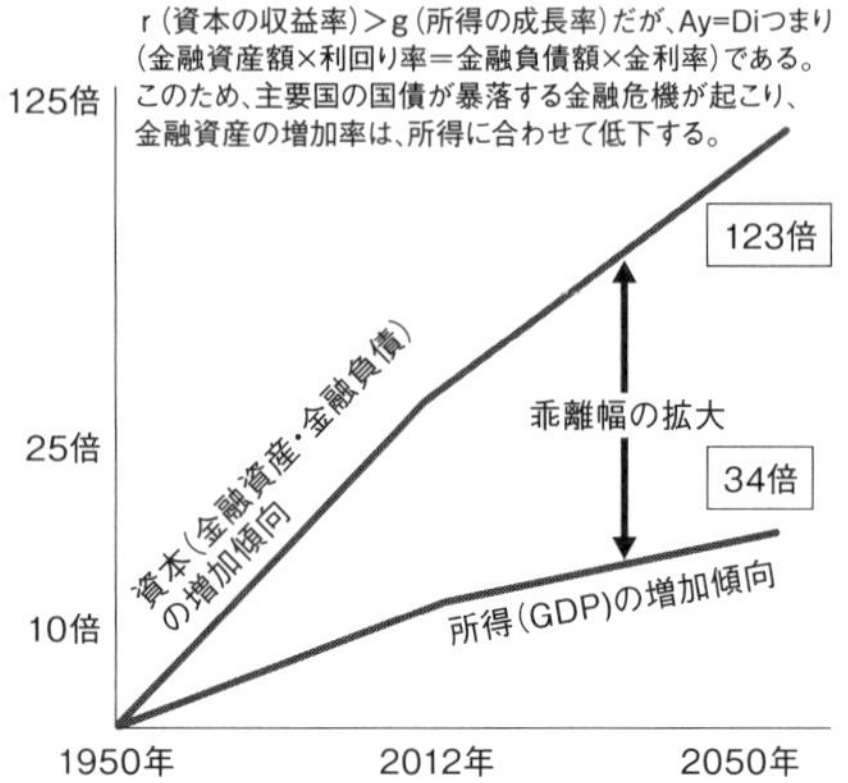

1950年から2012年：資本の収益率5.3%＞所得の増加率3.8%
2012年から2050年：資本の収益率4.3%＞所得の増加率3.3%
（ピケティの『21世紀の資本』のデータから筆者作成）

・1950年から2012年までの62年間で、世界の金融資産は、25倍になった。一方で、所得は10倍にしかなっていない。所得に対する金融資産は2.5倍になった。

・2012年から2050年までの今後38年間は、金融資産は年率4.3%で増えて、所得は3.3%増えるとピケティは推計している。

推計の通りなら、金融資産は1950年の123倍になり、所得は34倍にしかならない。

[結論]所得より増え続ける金融資産に対し、所得の中からしか行えない利払いと返済ができなくなり、金利は低下するが、大規模なデフォルトから金融危機が必然化する。

壊による住宅と商業用不動産ローンの不良化からですが、政府が対策費を出すため国債の不良化にも行き着きます。

金融機関に起きた危機は政府が国債を発行し、中央銀行が量的緩和という通貨増発によって救済します。この不良債権は、前述のように政府（国債）と中央銀行の負債（マネタリー・ベース）の増加となって移転します。

マネタリー・ベースは発行した紙幣額と、金融機関が預ける当座預金から成ります。中央銀行にとっては負債です。国債は政府の負債ですが、マネタリー・ベースは中央銀行の債務です。（注）戻って図4-1の日銀のバランス・シートを参照してください。バランス・シートでは、左が資産、右が負債です。

郵便はがき

料金受取人払郵便

牛込局承認

6893

差出有効期間
平成28年3月
31日まで
切手はいりません

162-8790

東京都新宿区矢来町114番地
神楽坂高橋ビル5F

株式会社ビジネス社

愛読者係行

ご住所 〒 TEL: ( )　　FAX: ( )		
フリガナ お名前	年齢	性別 男・女
ご職業	メールアドレスまたはFAX メールまたはFAXによる新刊案内をご希望の方は、ご記入下さい。	
お買い上げ日・書店名 年　月　日　市区町村　書店		

ご購読ありがとうございました。今後の出版企画の参考に
致したいと存じますので、ぜひご意見をお聞かせください。

書籍名

お買い求めの動機

1　書店で見て　2　新聞広告（紙名　　　　　　　　　）
3　書評・新刊紹介（掲載紙名　　　　　　　　　）
4　知人・同僚のすすめ　5　上司・先生のすすめ　6　その他

本書の装幀（カバー），デザインなどに関するご感想

1　洒落ていた　2　めだっていた　3　タイトルがよい
4　まあまあ　5　よくない　6　その他(　　　　　　　　　)

本書の定価についてご意見をお聞かせください

1　高い　2　安い　3　手ごろ　4　その他(　　　　　　　　　)

本書についてご意見をお聞かせください

どんな出版をご希望ですか（著者、テーマなど）

所得の増加率より高い資本の収益率は、長期での持続が不可能です。古代や中世においてこれができたのは、王や封建領主と貴族、豪商による国民の所得からの収奪があり得たからです。所得より金融負債の増え方が大きいと、いずれ普通の金利率（4〜5％）での債務者の利払いが不能になります。このとき中央銀行は、量的緩和という方法で利下げを図ります。量的緩和まで行うと、中央銀行が国債を買うため政府が国債を大きく発行し続けても、金利が上がらなくなります。このため政府は、債務の増加を抑えるのに必要な財政の緊縮を行わなくなって、国債という債務と国債という金融資産は同じ額が増え続けるのです。

国債の増発の原因である財政赤字を減らすには、

①財政支出の削減、

②または増税が必要です。

わが国のように政府の負債が1209兆円（2015年3月）と、名目GDP（499兆円：2015年4月）に対して大きすぎるときの実行は困難ですが、両方が同時に必要です。

ところが選挙で政府を選ぶ民主制では、増税と緊縮財政を公約する政党は政権から滑り落ちます。たとえば売上税、付加価値税、消費税の増税を果たしても、先進諸国の2010年代のように所得の増加が2％程度と低い中では名目GDPの伸び率が低下します。このため、大きくなる政府負債に対して税収が減ってしまうという結果も招くのです。（注）安倍政権の人気はロ銀の異次元緩和で財政の拡大を続け、円の増発で円安にし、株価を上げたことから来ています。しかし世帯の所得が増えない中で、消費税を3%上げて消費不況を招いたことと、無理な安保政策で不人気になっています。

主要国、とりわけ**日本の名目GDPの増加率の低さは、所得増加の少なさ**ということです。2014年のわが国のように、5230万世帯の平均所得の伸びがない中で消費税が上がり、その分物価が上がると、世帯は消費数量を減らすので思うように税収は増えません。

金融資産と負債が増え続ける場合、今度は金利が下がります。いや、経済原理で下がるのではない。高い金利は負債が多いと払えないので、中央銀行が利下げと量的緩和を行います。これが日米欧の現在です。

金利低下は行き着いて、銀行間のオーバーナイトはゼロ金利であり、長期金利も下限の0.25~0.3%に下がっています。この中で**いまも金融資産・負債は、所得の増加率より高い率で増えている**のです。

【1%以下の超低金利の国債は価格下落の可能性が高いリスク資産】

名目GDPが伸びず、中央銀行の利下げによって超低金利になっても、ピケティ的な「r（資本の収益率）＞g（所得の成長率）」が働き、金融資産・負債は増え続けます。

長期国債の金利が1％以下に下がり、将来の期待金利の上昇による下落リスクが高まったとき、ためらう金融機関に代わって買うのは**中央銀行**だけになります。

これが、

- 量的緩和で2年4カ月が経った日本、
- 3回のQE（Quantitative Easing）を行った米国、
- 2010年以降、量的緩和を続けた欧州の現在です。

政府の負債が増えても低金利によって利払い額は増えないため、国債発行の増加は行き着くところまで続けることができます。そして財政信用が限界の臨界点近くに至ると、下落リスクを抱えている低金利の国債が金融機関から売られます。財政信用の臨界点とは、金融市場で政府財政が破産に向かっていると思う人が増えたときです。

この国債の売りによって国債価格が下落し、金利が上昇します。日米欧の現在は、金利がゼロ近くに下がった段階です。**2016年後半からは金利がじりじりと上がり始め、2017年からは、金利の同時上昇の時期が来るでしょう。**

【名目GDPの期待上昇率の低さが問題になる】

政府によって緊縮財政が組まれ、名目GDPに対する財政支出を減らすことができれば、政府の財政信用があるので、金融市場は安心して国債を買います。

財政信用とは、政府が将来も国債の利払いができるという人々の予想です。

そのためには、**「名目GDPの期待増加率＞国債の利払い額の増加」**でなければならない。

「期待物価上昇率＋実質GDPの期待増加率」から予想される名目GDPの増加率が高ければ、名目GDPと比例する税収の増加があるからです。

所得額が増えると税率が上がる累進課税制度の中では、名目GDPの増加率より所得税の増加率が大きくなるからです。しかし名目GDPの上昇率が2％以下と低い場合は、財政赤字率は減らず増え続けます。そうなると、金融市場は政府の財政信用を〝疑う〟ようになります。

【国債の信用の元である財政信用とは何か】

財政信用とは前述のように、

①債務の利払いができ、

②満期償還ができること、

③満期償還ができないときは、低い金利の借り換え債が発行できることです。

財政信用を疑うとは、①、②、③のいずれかに疑念が市場に生じることです。そのとき金融機関は、**金利が上がると価格が下がるリスク資産である国債を売りに出す**ようになっていきます。国債や社債は売りが超過すれば、金利は一層上がって価格は下がります。金利が上がると株価も下がります。

このときの金利上昇は、景気が良くなって資金の需要（借り入れや債券の発行）が増えたためのものではない。国債リスクが高まって、売りが増えたことから起こるものです。

金利が自由化された1990年代以降の金利は中央銀行の公定歩合ではなく、国債がいくらで売れるかによって決まっています。つまり、**金利は国債の需給によって決まる**のです。

市場の期待金利が上がると、3年目くらいから金利が低かった国債のほぼ半分が上がった金利での借り換えになり、借り換え債の金利上昇のため、政府は利払いができなくなります。

【デフォルトを防ぐ唯一の方法】

負債の金利が上がって政府は利払いができないという事態が生じると、公務員報酬、年金、医療費、公共事業費の支払い遅延が増え、ほぼ半年後にはデフォルトになります。

デフォルトになると、**「Ay=Di：金融資産×利回り＝金融負債×金利」**の原理から金融資産の実質額が減少します。

このとき「r（資本の収益率）＜g（所得の成長率）」のようにピケティ公式の逆になり、資本が減ります。資本の利回りはマイナスになって、金融資産が負債のデフォルト額（不良債権）に合わせて減少します。

以上のように「r（資本の収益率）＞g（所得の成長率）」が続くと、「Ay＝Di：（金融資産×利回り＝金融負債×金利）」ですから、いずれはデフォルトに向かうのです。

崩壊を避けるには、途中で「r（資本の収益率）＜g（所得の成長率）」にして、金融資産の増加率より所得の増加率を高めなければならない。

GDPは世帯と企業の所得の合計です。名目GDPの増加率を金融資産・負債の増加率より大きくすることです。この方法しかないのです。「r（資本の収益率）＞g（所得の成長率）」を続ければ、いずれは破産です。この件は国債の信用と財政の近い将来を検討する第15章でも述べます。

わが国5230万世帯の純金融資産と資本主義の宿命

金額を見て気が滅入るか、喜ばしいか、図11-3にわが国5230万世帯の純金融資産の調査結果を示します（元データは野村総研）。純金融資産は住宅ローン、消費者金融、個人事業の借り入れを引いたものです。

①超富裕層は世帯数の0・1％で、町の1000世帯に1世帯です。全国で5・4万世帯。人口30万人の地方中核都市には、約100世帯の超富裕層がいます。

1000世帯のうち最上位1世帯の平均の純金融資産は、13・6億円と大きい。2000年から2013年の13年間で平均年率5・8％増えて、6・5億円が13・6億円に増えたのです。

まさにピケティが言う「r（資本の収益率）＞g（所得の成長率）」。全体の所得（名目GDP）が12兆円減少した13年間に、超富裕層の純金融資産は2・1倍に増えたのです。この層の純金融資産は、全世帯の80％であるマス層の105倍です。

②次の富裕層は95万3000世帯で世帯構成比1・8％。イメージはあなたと同じエリアに住む45世帯に1世帯です。この富裕層の負債を引いた純金融資産は、世帯当たりで1・8億円です。豊かな退職後を過ごすのには、十分な金融資産です。

ただしこの層には、最上位層で働いた「r（資本の収益率）＞g（所得の成長率）」は機能していません。金融資産の増加率は年率0・4％でしかない。リーマン危機後の株価下落で、金融資産を失った人が多かったからです。経営者も多い。富裕層に属する世帯が株の運用で損をして

図11-3　わが国5230万世帯の純金融資産の格差
（純金融資産＝金融資産－負債）

		2000年	2007年	2013年	世帯構成	1世帯当たり年間増加率
超富裕層	金融資産	43兆円	65兆円	73兆円	0.1%	5.8%
	世帯数	6.6万	6.1万	5.4万		
	1世帯当	6.5億円	10.6億円	13.6億円		
富裕層	金融資産	128兆円	189兆円	168兆円	1.8%	0.4%
	世帯数	76.9万	84.2万	95.3万		
	1世帯当	1.7億円	2.2億円	1.8億円		
準富裕層	金融資産	166兆円	195兆円	242兆円	6.2%	1.3%
	世帯数	256万	271万	315万		
	1世帯当	6480万円	7200万円	7680万円		
アッパーマス層	金融資産	201兆円	254兆円	264兆円	12%	1.1%
	世帯数	575万	660万	652万		
	1世帯当	3500万円	3850万円	4050万円		
マス層	金融資産	503兆円	470兆円	539兆円	80%	0.0%
	世帯数	3860万	3940万	4163万		
	1世帯当	1290万円	1190万円	1290万円		

出所：野村総研「金融資産保有調査」より筆者作成
http://economist.cocolog-nifty.com/blog/2014/11/post-74a9.html

います。**超富裕層と合わせると１００万７０００世帯です。**わが国では、ほぼ１００万世帯（53軒に1軒）が「お金もち階級」と言えるでしょう。

③準富裕層とされるのは３１５万世帯で、構成比６・２%。同じマンションに住む16世帯に１世帯です。純金融資産は、世帯当たり７６８０万円です。

16世帯のうち最上位である準富裕層も年金が平均的なら、年数回の頻度で海外旅行にも行くような準リッチな退職後を過ごすことができる純金融資産です。ただしこの層にも「r（資本の収益率）＞g（所得の成長率）」は働いていません。金融資産の増加は年率１・３%でしかない。株をもっている世帯も多い。

会社の幹部以上、専門的な自営業と退職者でしょう。（注）わが国で株式投資と売買を行っている人は、名寄せ後の集計はないので推計ですが、約700万人と思われます。

④アッパーマス層とされるのは652万世帯で、構成比12％。隣に住む8世帯に1世帯の割合です。純金融資産は1世帯4050万円です。「r（資本の収益率）＞g（所得の成長率）」は働いていません。増加は年率1・1％でしかない。現役の働き手と退職者が50対50でしょうか。

8世帯のうち最上位の世帯の純金融資産4050万円は、年収の4年分を超えていて多いとはいえます。しかし運用の収益率と増加率が1・1％と低いので、退職後の豊かな生活に十分な額かというと微妙です。

これからの財政危機から来る金融危機でも、減らない運用を考えねばなりません。資産運用では高い利回りを求めると、リスクも利回りに比例して大きくなります。低金利の中で20％の利益確率ということはリスクも20％です。

たとえば株価指数のボラティリティ・インデックス（ＶＩＸ）が20％なら、20％の利益の可能性があると同時に、20％の損の可能性もあります。15年10月5日における日経平均は1万8005円です。その年間変動幅であるＶＩＸは、6月からの中国株ショックのため32％と高い。年間で32％の利益と32％の損の確率が等しいという意味です。（http://nikkei225jp.com/data/

vix.html)

⑤**4163万世帯**（**80%**）**がマス層**です。10世帯のうち8世帯で、わが国の最大多数派です。世帯当たりの純金融資産は1290万円です。1500万円や2000万円の住宅ローン負債を抱えている世帯も多い。純金融資産では、2番目の上位1・8％の富裕層と13倍の格差があります。これから金融資産を増やさねばなりません。世帯平均で見た13年間の純金融資産の増加率は、年率で0％です。現役の働き手が70％、退職者が30％でしょう。

わが国でも最上層との金融資産格差は、拡大の方向です。超富裕層はマス層の105倍の13・6億円の純金融資産をもっていて、それが**年率5・8％で増加**しています。12年で2倍になる速度です。この階層には、ピケティの「r（資本の収益率）＞g（所得の成長率）」が大きく働いてきました。

問題は今後です。「A（金融資産）×y（収益率）＝D（金融負債）×i（金利率）」から、負債の金利は上がらず、金融資産の収益率は下がらざるを得ない。

「r（資本の収益率）＞g（所得の成長率）」で金融資産が増え続けたとき、高齢化の先進諸国では財政赤字からの政府債務が増え続けることになり、いずれは金融崩壊に陥ります。

政府の財政危機のない国（スイスフラン）と、負債性の通貨ではないゴールドに移しておいたほうがいいかもしれません。アッパーマス層でも、これが言えます。

なお金融危機は、リスク投資が多い超富裕層や富裕層の金融資産を多く減らします。このため、資産格差を平準化させる作用もあります。そして次の所得成長に向かうのです。

1997年から98年のアジア通貨危機で金融資産を失い、実質GDPが7～10％下落したタイ、マレーシア、インドネシア、フィリピン、韓国は1999年以降V字回復を遂げ、2000年には4～9％のGDP成長に戻しています。

通貨が下がり、金融資産の多さがもたらしていた高い設備投資比率が下がって、輸出主導型の景気が戻り、ピケティの公式とは逆に、「r（資本の収益率）＜g（所得の成長率）」の成長になったからです。しかしその先は再び「r（資本の収益率）＞g（所得の成長率）」になって、次の金融危機を準備します。以上は、**資本主義の宿命**なのです。

第12章　金融資産としての債券、株券、通貨の価値

本章では形態の皮を剝《は》ぎ、金融資産の本質を考えます。通貨・債券・株券が、購買力という価値を保存する金融資産である根拠についてです。

- 通貨の形態は2つです。紙幣と預金です。
- 債券は国債、社債、貸付金として、現金の回収権をもつ証券です。
- 株券は株式会社への資本としての出資を表す証券で、金利がない代わりに利益からの配当があります。（注）クレジットカードも紙幣と同等ですが、預金を裏付けにした預金通貨に含まれます。

マネタリー・ベースとマネー・ストック

通貨から検討します。このためには通貨が発行されて、われわれの預金になる仕組みを振り返る必要があります。

中央銀行が政府の債務証書である国債を買い取ることで起点になる、通貨発行のメカニズムを9章の図9-1に示しています。

金とのリンクが切れた通貨の元になるのは、もっとも信用がある債券とされる国債です。日銀は国債を買って、代金を日銀の中にある当座預金に振り込みます。その当座預金から銀行が紙幣で引き出したときが、当座預金が減った分の紙幣の発行になります。

この紙幣と当座預金の合計が、専門的にはマネタリー・ベースと呼ばれるものです。わが国の預金性の通貨のもとになるものです。13年4月からの異次元緩和によって、15年6月時点では326兆円に増えています。

この当座預金は日銀に口座をもつ金融機関（銀行、証券、政府）のものであり、銀行にとっては預金の急な引き出し増加に備える準備預金に当たります。銀行の準備預金を元にして、借り主が利払いと返済を承諾します。銀行がその信用を認めた場合、貸付金を創造し、その金額を借り主の口座に振り込みます。

わが国の貸付金の総額は1224兆円（15年6月）です。この貸付金が260万社の企業と5230万の世帯の預金（1340兆円）に相当するものです（図9-1）。

われわれの預金がもともとは銀行の貸付金によって作られ、移動してきたものだということは、感覚的に受け入れが難しいことです。しかし個々の預金ではなく、大河のようなマネーの流れの全体（マクロ）の視点から見れば、貸付金の金額はほぼ預金額に相当するのです。

A社が1000万円の借り入れをすれば、A社の預金が1000万円増えます。A社に商品を売ったB社に、その1000万円が振り込まれるとします。そのB社の預金の一部が、50万円の給料としてあなたの口座に振り込まれます。A社の借入金1000万円と、B社とあなたの預金の合計である1000万円は同じです。あなたがクレジットカードで10万円買いものをすれば、預金口座から引き落とされますが、その10万円は商店の預金口座に入るので、全体の預金量は同じです。

個々の預金額が減少または増加しても、それは他の預金の増加と減少に対応しているので、銀行の預金総額は変わらない。預金の総額が増えるのは、銀行が貸付金を増やしたときです。減るのは貸付金の返済が新規貸出を超過したとき、そして企業や世帯が預金を紙幣で引き出すことが増えたときです。現金が減って預金性通貨が増えたマネーは、以上のような「貸付金総額＝預金総額」というメカニズムをもっています。
マネーの創造は、２つの源泉をもちます。
①日銀（一般には中央銀行）が国債や債券を買って、その代金として通貨を作る。これがマネタリー・ベースです。
②銀行が中央銀行に預けた準備預金を元に貸付をして、そのマネーを企業や世帯の預金口座に振り込む。個々の口座の預金が増減しても、それは別の預金の増減と対応するので預金総額は同じでです。この預金総額をマネー・ストックと呼んでいます。
このマネー・ストックがわれわれが使うマネーです。その大元は中央銀行が国債を買って、その代金として作った通貨です。
われわれにとっての関心は、以上のメカニズムで作られている紙幣と預金が、金融資産としての価値保存の機能をどう保つのかということです。具体的に言えば、預金の1000万円が10年後も1000万円の商品と資産の購買力をもつのかどうか。価値の下落があるとすれば、どの程度かということです。経済学ではマネー・ストックと通貨には、以下の関係があるとしています。

マネー・ストックの増減率（M）×通貨の流通速度の変化率（V）
＝物価上昇率（P）×実質経済成長率（T）

（フィッシャーの交換方程式）

日銀が国債を買ってマネタリー・ベースを増やせば、それがすぐに物価を上昇させると言う人がいますが、それは違います。ここで確認したように、日銀が実行できるマネタリー・ベースの増加が銀行による貸付金を増やし、世帯と企業の預金であるマネー・ストックの増加にならなければ、変化は起こりません。

２０１３年４月以降の異次元緩和として、日銀が国債を買ってマネタリー・ベースを１年に70兆円から80兆円増やしても、それは金融機関のもつ国債の70兆円から80兆円の減少に対応していますから、金融資産の総額は増えていないのです。

通貨の流通速度は、企業やわれわれが預金を使う速度です。この速度はわが国の場合、年間でほぼ４％は低下することが確認されています（岩田規久男『デフレの経済学』〈東洋経済新報社〉）。つまり、マネー・ストックである世帯と企業の預金が年率で４％以上増えないと、「物価上昇率（P）×実質経済成長率（T）」には作用しません。

日銀の最新のデータで確認すると、マネー・ストック（M３：１２２９兆円：15年８月）の前年比の増加は２０１３年が２・９％、14年２・８％、そして15年８月が３・４％です。

異次元緩和開始後2年4カ月が経っていますが、物価を上げる4％以上の増加には足りません。事実、15年8月の消費者物価上昇率（総合）は0・2％でしかない。生鮮食品の上昇があるので、これを引いたコア物価の上昇はマイナス0・1％です（総務省統計局）。政府・日銀のリフレ策としての物価上昇目標は2％です。

ただし現在の消費者物価には、2014年6月から1バーレル$100のレベルだった原油が中国の需要減退と米国のシェール油田の開発を主因に、$40から$50に下がっているという特殊要因があります。原油価格が戻った場合、消費者物価の上昇率は2％に近くなるでしょう。長期的に言えば、われわれはほぼ2％消費者物価が上昇し、通貨の価値は2％下落して行くと想定すべきと思えます。

経済学の慣習では、物価上昇には消費者物価しか入れません。利下げと通貨の増発が原因になる不動産、株式を含む金融商品、そして金の価格の上昇があっても、それはインフレには入らないのです。

しかし**金融資産である通貨の価値保存機能を問題にしている**本書の立場では不動産、金融商品、金のインフレ的な価格上昇も考えに入れる必要があります。

消費者物価だけを問題にするのは、商品生産のGDPに対する金融資産・負債の量が2倍や3倍と少なかった1980年代までのものです。日米欧で名目GDPに対し5倍、6倍に増えた金融資産・負債がある現代では不動産、金融商品、金も通貨価値の判定に入れるべきです。不動産と国債、株券を含む金融商品は、金融資産・負債の増加し過ぎから起こる金融危機によって価格が大きく下落します。

【前回からほぼ10年後に再来する金融危機】

2008年のリーマン危機後のように金融危機の後の経済が低い成長になるのは、危機を生んだ原因である「金融資産・負債」の大きさが、FRBのマネー増発により維持されているからです。リーマン危機のケースでは、推計1000兆円の蓋をされたバッドローンがブラックホールのように回復の足を引っ張り続けるからです。

そして**ほぼ10年で、〝次の金融危機〟**に向かいます。ただしこの10年には、危機の促進と遅延の対策が打たれるので、8~12年の幅があります。

1929年の米国発の大恐慌は銀行の危機、つまり発生した不良債権額に対して中央銀行のマネー供給が十分でなかったために起こっています。この教訓から株や債券の下落で銀行が危機になると、中央銀行によって負債性の通貨が増発されます。当面の危機は防がれます。しかしその後は、現在の日米欧のような低金利と低い経済成長になります。

現在は、**延長された危機**です。現在の日米欧は、**危機が先送りされた**中にあります。

中央銀行のマネー増発機能を使って先送りされている危機は、**再び「金融資産＝負債」**が膨らみ続ける中でバブルを起こし、晴天が突然の嵐になったように起こります。

19世紀の西欧の資本主義は、ほぼ10年のサイクルで金融危機と恐慌を繰り返していました。マルクスが資本論を書いたのは、資本主義に必然の恐慌を起こさない経済を作るためです。19世紀の開発と経済成長のフロンティアは、米国でした。1990年からの先進国経済は、新自由主義です。開発と成長は中国と新興国です。新自由主義は19世紀の資本主義に近い。

2008年のリーマン危機は、21世紀の米国の第一次金融危機でした。その後の先進国における物価上昇を含む名目GDPの成長は、せいぜい2～3%でしかない。一方で「金融資産＝負債」は、年率6%くらいで増え続けています。10年で1・8倍に膨らみます。一方で、利払いと返済の原資になる所得額つまり名目GDPは、10年で1・2倍から1・3倍にしかならない。

この2つの動きから名目GDPに対する「金融資産＝負債」は、10年後には、危機前の1・4倍から1・5倍に膨らみます。金融資産が名目GDPの5年分だったとすれば、10年後には7年分から7・5年分です。

この債務比率の面で、名目GDPの6・8倍の金融資産＝負債（2015年3月）がある日本が先頭を切っています。

まず政府が、2・5%や3%という低い金利も払えなくなる。このとき政府は国債を増発し、中央銀行は利下げと量的緩和という通貨増発をします。その数年後に、物価の期待上昇率が上がり始めると期待金利が上がり、**国債のデフォルトの危機**に向かいます。

10年後が危機にならない場合、ゼロ金利の中で「金融資産＝負債」の増加が大きすぎるという矛盾は続くので、11年目あるいは12年目が危機になります。

「金融資産＝負債」が2・3倍になる15年目以内には、ほぼ100%の確率で金融危機、通貨危機、財政危機に向かうのです。

金融危機、通貨危機、財政危機は同根です。危機は、物価上昇を含む名目GDPに対して金融資産が大きくなり過ぎたときに起こります。金融負債も大きくなり過ぎているからです。

【期待物価上昇率と長期金利は見合う】

ハイパー・インフレの極端な例からも物価の予想上昇率に見合う金利、あるいはそれに近い金利でないと、預金されないこともわかります。物価が1年に15%上がるという予想が人々に抱かれたとき、現代経済学では「期待物価上昇率15%」と言います。この場合、下落する通貨の価値保存機能を補うため、預金金利も15%近くに上がらざるを得ないのです。

大きかった具体例を言います。

1971年、米国は一方的に金とドルの交換停止を発表しました（これはドル危機でした）。FRBが所有する金の海外流出を防ぐためです。その後、原油を売る産油国にとって、金の裏付けを失った米ドルは信用を失い、その価値をどんどん下げます。ドルは国際基軸通貨であり、各国のマネーの基礎です。ドルが信用を失うと、世界の通貨も信用を失います。

ドルの価値保存機能の低下は、2年遅れの1973年に原油が$2から$11へと5・5倍に高騰した第一次石油危機（Oil Crisis）を引き起こします。物価全体の上昇も15%に達したのです。

1973年の米国の10年債の金利は、15%の物価上昇と釣り合わない8%でした（日本も8・3%）。**原油がさらに3倍になった第二次石油危機（$35付近）の1980年には、全体物価の上昇は15%に達しました。**

1980年代のFRB議長ボルカーによる、物価上昇に見合う20%への利上げ（短期金利のFFレートのピーク）で、流通するドルの量が減って不況化し、やっと米国と世界の物価上昇は収まったのです。

【米国の100年間の金利】

図12-1には、米国10年債金利の100年の推移を示しています。金利の上昇は逆に、米ド

図12-1　米国の10年債の金利の、長期推移（1920～2015年）

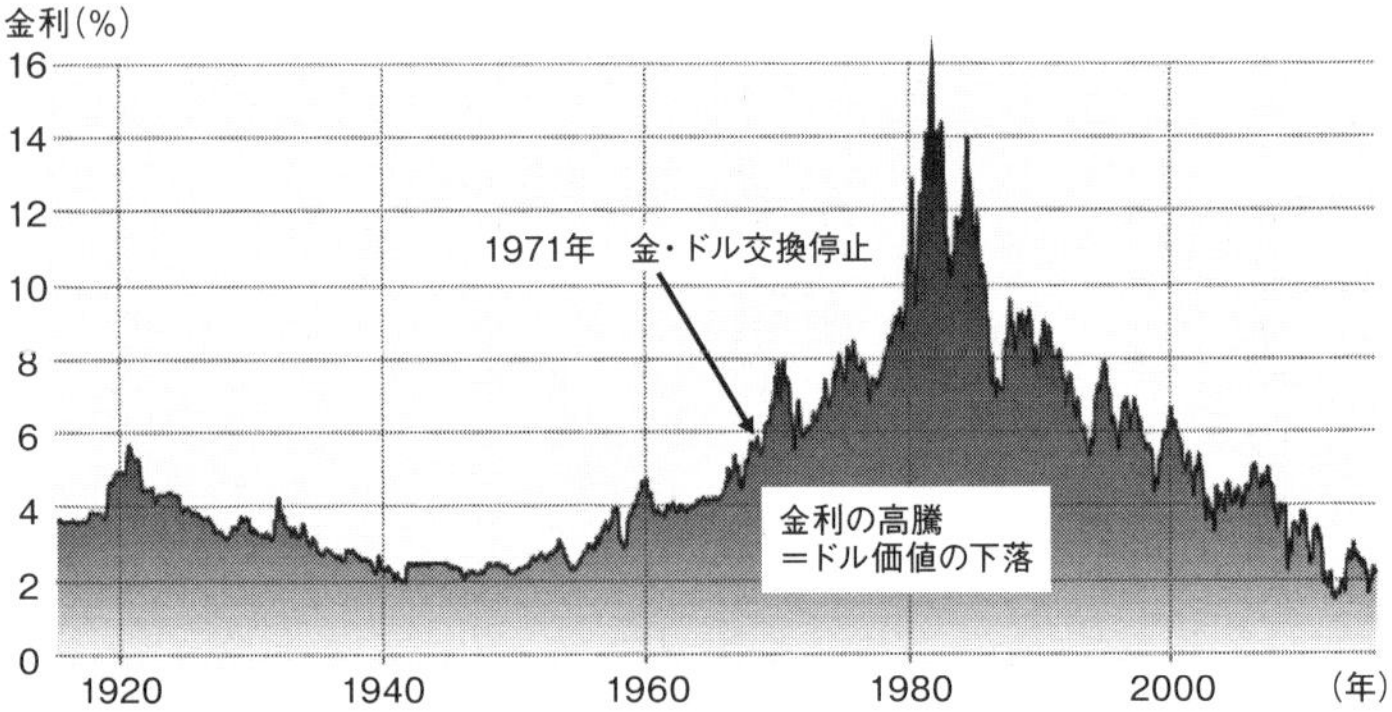

①1971年の金・ドル交換停止の後、基軸通貨ドルの価値は急落した。
②このため、2度の石油価格高騰が起こり（1973年と1979年）、物価も上昇した。
③通貨の価値下落は、金利を上げる。1980年のドル金利は15%に達した。
④1990年以降は、世界的に、インフレはマイルドな数%に収まった。このため期待物価上昇率に比例する金利も、下がり続けている。

http://www.tradingeconomics.com/united-states/government-bond-yield

ルの価値保存機能の〝**低下**〟を示します。石油危機と言われ、一般的には紛争での原油供給量の減少の問題とされています。しかし本当の原因は、取引通貨であるドルが金の裏付けを失って下落したことでした。米国がドルと金の交換を拒否したことですが、本当はドルのデフォルトでした。ドルと引き換えに、約束していた金を渡せなくなったからです。

外為で言うと、円は＄１：３６０円だった１９７１年から、２０００年代までに約３倍に上げています。これは**円が上がったというより米ドルが3分の1に下がった**のです。ドルはドイツマルクに対しても、円と同じ率を下げているからです。

しかし米国は、金とのリンクを切ったドルの価値保存の機能が円やマルクに対して３分の1に低下したとは思われたくない。ドルへの信認が揺らげば、米国に特権を与えている基軸通貨の体制が危うくなるからです。

【米ドルがもつ基軸通貨の特権】

ドル基軸通貨は経常収支の赤字があっても、ドルを刷って海外に渡せばいいという特権を米国に与えています。基軸通貨国ではない日本は経常収支が赤字になると、手持ちの外貨準備を売るか、米国から借りねばならないのです。

米国の経済特権の中で最大の便益をもたらしているドル基軸を維持するため、米国の金融筋は、「中東の戦争で油田が破壊され、供給の危機が起こったため、原油が高騰した」という通説を作ったのです。本当の原因は、ドルの価値保存機能の低下です。石油危機ではなく、金の裏付けを失った「**ドルの危機**」でした。

1973年当時、資源の限界が叫ばれ、原油はあと40年で枯渇すると言われました。2013年がその40年後です。原油と資源枯渇論は、真っ赤な嘘《うそ》だったことがわかるでしょう。

【$26・5兆にのぼる米国の対外債務】

米国の対外債務は、2013年で$26・5兆（3180兆円）です。米国はGDPの1・6年分に相当するドルを海外に散布し、海外の商品と資産を得ています。基軸通貨のドルを海外が信用しているから、これができるのです。（注）米国の対外資産（$21・2兆＝2544兆円）を引いた対外純債務は$5・3兆（636兆円：2013年）になっています。

日本の財務省は一貫してドルを買い支え国際秩序を守るとして、ドル基軸の体制を支援し続けています。この点でユーロを作り、ドル経済圏から半分は逃れたドイツとは違います。

米国以外の、各国政府・中央銀行は外貨準備だけでも$12・2兆（1464兆円）保有しています。この中でドルとドル債は64％です。ユーロは21％です（2015年6月）。世界は価値が下がり続けるドルを、もっとも価値がある通貨としてもっていることになります。

海外が$100の債券や紙幣をもつことは、**$100分の通貨価値を、負債性マネーの発行元つまり米国に貸したこと、あるいは代金として渡したこと**を意味しています。

国債が政府の債務であるように、債券は発行元の借用証です。日本が外貨準備だけでも$1・22兆のドル国債をもつことは、146兆円の通貨価値を米国に渡してきたことです（15年2月末）。

金本位の場合、貿易と所得収支の赤字のために金が海外に渡されると、国富の流出になります。しかし1971年以降のドルのような、いくらでも増発ができる負債性の通貨の場合、ドルが渡されることは、そのドルの価値を信用した海外が受け取ったドルの額を米国に貸し付けたことになるのです。1971年のドルの金本位の停止によって、米国はそれとは知られず、「負債性通貨への偉大な転換」を行っていたことになります。

【通貨の価値と金利】

購買力を保存する通貨の価値が下がることは、物価と資産価格が上がることです。このとき預金は引き出されないように、その金利は物価上昇率に近い水準に上がります。

米国の経済学者アービング・フィッシャーは、通価の価値と金利の関係を**「名目金利＝実質金利＋期待物価上昇率」**としています。

この中の実質金利は、ほぼ実質GDPの成長率に見合います。これを1％とします。期待物価上昇率は、人々の心理に根付いた物価上昇の予想です。これを2％とします。〔名目金利＝1％＋2％＝3％〕です。

実際の名目金利は、フィシャー方程式に近いところに収束します。

ただし中央銀行が利下げをして量的緩和をすると、均衡値であるフィッシャー方程式の値より、名目金利が下がります。これを、中央銀行による「金融抑圧」とも言います。

人々が抱く期待物価上昇率が期待金利を決めます。そして期待物価上昇率近くに上がる金利が金融資産の割引現在価値（NPV：Net Present Value）を決めるものになるのです。割引現在価値が金融資産である債券の現在の価格です。

債券の割引現在価値は、〔その債券の約定金利＋満期のときの元本償還から得られるキャッシュフローの合計〕を〔1＋期待金利率〕で割り引いて現在価値にしたものです。このときの期待金利は、期待物価上昇率で決まります。物価が現在2％上昇し、今後も2％上昇すると人々が予想しているとき、期待金利は2％になる。このときは、〔キャッシュフロー÷1・02の累乗〕で割り引きます。

インフレリスクを抱える国債の割引現在価値

不換紙幣になった通貨は、国債を中央銀行が現金化したものです。このため通貨の価値は、国債の価値に依存することはすでに申し上げました。では、もともとの国債の価値はどう計るのでしょうか。

国債は債券です。債券は、①国債、②社債、③貸付金の回収権を証券化したMBSやCDOなどのデリバティブです。代表的な債券である国債を例に債券の金融資産としての価値を原理から示します。

国債のような固定金利の債券は、発行後のインフレのリスクをもっています。インフレ率が高まって市場の期待金利が上がると、債券の流通価格は下落します。逆に物価上昇率が低下し、人々が将来に対して抱く物価上昇が下がると、債券価格は上昇します。

【国債のキャッシュフロー】

約定金利が毎年0・5％、満期が10年、額面100万円の国債とします。この国債の10年間の確定キャッシュフローは、〔100万円（1+0・5％×10年）=105万円〕です。

政府財政のデフォルトがない限り、105万円の受け取りは確定しています。

簡単にするため単利とします。本当は複利です。複利は利払いされた金利も預金したときの金利です。金利が0・5％と低く、期間が10年なら、単利・複利で大きな差は出ません。ただし6％で10年なら、複利の1・79と単利の1・60に10％の差が出ます。

国債を買って3年後に、量的緩和の効果で消費者物価が2％上昇するようになり、市場が債券に期待する金利が2％に上がったとします（期待金利の上昇：重要な概念です）。

物価が上がることは、通貨の価値保存機能が下がることです。そしてこの**価値保存力の下落を補うために、国債への期待金利が上がる**のです。ここが重要な点です。期待金利とは、人々がその金融資産に寄せる利回りの期待値です。

【期待金利が高くなったとき国債の価値は下落する】

物価が2％上がるようになり、人々が抱く期待金利も2％になると、国債はいくらの価値になるのか。

残存期間を、現在の円国債の平均期間の7年とします。満期までのキャッシュフローは、発行時に確定している〔100万円×（1＋0・5％×7年）＝103・5万円〕です。受け取る金利は、発行時の0・5％のまま固定です。

物価が2％上がるようになり、人々の期待インフレ率も2％に上がったとします。この場合、債券市場では、債券に期待される利回りが発行時の0・5％から2％に上がります。つまり2％のインフレになった後は、**インフレ率に見合う2％の金利の債券でないと買われません。**

以上から、額面100万円、満期7年の国債に対しても2％の金利が期待されるようになります。

〔期待キャッシュフロー＝100万円×（1＋2％×7年）＝114万円〕

ところが3年前に発行された金利0・5％の国債は、期待金利が2％に上がっても、向こう7年の利回りは0・5％でしかない。キャッシュフローは、〔100万円×（1＋0・5％×7年）＝103・5万円〕のままです。2％の国債の7年間のキャッシュフロー114万円とは、10・5万円の差があります。

ここで金利が変わらない代わりに、7年後の期待キャッシュフロー額が利回りで2%になるように流通価格が下落するのです。

計算式は、〔額面金額×（受け取るキャッシュフロー）÷（金利の上昇で期待するキャッシュフロー）〕です。

実際の計算は、〔100万円×（1＋0・5%×7年）÷（1＋2%×7年）〕です。

結果は〔100×1・035÷1・14＝90・8万円〕です。

3年前に100万円だった0・5%の国債は、期待金利が2%に上がると、7年で2%の利回りが得られるよう90・8万円へと9・2%下がります。これが0・5%の固定金利の国債の**「割引現在価値」**です。割引現在価値とはn年後の受け取り額を、（1＋期待金利率）のn乗で割って小さくすることです。（注）ここでは単利にしていますから（1＋期待金利率×残存期間n年）で割っています。金利が5%未満の場合、10年では複利との差はほとんどありません。

債券の金融資産としての価格は、

- **金融市場の集合的な期待金利の上昇によって下がり、**
- **期待金利の下落によって上がります。**

この集合的な意識は、現代の経済学で重要な概念です。個々人の予想ではない、共通の文化をもつ集団である社会がこう思うであろうというお互いの考えが影響し合って、集合的な意識が生じます。期待金利も集合的意識です。これはスターの人気のようなものです。スターの人気は多くの人に人気があるから、好きな人が一層増えるという回帰的なものです。株価も、集合的意識（共同幻想とも言えます）が作ったものです。

一般式では**〔額面金額×（1＋表面金利×残存年数）÷（1＋変化した期待金利×残存年数）〕**です。残存期間7年、額面100万円の国債を90・8万円で買えば、0・5％の固定金利が2％の利回りになるのか、確かめてみます。

- 満期に受けとるキャッシュフロー＝額面100万円×（1＋0・5％×7年）＝103・5万円
- 103・5万円÷購入価格90・8万円≒114％……年間利回りは14％÷7年＝2％

【結論】 額面100万円、金利0・5％、残存期間7年の債券は、期待物価上昇率が2％に上がって市場の期待金利が2％に上がると、割引現在価値が90・8万円に9・2％下がる。

逆に物価が下落するようになって、期待金利が0・3％に下がるとどうなるか。〔100万円×（1＋0・5％×7年）÷（1＋0・3％×7年）〕は、100×1・035÷1・021≒101・4万円です。期待金利が発行時より下がって0・3％になるとこの債券の割引現在価値は101・4万円に上がり、額面より1・4万円高い価格で売買されます。

【期待物価上昇率と預金金利の変化まで】

将来に向けた期待物価の上昇率が0％から2％に上がったとき、0・2％という預金金利はどうなるでしょうか。

会社に当面は使わない預金が1000億円ある場合、経理担当は定期預金の0・2％のまま置いておくでしょうか。国債を買えば2％（20億円）の利回りが得られます。預金を解約して国債を買うのが普通の行動でしょう。これを行わないなら、株主から業務怠慢で糾弾されます。世帯も預金を引き出して、国債を買うでしょう。銀行自身も金利0・1％の日銀当座預金に置いたままにせず、利回り2％の国債を買うでしょう。

銀行預金の金利が0・2％のままなら、預金者が多くを引き出して2％の利回りで運用するようになります。このため預金の金利も、国債の金利並みの2％に向かって上昇していかざるを得ないのです。実際には、国債の金利より少し低い1・5％に上がるでしょう。国債は売るという換金の手間がかかり、価格変動のリスクがあるので、リスクがない預金より金利が高くなるからです。

1990年代以降の日米欧は資本移動が自由化され、金利は国債の売れ行きによって決まる自由金利です。中央銀行の公定歩合は、短期金利のみに影響を与えます。長期金利はここで示した式により、国債の市場で売れる価格で決まります。中央銀行が利下げをしても市場の期待物価上昇率が高い場合、長期金利は下がりません。これを「中央銀行が金利のコントロール力を失う」と言います。

人々が将来に対して抱く期待物価上昇率が上がると、国債に期待する金利が上がり、ついで預金金利も、貸付の金利も上がります。金利は国債の期待利回り（事例は2％）に合わせ上がっていくため、既発国債は前述のように90・8万円に下がります。

期待金利とは、現在の金利の傾向から予想される近い将来の金利です。物価上昇率が高くなる傾向にあると、期待金利は上がります。

日銀は13年4月からの異次元緩和の達成目標を、2％のインフレにしています。15年7月現在、インフレ率は2％の目標にほど遠い0・0％です。このため10年債の利回りも0・3〜0・4％と低い。

しかし黒田総裁が言うように、16年度（2016年4月〜17年3月）の早い時期に**消費者物価の**

2%上昇が達成されれば、しばらくして期待金利も2%に向かって上がるでしょう。

その場合、既発国債1022兆円（平均残存期間7年）は9・2%（94兆円）も価格を下げます。

【金融機関が保有する国債の行方】

国債をもつ金融機関は、約定金利が0・5%しかない10年債をその後7年、どうするのでしょうか。金利は2%に上がり、預金金利も2%に向かって上げていっているとします。

銀行の経営の観点からは、金利2%になった国債や債券に売って乗り換える必要が出るでしょう。

しばらくすれば世界の中央銀行と銀行の規制をしているBISは国債も〝**リスク資産**〟として、マクロ・プルーデンス（大きな金融危機を起こさないための用心深いマクロ金融政策）の観点から、時価評価を要請するからです。BISが国債を時価評価にすると決めれば、時価での損失計上をせねばなりません。現在はまだ、国債は満期前に流通価格が下がっても、額面で評価し続けることができるとされています。

一般にはわかりにくいマクロ・プルーデンスとは、リーマン危機後、再び金融危機を起こさないために、政府が銀行のリスクを監視するものです。日本でもこれから話題になるでしょう。リーマン危機の前は、金融の完全自由化という新自由主義の思潮の中で、金融機関はデリバティブを使い、

「やり放題」のことをしていました。

わが国では国債残高が1022兆円（15年6月）なので、市場の期待金利が2％に上がると、平均残存年数が7年の国債をもつ金融機関の総損失が94兆円になります。（注）国債の価格は、1％の金利上昇につき7％下落すると覚えておくと、計算の必要がなく便利です。

期待インフレ率の上昇による国債の下落で、

①最初に債務超過になるのが日銀です。

②次に金利の上昇で下がり方が大きくなる長期国債を多くもつ銀行や生保が債務超過になります。

こうなると、「相手行はいくらの含み損があるか」という疑心暗鬼から、銀行間の貸し借りのコール市場が縮小し、レバレッジ率の高い銀行は満期が来る債務を返済する一方になって資金が枯渇し、金融危機が起こります。**「銀行間の信用の低下」**こそが金融危機です。

【財政危機の認識は、国債金利の一層の上昇を招く】

政府財政の危機が金融市場で認識され、国債が信用を失った場合、「実質GDPの期待成長率＋物価の期待上昇率」だった均衡金利がリスク率を含むようになり、**「実質GDPの期待成**

長率＋物価の期待上昇率＋国債のデフォルトリスク率」に上がります。

実質経済成長が1％、物価の期待上昇率が2％なら均衡金利は3％ですが、これに国債のデフォルトリスク率が加わってほぼ3カ月内に10％や20％、時には30％に跳ね上がります。同時に、国債が暴落します。ギリシャの2012年と2015年に起こった金利高騰がこれでした。この場合の金利高騰と国債暴落は、ほぼ3カ月の期間で「突然」起こるのです。

［CDSの仕組み］デフォルトのリスク率は、国債の償還を保証するデリバティブであるCDS（債務保証保険）の料率と同じです。期待金利が加わりますが、概算では買いオプションの価格ともほぼ同じです。

たとえば10年内に財政がデフォルトする確率が80％と見られている場合、1年間での破産リスク率は8％でなく、〔1－（1－0・8）の10乗根＝1－0・85＝15％〕です。

このとき債券の回収を保証する保険であるCDSの価格は、国債額面（たとえば1兆円）の15％（1500億円）に上がります。1500億円をB銀行に払ってCDSを買っておくと、1年内に財政がデフォルトした場合、CDSを引き受けたB銀行から政府に代わって1兆円をもらうことができます。1年間財政破産がない場合、保険料の1500億円がB銀行の利益になります。

GDPの2倍以上の国債があり、増え続けている日本では、実行後3年目くらいから物価を上げ、**期待金利を上げることにもなる量的緩和は行うべき政策ではなかった**のです。

リーマン危機後の米国で、信用の縮小（流通するマネー量の減少とマネーの流通速度の低下）から来るデフレを防ぐため、＄４兆（４８０兆円）のスケールの量的緩和（ＱＥ１～ＱＥ３）が実行可能だった理由は、米国債の残高が名目ＧＤＰの１００％くらいだったからです。このため実行後に金利が上がっても、国債価格の下落による影響は日本の２分の１だったからです。

【異次元緩和は止められない可能性が高い】

わが国の異次元緩和は、インフレ目標２％が達成されると、物価上昇とともに期待金利が上がって国債が下落するために売られ、一層の金利上昇を促すという**「到達点の矛盾」**を抱えています。

残高が１０２２兆円とＧＤＰの２００％を超え、毎年35兆円から40兆円増え続ける日本では２・５％への金利の上昇と国債下落の影響が金融危機になるくらい大きいため、行うべきではなかったのです。ところがリフレ派の誤った論理を要《い》れて、日銀は実行してしまった。

２年５カ月も続ければ、**あとは結末の金融危機、国債危機に向かって、行き着くところまで行く**しかない。自民党と安倍首相は公約で「この道（リフレ）しかない」と言っています。国債の残高がＧＤＰの２倍以上ある国が異次元緩和に入れば、この道を突き進むしかない。日銀が国債の買い増しをやめれば、国債が売れ残るため金利が高騰して国債価格が暴落するからです。なお異次元緩和の継続にもかかわらず、物価の期待上昇率が1%以下にとどまるときは、期待金利も1%以下ですから、国債価格の下落はほとんど起こりません。

ただし米国の金利が3・5%に向かって上がった場合、低い金利の円を借りて高い金利の米国債を買うキャリートレード、レポ取引、およびドル買いが利益を出すために大量に起こります。**このため円の金利もドルにつれて、2%の差を保つくらいに上がっていきます。**

世界の外為の売買は、1日に$5・3兆（636兆円）と巨大です（BIS：2013年）。このうち円・ドルの交換は、個人のFXを含めて23%の$1・2兆（144兆円）です。年間、円・ドルの取引額は3京6000兆円という巨額です。日本の輸出入の貿易額（年間160兆円）に対して225倍もの外為の売買です。

企業と人の活動のグローバル化、そしてマネーのデリバティブ化も示す巨大な外為取引（先物売買と通貨スワップを含む）は、金利もグローバル化して調整されることを示しています。

日米欧では、21世紀の金利は一国のものではない。相互に深く影響し合います。通貨と金利は連動するため、金融資産である株価も連動しています。国際金融の変化を見ておかねばならない。

本書の冒頭の店頭デリバティブの残高で示したように、デリバティブで80％を占めるのは、外貨も含む金利関連（先物、スワップ、オプション）の6京650兆円です。この金利関連のデリバティブの大きさは、日米欧の金利が相互に強く影響し合っていることも示します。

外貨の交換が巨大になった現代では、市場の期待金利を決めるインフレやデフレも日米欧で同時に起きることを示しています。資本移動（通貨の売買）が規制されていた1980年代までは国単位だった金利が、深く影響し合う開放経済のマンデル＝フレミング・モデルになっています。

2015年6月からの中国株ショックで日米欧と新興国、つまり世界の株価が1日とおかず大きく下落したことからも、世界同時であることがわかるでしょう。08年9月からの米国発のリーマン危機でも、世界の株価は同時にほぼ40％から50％下落しています。

以上、国債の金融資産としての価値の本質について、異次元緩和に絡めて述べてきました。

金融資産としての株式の価値

債券のもとになっているのは、貸付金です。株券は何を貸し付けたことを表す証書なのでしょうか。株式会社への資本の出資です。では出資金は、何を根拠に金融資産としての価格があり、その価格が市場で変動しているのか。ここを解明しようと思います

株券は会社を清算されたときに、残った資産しか償還されない「劣後債」です。償還順位がもっとも低い債券ですから、エクイティとも言います。解散配当は出資した金額とは無関係であり、ゼロになることも多い。他方、社債は優先債であり、返済順位が上です。

【コンソル債の割引現在価値の計算法】

英国の国債にコンソル債と呼ばれる元本の償還がない劣後債があります。**毎年一定の配当（クーポンと言う）を永久に払い続けるもの**です。

この金融資産としての価値（流通価値）は、図12-2の1に示す無限等比級数の和です。その価値の計算は、無限等比級数の和の公式から、〔年間の受け取り配当であるクーポン÷期待収益率〕になります。図12-3に、無限等比級数を直感的に理解できる図を載せています。〔1＋1×0・5＋1×0・5の2乗＋1×0・5の3乗……〕という公比が0・5の無限等比級数の和は、無限大になるのではなく、〔1÷（1－公比0・5）＝2〕に収束します。公比が0・8のときは〔1÷（1－0・8）＝5〕です。

図12-2に示すように、1年のクーポンが10万円のコンソル債では、金融市場の期待金利（＝

図12-2　株券の、金融資産としての理論価値

(1) コンソル債の割引現在価値＝

$$\frac{\text{クーポン10万円}}{(1+\text{期待収益率5\%})}+\frac{\text{クーポン10万円}}{(1+\text{期待収益率5\%})\text{の2乗}}+\frac{\text{クーポン10万円}}{(1+\text{期待収益率5\%})\text{の3乗}}+\cdots$$

$$=\text{クーポン10万円}\div\text{期待収益率5\%}=\text{200万円}$$

（計算例）毎年のクーポン（配当）が10万円、そのときの10年債の利回りである市場の期待収益率（期待金利）が5%のときは、コンソル債の価格は10万円÷5%＝200万円である。上記は毎年1.05ずつ小さくなって行く無限等比級数の和である。これは、数ⅡBに出て来る和の公式により、〔クーポン額10万円÷0.05＝200万円〕になる。

(2) 定額配当モデルでの株券の現在価値：将来配当も定額とする

株価の割引現在価値＝

$$\frac{\text{定額配当1億円}}{(1+\text{期待収益率12\%})}+\frac{\text{定額配当1億円}}{(1+\text{期待収益率12\%})\text{の2乗}}+\frac{\text{定額配当1億円}}{(1+\text{期待収益率12\%})\text{の3乗}}+\cdots$$

$$=\text{定額配当1億円}\div\text{期待収益率12\%}\fallingdotseq\text{8.33億円}$$

（計算例）投資家の、その株への期待収益率を12%とする。年間1億円定額配当のときは、株価の割引現在価値は、1億円÷12%≒8.33億円になる。1年目の配当は1.12で割り引き、2年目の配当は1.12の2乗で割り引き、3年目は1.12の3乗で割り引いた無限級数の和を取る。これがコンソル債と同じ利益配当の構造になる、定額配当モデルでの、株の金融資産としての割引現在価値である。

(3) 配当定率成長モデル：配当成長率5%とする

株価の割引現在価値＝

$$\frac{\text{1年目配当1億円}}{(1+\text{期待収益率12\%}-5\%)}+\frac{\text{1億円}\times(1+5\%)}{(1+\text{期待収益率12\%}-5\%)\text{の2乗}}+\frac{\text{1億円}\times(1+5\%)\text{の2乗}}{(1+\text{期待収益率12\%}-5\%)\text{の3乗}}+\cdots$$

$$=\text{1年目配当1億円}\div(\text{期待収益率12\%}-\text{配当成長率5\%})\fallingdotseq\text{14.3億円}$$

（計算例）投資家の期待収益率が12%、1年目配当の総額が1億円、配当成長率が5%の場合、この成長会社の株価時価総額は以下のようになる。配当は1年目1億円、2年目1億500万円、3年目1億1025万円…と5%ずつ増加するから、株価の時価総額は、この等比級数の和になる。無限等比級数の和の公式から、以下になる。

1年目の配当1億円÷（期待収益率12%－配当成長率5%）＝1億円÷7%＝14.3億円

…（2）の配当の成長がないときより1.68倍高い割引現在価値になる。

(4) 投資成長モデル：期待収益率12%、配当率40%、留保利益率60%とし、留保利益による投資の予想収益率を10%とした場合

株価の割引現在価値＝

$$\frac{\text{1年目配当1億円}}{(1+\text{期待収益率12\%}-7\%)}+\frac{\text{1億円}\times(1+7\%)}{(1+\text{期待収益率12\%}-7\%)\text{の2乗}}+\frac{\text{1億円}\times(1+7\%)\text{の2乗}}{(1+\text{期待収益率12\%}-7\%)\text{の3乗}}+\cdots$$

$$=\text{1年目配当1億円}\div(\text{期待収益率12\%}-\text{投資の利益率7\%})=\text{20億円}$$

（計算例）投資家がよせる期待収益率が12%、1年目配当の総額が1億円、留保利益での投資の利益率が7%の場合、この成長会社の株価の割引現在価値は以下のようになる。これも無限等比級数の和の公式から、以下になる。

配当1億円÷（期待収益率12%－配当成長率7%）＝1億円÷5%＝20億円

…（3）の配当定率成長モデルより1.40倍高い理論株価になる。

図12-3　無限等比級数の和を理解するための図

1＋1×0.5＋1×0.5の2乗＋1×0.5の3乗＋1×0.5の4乗……
＝1＋0.5＋0.25＋0.125＋0.0625……＝1÷（1-0.5）＝2
これが公比（等比級数）を0.5とする無限等比級数の和ですが、図にすると以下になります。

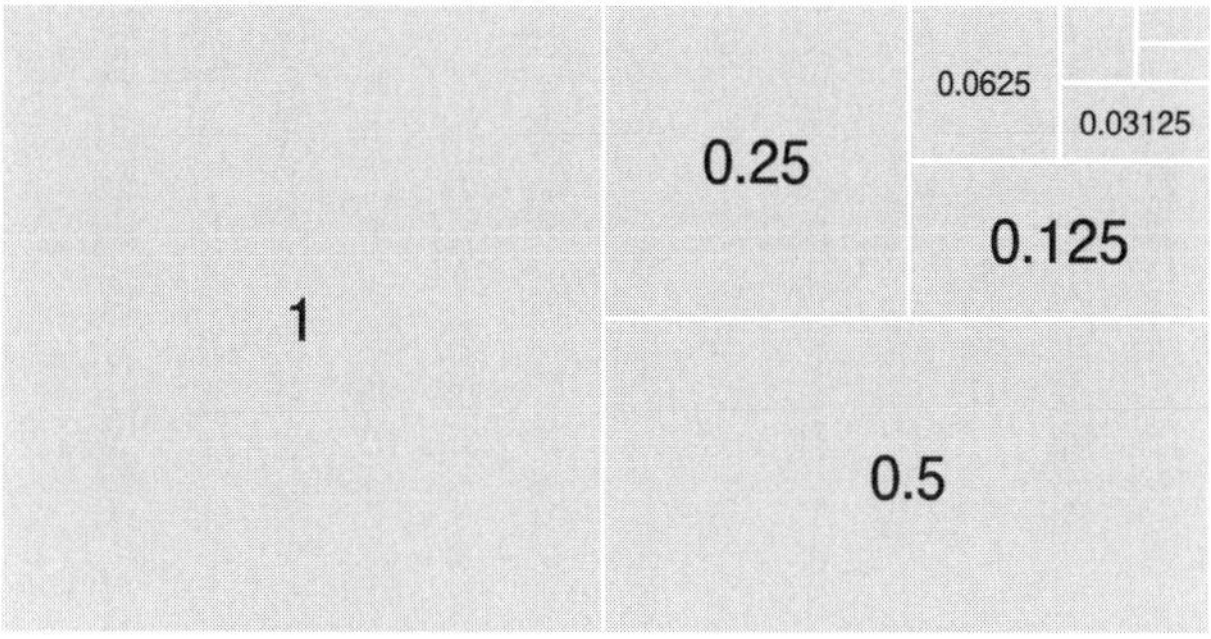

全体の面積は、1÷（1−公比0.5）＝2

一般式で言うと初項がa、公比がrのときは、
a÷（1-r）＝無限等比級数の和です。

10年債の利回り）が5％のときは、〔10万円÷5％＝200万円〕です。

元本の償還がないのに200万円の価値をもつのは、一見、不思議に思われるかもしれません。しかし数学的に言うと、〔クーポン÷期待収益率〕で計算される無限等比級数の和に、元本分の償還も含まれているのです。

コンソル債風に言うと、平均年収600万円が永久にある人の金融資産としての価値は、期待金利が3％の場合、〔600万円÷3％＝2億円〕です。生命保険で2億円の価値と等価と言えば露骨すぎるでしょうか。

携帯電話ですらエクセルが使えるので、公式を知っていれば後述する株式を含めて割引現在価値の計算は簡単になりました。

【定額配当の株券の割引現在価値の計算法】

株券も元本償還がない劣後債であり、配当（金利に相当）だけが払われるので、コンソル債と同じ方法で計算できます。ただし政府が保証する国債と違い、利益にはリスクがあります。会社が損失を出すリスクも、倒産のリスクもあります。このためリスク証券である株券への期待収益率は、コンソル債より数倍高くなります。

株は企業利益と価格下落のリスクがあるという理由から、米国株の過去71年間の平均期待収益率は、市場の平均長期金利の2・25倍の12・6％でした（1926－1997年：ロバート・マートンの『現代ファイナンス論』〈ピアソン・エデュケーション〉のデータ）。

株への期待収益率は市場の金利が上がると少し上がり、金利が下がると少し下がります。株の期待収益率は、〔市場の長期金利＋リスクプレミアム〕です。

投資家が期待している収益は、

①債券のクーポンに相当する配当、

②そして株価の上昇額です。

株券の期待収益率は、1年では〔（配当額＋株価の予想上昇額）÷株価〕です。

時価1000円の株に40円の配当があり、1年後の株価を1080円と予想して買ったときは、〔(配当40円＋予想上昇額80円)÷株価1000円＝12％〕が投資家がその株に寄せた期待収益率です。

【株券の期待収益率】

米国株の期待収益率は、前述のように年率12・6％でした。同じ期間の米国長期債での平均金利は5・6％です。人々はリスクがある株に対して、国債の2・25倍の収益を期待して買ってきたことがわかります。投資家が見込んだ株価のリスク率は、年率7％という大きなものです。株の配当についてはある程度予想できても、価格変動が大きなリスク資産だからです。

71年間の株価変動の標準偏差(平均的な変動幅)は、19・6％でした。これが歴史的ボラティリティです。これはある年の年間平均株価を1000円としたとき、〔1000円±196円＝804円〜1196円〕の幅に収まる日が68％だったという意味です(ほぼ3日のうち2日)。逆に言えば、この幅を超えた、804円以下の安値と1196円以上の高値になる日が32％だったということです(3日のうち1日)。(注)この標準偏差19・6％の2倍をとって、〔1000円±392円＝608円〜1392円〕とすれば、この幅を超える株価は5％、つまり20日に1日です。これが株価の罫線に示されることが多いボリンジャーバンドの2シグマです。シグマは標準偏差のことです。

こうした期待収益率の式を元にして、株価を求めるために移項すると、**〔株価＝（配当額＋株価の予想上昇額）÷期待収益率〕**です。これが、図12-2の2定額配当モデルの元になる株券の現在価値です。この式は将来も同じ配当が続くとする無限等比級数で、定額配当を（1＋期待収益率）で割り引いて和を求めるものになります。

結果は不思議に見えますが、単純な式である**〔定額配当（1億円等）÷期待収益率（12％など）〕**に置き換えることができます。この公式は高校の数ⅡBで習った無限等比級数の和であり、期待収益率を7％にしたコンソル債と同じです。

図12-2の(2)の定額配当の事例は、〔1億円÷0・12＝8・3億円〕という割引現在価値であり、これが理論的な株価時価総額です。（注）オプション理論で、1997年のノーベル賞をもらったロバート・マートンの『現代ファイナンス論（改訂版）』を参照しながら書いています。『現代ファイナンス論』は、MBAでのファイナンス分野の教科書になっています。

利益の伸びが低い企業の株価は類似会社と比較しながら、理論価値はこの定額配当モデルで計算できます。理論価値より安い場合は買い、高いときは売りが推奨されます。

【事実上の配当を増やしてきた米国の自社株買い】

実はここ数年の米国株では、計算するとほぼ40％部分は、「自社株買い」によって支えられています。自社株買いはキャッシュフローや社債で調達した現金で、会社が自分の株を買うことです。これは事実上の「配当の上乗せ」です。

2015年には、下がる傾向の株価を維持するため、過去最高額の＄1・2兆（144兆円）の自社株買いになる予定です（WSJ紙15年5月11日の記事）。

1年に144兆円の自社株買いによって、どれくらい株価が押し上げられているか、定額配当モデルで計算ができます。次に示すように簡単です。

〔自社株買いによる配当の上乗せ144兆円÷期待収益率12％＝1200兆円＝株価の上乗せ分〕

2015年の米国株の時価総額は＄26兆（3120兆円：野村證券15年6月）です。日本の時価総額604兆円（同時期）の5・2倍です。この3120兆円の時価総額のうち、1200兆円（38％）が自社株買いによる株価上昇です。ほぼ40％部分の株価が、異常な額に膨らんだ自社株買いによるものだとわかります。（注）日本の株価は日銀のETFの買い（年間3兆円枠）、そして年金基金（GPIF）やゆうちょ銀行によるPKO（価格維持作戦）で、30％は底上げされているでしょう。

日本でも流通株を減らしてROE（株主資本利益率）を上げ、1株の株価を上げるための自社株買いが増えています。しかし2014年で3・36兆円であり、米国の31分の1に過ぎません。

それにしても日本は、米国からの要求であるROE（株主資本利益率）を上げること、つまり「円安で増えたキャッシュフローで自社株買いを行え」になぜ素直に従うのでしょうか。海外勢の日本株保有は30％に上がり、最大株主になっていることが背景にあるのでしょうか。

かつての日本企業は、株価に依存するのは悪しきアメリカの短期経営だと非難していました。2010年代の日本の企業は家電産業に見えるように、アップルのような大きく売れる新商品を作れずに疲弊しています。このため、自社株買いで流通株を減らすROE経営と言っているのでしょう。（注）サンヨーから始まりシャープ、パナソニック、ソニー、そして長年の粉飾会計の東芝まで来た家電産業の衰退は目を覆うばかりです。世界市場での中国製品との価格競争に負けたからです。

本来のROE経営は、自社株買いで流通株を減らして1株当たりの利益を増やすのではなく、利益額を増やさねばなりません。

2015年の株の主体別売買を見ると、事業法人の買い超が大きくなっています。わが国も、自社株買いが大規模に行われるようになっているのです。

【配当定率成長モデルによる理論株価の計算】

図12-2の(2)は、コンソル債のような定額配当の株価モデルですが、1年に5%ずつ利益が成長するモデルではどうなるか。事例では、分母の配当が5%ずつ大きくなるため、株価の割引現在価値は上がります。

同じ図の(3)の算式は、無限等比級数の和で、**〔1年目配当1億円÷（期待収益率12%－配当成長率5%）〕**です。答えは、時価総額で14・3億円です。(2)の定額配当モデルの8・33億円より約1・7倍の株主価値（時価総額）に上がります。留保利益と配当が5%ずつ増えていくと予想したので当然でしょう。

インフレで物価が5%上がり、企業の利益額が5%ずつ増えていくときも、配当の定率成長モデルになります。インフレで利益が増える企業の株主価値は、その利益増の分上がるのです。株価や企業利益は、物価上昇を含む名目金額だからです。

不思議な感じもしますが、株価の現在価値には、将来の企業純益の増加を含むことができます。

株式市場の投資家が利益成長を見込む企業の株価は、そうでない企業の株価よりPER倍率（＝株価時価総額÷次期予想純益）が高くなり、株価は高くなります。

業界の平均的な予想ＰＥＲが10倍のとき、事例のように平均より５％高い利益成長が見込める企業のＰＥＲは、無限等比級数の効果から５％高い株価ではなく、70％高いＰＥＲ17倍になります。１株の株価は〔14・３億円÷発行済み株数〕です。

【よく使われる予想ＰＥＲの意味】

予想ＰＥＲ（株価時価総額÷次期予想純益）は、次期の予想純益の何年分が株価になっているかで計る評価の指標です。**大手２２５社の単純平均株価である日経平均のＰＥＲ**は、15年６月からの中国株ショックで10％から15％下がりましたが、その後、年金基金を運用するＧＰＩＦなどの買いにより上がって18・20倍です（15年10月30日：日経平均株価は１万９０８３円）。

米国株ではＮＹダウが＄１万７６６３の現在、予想ＰＥＲは16・02倍です。予想ＰＥＲは日米とも近い水準です。もっとも多くの国際的な投資をしているヘッジファンドが予想ＰＥＲを参照しながら、株価指数を売買しているためです。（注）世界のリアルタイムＰＥＲ：http://www.capital.co.jp/world_index.pdf

資本主義で肝心な点は、会社が上げる利益は株式に帰属し、株主が利益の所有権をもつことです。会社が上げる利益は資本（株価時価×株数）に帰属するというルールです。

つまり、**税引き後純益と将来の予想税引き後純益も株主のもの**です。ここが資本主義の本質です。

19世紀のマルクスは資本ではなく社員の労働が利益を出すと考えて、マルクス主義経済学を作っています。あなたはどう考えますか。私は50対50と考えています。

利益は100%が株に帰属するので、将来の予想税引き後純益を期待収益率で割り引いたものが割引現在価値としての株価になります。株価は未来の利益を示すのです。

PERで見ると、平均的なPERより高い企業があります。

利益率が高く出店速度が速い家具インテリアのニトリの株価は9490円ですが、予想PERは23・58倍と日経平均の18・20倍より約5倍分高い（15年10月末）。投資家から、将来利益の増加が期待されているからです。

ユニクロ（ファーストリテイリング）は日経平均の価格操作に使われることもあり、株価は4万3000円水準、予想PERは38・31倍と極度に高い。将来38・3年分の純利益を見込んだ株価です（15年9月）。

日経平均は225社の単純平均です。このため、1株株価が高いユニクロの構成シェアはほぼ10%にもなっています（時価総額では1・4%しかない）。時価総額上位5社のトヨタ、三菱UFJ、ホンダ、JT、NTTドコモの合計での構成シェアは5・2%しかない。ユニクロ株を買って上げれば、日経平均も上がる。このため日経平均の操作に使われているのです。ユニクロの株価が予想PERで38・31倍と異常に高いのは、日経平均の作り方の欠陥からです。ニトリ並みの23倍が妥当でしょう。

なお東証1部の全銘柄（1908社）の株価指数のTOPIXは、時価総額での加重平均ですから、日経平均のような欠陥はありません。

【投資成長モデルでの株価】

投資成長モデルの理論株価の計算法を示しているのが、図12-2の(4)です。成長企業は他より新規投資による利益の機会が大きいと見られるので、将来利益の増加が期待された株価になります。**株価時価総額は、企業の予想される未来利益額を割り引いて現在価値にしたもの**だからです。

同じ図の(4)の事例では、留保利益額に等しくなる新規投資の予想収益率（新規投資での予想純益÷留保利益額）を10％とし、期待収益率は同じ12％、配当額も同じ1億円としています。

無限等比級数の公式の助けを借りると、計算は以下のように簡単です。

株価時価総額＝1年目配当1億円÷（期待収益率12％－投資の利益率7％）＝20億円

ここまでを振り返れば、**図の(2)の定額配当モデルでの株価はコンソル債のように、将来利益の増加があまり期待できない企業の場合です。**（定額配当1億円÷期待収益率12％≒8・33億円）です。理論株価の時価総額は8・33億円と低い。

図の**(3)の配当定率成長モデルは、企業利益の伸びが期待できる企業の株価計算に使います。**年率で5％の利益増加が期待できるときは、（1年目配当1億円÷（期待収益率12％－配当成長率5％）≒14・3億円）と、理論的な時価総額は14・3億円に上がります。利益の増加が見込めないモデルと比べると1・7倍の株価に上がります。

図の**(4)の投資成長モデルは、留保利益を使う新規投資によって、将来の予想純益が大きく伸びると期待される企業の株価で使います。**前記事例のユニクロやニトリなどのような、投資の利益機会が大きいと評価されている企業です。（株価時価総額＝1年目配当1億円÷（期待収益率12％－投資の利益率7％）＝20億円）、理論的な時価は20億円です。**利益成長をないとした定額配当モデルの2・4倍の株価になります。**

投資の利益機会が大きいと見られている企業は、株価が未来の利益を期待して含むという性格をもっているため、利益期待からの買いが増えて株価は高くなります。

予想PERでも平均の14倍や15倍を超えて、20倍や30倍になります。逆に投資の利益機会がないと見られる業界や企業では、10倍や8倍と低くなるのです。

本章では、

①インフレで壊れる通貨の価値保存機能を最初に書き、

②次は国債、社債、貸付金等の債券の、金融資産としての時価価値を、

③最後に定額配当モデル、配当成長モデル、投資成長モデルでの時価価値の計算法を、現代ファイナンス論の助けを借りながら、最新の方法で明らかにしました。

最初は難しくても理解してしまえば、実に単純です。**金融資産としての債券と株式がどんな構造と意味をもつものか**、ご理解いただけると思っています。読了したあとも、必要な折にふれて参照してください。

理論株価と実際の株価

計算したのは、収益還元法による理論株価です。実際の株価は、これを中心または楕円のような偏心としながらも、周囲を飛び回る蚊のようなランダムな動きをします。岩井克人氏はこれを「**動的不均衡**」として、田園の誘蛾灯をたとえにしています。

誘蛾灯の位置が理論株価に相当します。蚊や昆虫は誘蛾灯のまわりを飛び回る。昆虫の位置

が株価です。

実際の株価＝理論株価±動的不均衡

動的不均衡の部分は、価格のランダムな変動幅であるボラティリティと見ることができますから、

実際の株価＝理論株価×（1±ボラティリティ・インデックス（VI））

図12-4に示すのが、2010年9月から15年9月までの日経平均株価の1年間に換算した価格変動幅を示すボラティリティ・インデックス（VI）です。5年間平均では、VIはほぼ20％付近です。

この意味は、日経平均を1万8000円とした場合、±20％つまり（1万8000円±3600円＝1万4400円から2万1600円）が、この5年間の1年間での平均的な変動幅だったということです。株価は、平均年率で20％というリスクと利益をもつ金融資産であることがわかります。

この事実から、

- 20％上がったら、まだ上げる傾向があっても売って利益を確定すること、
- 20％下げたら、それ以下に下がることは少ないので買うという投資方法も出てきます。

図12-4　日経平均のボラティリティ・インデックス（VI）

（2010年9月～2015年9月）

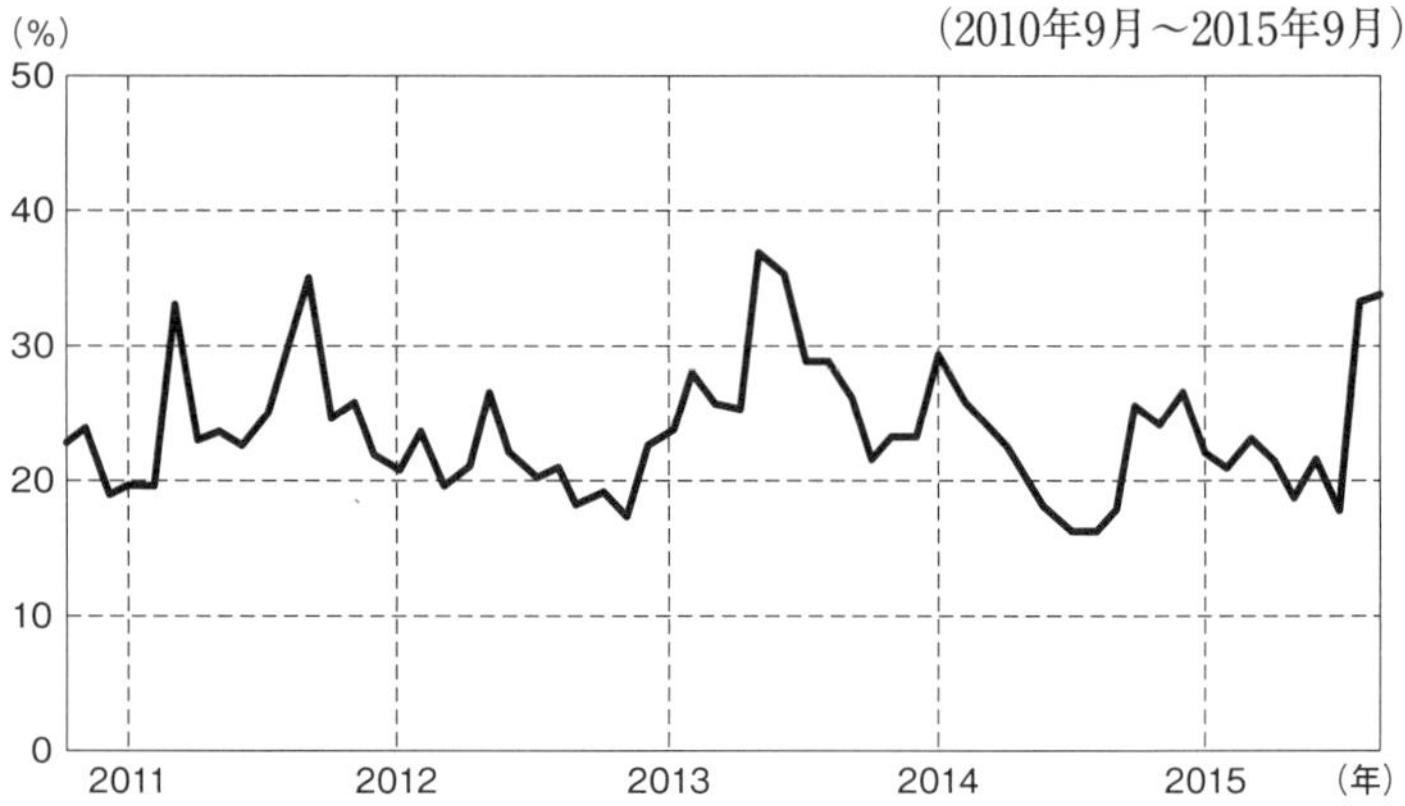

5年間の平均VIはほぼ20％である。これは年間の価格変動が20％だったことを示す。この意味は、日経平均は1年で20％上がる可能性があり、20％下がる可能性があったということである。15年の6月以降、VIが35％に上がっているのは、中国株ショックのためである。

20％上げた後は下がり、20％下げた後は上がることが多いからです。

なお2015年6月以降、このボラティリティが35％に上がっているのは、中国株ショックにより、世界の株価変動が普通の時期の1・75倍に大きくなっているためです。

確定利回りがある債券では、本章で計算した理論価格が実際の流通価格です。株価では、企業の利益の傾向と新規投資の利益率から理論株価の予測はできます。しかし〔理論株価±VI（約20％）〕に位置することが多い実際の株価をぴたりと当てる方法はありません。株価では理論価格からの乖離《かいり》を当てる方法は原理的になく、何千年経っても、どんな予測法を用いてもあり得ないのです。株価予想は、過去の変動率をもとにした確率的なものでしかないのです。

【現在の株価水準に対する警鐘】

1年の純益を元にした予想PERでは、短期の利益変動によってPERが大きく変わり不安定になります。そこで2013年のノーベル賞学者ロバート・シラーは過去10年間の企業純益（インフレ調整後）を元に、「シラーP／Eレシオ」を発表しています。

株価÷｛(過去10年間のインフレ調整後の企業純益÷10)｝です。

予想PERでの次期予想純益を過去10年間の純益実績の平均に置き換えます。これで、企業純益の、大きな短期変動をならすことができます。米国ではPERをPrice/Earningレシオと言っています。

図12-5に示しているように、過去135年の「シラーP／Eレシオ」の平均は16・6倍でした。25倍を超えたときは過去2回、1929年の大恐慌の暴落直前（30倍）と2000年のITバブル崩壊の直前（40倍）しかありません。

2015年9月14日の「シラーP／Eレシオ」は24・76倍と危険な水準です。対象の株価は、米国のS&P500社の平均指数です。2010年代の日米の株価をトレースすると、PER

図12-5　シラーP/Eレシオ（10年PER）：米国S&P500

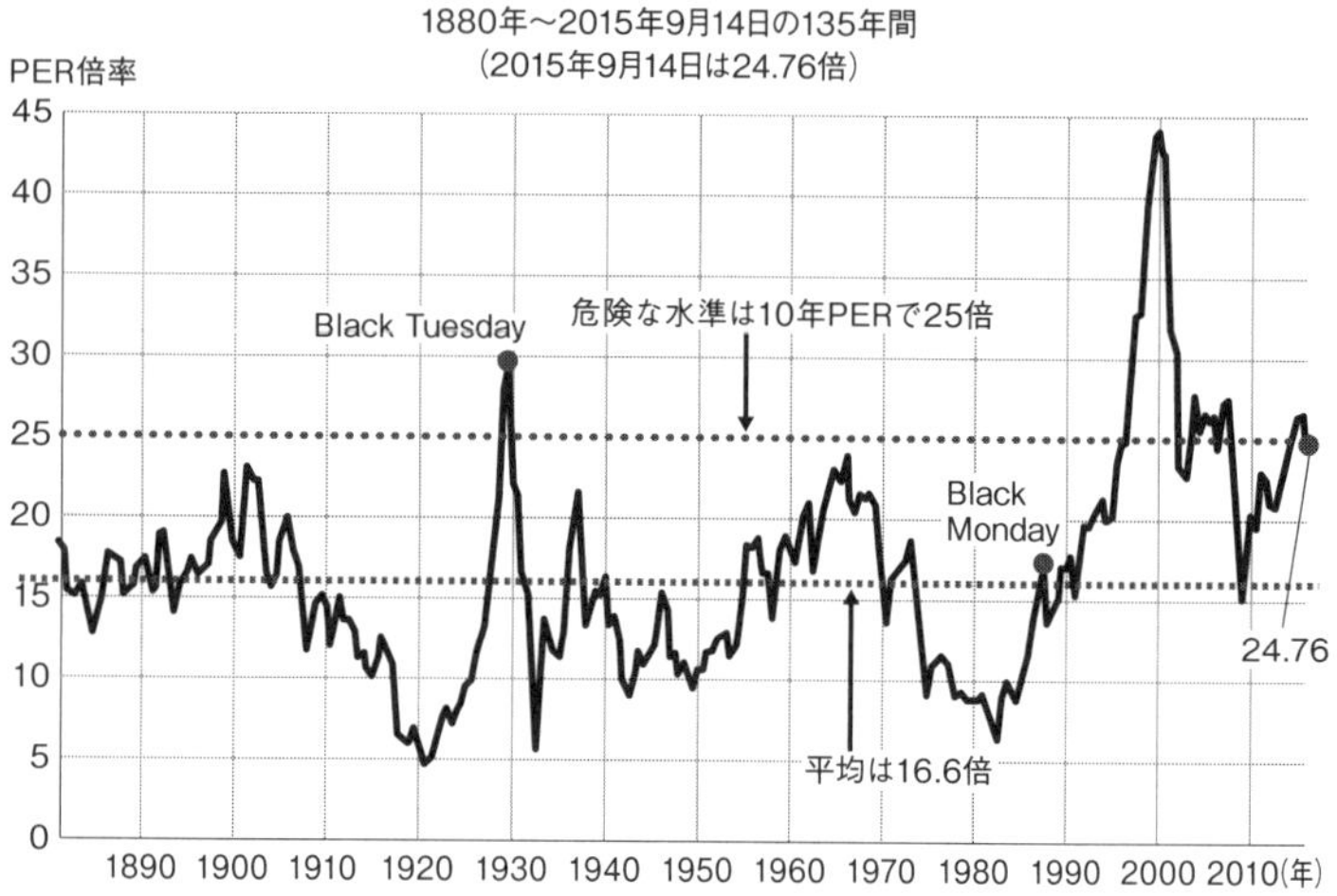

1880年～2015年9月14日の135年間
（2015年9月14日は24.76倍）

http://www.multpl.com/shiller-pe/

では強い連動があります。したがって、２００８年以降のシラーＰ／Ｅレシオは、日本株を対象にしたものと見てもいいのです。

リーマン危機の２００８年以降、日米欧と中国では合計で１０００兆円規模の量的緩和を行い、**このゼロ金利の過剰流動性がベースになり、日米欧の株価は上がっています。**

現在の日米欧の株価は、「過剰流動性相場」でしょう。２０１５年６月から、最初に中国がこの過剰流動性相場から脱落したと見ることができます。政府の株価対策にもかかわらず、上海総合で５１８０ポイント（15年６月）から３１００ポイント付近（15年９月）にまで47％も下げています。

日米欧の株価水準はどうでしょうか。Ｓ＆Ｐ５００の「シラーＰ／Ｅレシオ」で24・76倍は高すぎる水準です。自社株買いによる40％の押し上げがあり、企業の予想純益の割には株価水準が高すぎということです。

本書の定額配当モデルの項で、米国では年間１００兆円規模にも増えた自社株買いにより、株価水準が40％高くなっていることを示しました。少なくとも**現在の価格に対し40％の下方調整が起こる可能性が高い**のです。

10年のインフレ調整後利益で計算する「シラーＰ／Ｅレシオ」は長期投資に有効であることが確かめられています。しかし短期で売買を繰り返す投資に対しては、有効性が劣ります。「シラーＰ／Ｅレシオ」の24・76倍という数値は、１年や２年以上の長期保有を目的にした株買いは危険であるということを教えてくれているのです。ただし３カ月以内の短期保有なら、この限りではありません。

第13章　米ドルの命運とゴールド

自動車、住宅、食品、衣料は、それ自体が価値をもつ財です。商品生産は富を増やすことです。では中央銀行が国債やＭＢＳ（不動産ローン担保証券）を買ってドルを増発することは、富を増やすことでしょうか。国債がドルに替わるだけで、富は１ドルも増えません。日本でも、国債が日銀によって円に両替されているだけで、金融資産（マネー・ストック）は増やしてはいないからです。

ＦＲＢはリーマン危機のあと、３回の量的緩和で＄４兆のドルを増発しています（図９-２）。**この＄４兆（480兆円という巨額）の多くが、リーマン危機で金融機関に生じた不良債権の蓋《ふた》に使われています。**＄４兆ドルの増発は米国の富を増やしたでしょうか。増やしてはいません。

中央銀行が通貨を増発する行為は、通貨1単位の価値保存能力を下げることです。全体の富は増えも減りもしない。中央銀行が通貨を増やすことは、通貨1単位の価値を下げることになるだけです。

本章では、米ドルの反通貨と見ていいゴールドと米ドルの長期的な関係を探ります。これはドルという通貨が価値を下げ続けてきた歴史になります。米国の財務省とFRBが金を「無意味な金属」、あるいは「バカげた金属（ケインズが最初）」と言い続ける理由は、金に対してドルが価値を下げ続けているからに他なりません。

金は、不換紙幣の基軸通貨を発行しているFRBにとって天敵になっています。金の価値が上がると、増発を続けているドルの価値を下げることが世界にわかってしまうからです。

【マネー・ストックが増えても一般物価が大きく上がらない理由】

継続的なドル増発にもかかわらず、1990代以降は消費財一般に対するドルの価値の下落、つまり大きなインフレは起こっていません。

年率平均3％の上昇があったとして1973年から2015年までの42年間で、消費者物価は〔1・03の42乗＝3・5倍〕です。19世紀と違い、特に1990年以降は世界の生産力の増加で「供給力＞需要」になったため、消費財の価格では通貨価値の下落はわからなくなっています。

一方、1973年の1オンス（31・1グラム）$66だった金とドルは2015年に$1164へ上がっていて、17・7倍です。消費者物価の上昇（3・5倍）と大きな差があります。

消費者物価（経済学的な一般物価）と通貨を比較するインフレ論は1990年以降、古いものになっています。原因は2つです。

①1990年代から電子製品の高性能化と激しい低価格化があります。これはデフレではなく、技術イノベーションによる物価下落です。

②1990年代からは中国を筆頭に、新興国での消費財生産が進みました。原因は、先進国の技術と資本のグローバルな移動でした。賃金の低い国での生産が増え、世界の消費財の価格が上がりにくくなっています。6000円だったシャツがユニクロでは2000円になるような変化が全部の消費財で起こりました。消費財が賃金の高い先進国内で生産され、消費されていた1980年代までは、マネー・ストックの増加がインフレを生んだ。しかし90年代以降は、物価との関係が切れています。

1980年代までのような古典的なインフレ、つまり消費財に対する通貨価値の下落は、グローバル生産が進んだ先進国の世界では1990年代以降、なくなっています。（注）中国の平均賃金が先進国に近づき、中国製品の圧倒的な安さがなくなる2020年代には、古典的なインフレに戻るでしょう。

以上から、**ドルの通貨価値（価値保存機能）の下落は、金との関係で見なければならない。**

米国FRBの設立と金の関係

金とドルの関係は、長期で見る必要があります。投資も長期的であるべきです。短期売買なら、金は〝不適〟な金融商品です。株や通貨（FX）がいい。

FRB（連邦準備銀行）が民間銀行の資本で設立されたのは、第一次世界大戦の前年の1913年のことでした。金1オンス（31・1グラム）が$20・67と交換できる金本位制が敷かれていました。このときは、ドルの価値を金が裏付けていたのです。

2015年10月の金価格は1オンス$1164です。102年で56倍。ドルは金に対し年平均4%で価値を下げ、56分の1に下がっています。ドルの価値保存機能の下落は、102年間の米国の物価上昇とほぼ見合います。世界の通貨は基軸通貨のドルを中心にしています。ドルとほぼ同じ分、世界の通貨価値は下がってきたのです。他方、物価は金と同じ率で上がっています。もし金貨や金本位だったら、現在の物価は102年前と同じです。見事な一致です。長期で見ると、いくらでも増発できる不換紙幣が物価を上げてきたことがわかります。

FRB設立の翌14年には、第一次世界大戦の戦費の調達（つまりドルの増発）のため、FRBの金本位は早くも放棄されます。同時に米政府は、戦費としてのドル増発が金を高騰させる恐れがあるため、国民の金保有を禁じたのです。その理由は、金の高騰があるとドル価値の下落が露骨に見えてしまうからです。個人の金の売買は、60年後の1974年になってやっと合法化されます。その前の71年に米国は金・ドル交換停止を発動し、紙幣の発行を金に依存しなくなったからです。

1922年には、FRBは再び金為替本位制を採用します。これでドルの信用が増し、英国ポンドとともに、世界の貿易で使う基軸通貨になっていきます。

しかしこの20年代にFRBはドルを増発し、株価と不動産のバブルを引き起こしています。株は5年で5倍に（当時のダウ平均$381）、連れて不動産も数倍に上がります。

1929年10月24日、NY株は暴落します（最終的には80%下落）。前年から高騰していたフロリダの不動産が下がり始めていたのですが、高騰した中でユーフォリアにあったほとんどの人にとってこの暴落は驚愕《きょうがく》でした。世界は昨日と同じなのに、どこで何が起こったのかという感じでした。世界はNY株の暴落を起点に、信用縮小になり、1933年までの大恐慌になっていきます。

信用縮小とは、銀行の不良債権の増加を原因として、流通するマネー量が減ることです。マネー量が減れば商取引が減少します。生産は30％も急減して、失業は1200万人（失業率25％）に達しました。33年の大恐慌時には、全銀行が預金の流出を防ぐため窓口を閉鎖します。2015年のギリシャと同じ状況です。

この大恐慌を研究したマネタリストのフリードマンは、銀行の信用縮小に対して、金本位のFRBが十分なドルを増発しなかったことが原因で恐慌を招いたとする説を発表します（『大収縮1929－1933』）。金とドルの関係においては、「ニセの学説」でした。

FRBが金の公定価格を5倍の$100に上げれば5倍のドルが増発でき、それを銀行に貸し付けることができたからです。金本位がドル増発の障害になり、恐慌を拡大したのではない。

（注）現在も金本位を否定するとき、地上の金18・3万トン（時価で826兆円）では金の量が少なすぎると言われますが、公定価格を上げれば金は不足しません。

ただしFRBが金の公定価格を5倍に上げれば、ドルの価値が5分の1に下がったことが、誰の目にもわかります。こうした事態は、通貨価値を守る使命をもつと認じるFRBにとって

不都合です。

このため、金本位が恐慌の原因という誤った学説が作られたのです。前FRB議長のバーナンキも大恐慌の研究で学位を得て、金本位の有効性を否定するフリードマンを継承しています。

（注）マネタリストのミルトン・フリードマン、近代経済学のケインズはいずれも金本位の否定論者です。バーナンキもFRBも米国政府も、金本位否定論です。理由は、政府・中央銀行がフリーハンドの通貨発行を行いたいからです。

大恐慌の最中の1930年、中央銀行の上に立つ中央銀行であるBIS（国際決済銀行）がスイスのバーゼルに作られています。BISは各国の中央銀行間の決済口座をもちますが、世界の中央銀行に外貨を融資する仕組みももっています。BISの信用は、金がベースです。

恐慌対策としてフーバーダムを作るなどの公共事業を行ったルーズベルト大統領は1934年に公定価格を$20・67から$35に改定し、ドルを59％切り下げます。これによってFRBは同じ金の量を裏付けに、ドルを59％増発できるようになりました。

金本位での通貨増発はルーズベルトが行ったように、金の公定価格を上げることで実行できます。金本位では、通貨の増発ができないというのは嘘《うそ》だとわかります。

1939年から、世界は第二次世界大戦に突入します。このとき米国は国富を守る目的で、金の輸出を禁止しています。紙幣にはそれ自体の価値はない。しかし、金にはそれ自体で価値があるとルーズベルトも見ていたからです。

戦争は経済的に言えば、国債の大増発を伴う公共事業です。戦後の国債残高は、米国がGDPに対して100％、英国が250％でした。日本も250％でした。

【各国の金保有量への疑念】

余談ですが、米国の占領軍（GHQ）は日本に上陸したとき、真っ先に日銀の金庫から金を押収し（量は不明）、戦利品として軍艦で米国にもち帰っています。イラク戦争のときも、フセインが隠していた石油輸出代金の金を接収したのは、米国の侵略軍です。

第二次世界大戦後の米国FRBの金保有は2万トン（現在の時価で約90兆円）と発表されました。ただし政府・中央銀行が示す金保有量は、常に実態が不明です。

最近の例で言うと、中国の人民銀行が発表した金保有は1658トンです（2015年7月）。本当は3000トン以上と推計されています。5000トン以上かもしれない。

中国は1年に461トン（2014年）と、南アフリカや米国をはるかに超える世界一の産金国になっていますが、国産金の輸出を禁止しているからです。加えて年間の純輸入が1160トン（2013年）です。以上から見て、1年に1500トンのペースで、中国に金が貯まり続けているはずです。２４８トン（２０１３年）の金を生産しているロシアも金の輸出を禁止して、金を蓄めています。２０１１年以降、世界の新興国は中央銀行のドル準備を徐々に金準備に変えています。その理由は全部同じで、「赤字通貨のドルは減価する」からということです。

世界2位のGDPになった中国は、人民銀行の周小川総裁の論文（『国際通貨体制改革に関する考察〈２００９年〉』）から推測して、長期的視野では**国際通貨としてIMFが発行しているSDR（特別引き出し権）の通貨バスケットだけでなく、それを金で裏付けることを想定**しているようです。中国では政府の意思でない限り、個人が重要な論文を出すことはできません。

SDRはIMFが各国政府に貸し付ける形をとって、２０４０億SDR（33・6兆円：２０１５年10月）発行されています。ドル、ユーロ、円、英国ポンドの加重平均の通貨です。15年10月には、人民元もSDRの構成通貨に採用されました。このSDRを、米ドルのあとの基軸通貨と見ている人もいます。

政府と金融関係者にしか知られていないSDRの1単位は、15年1月で１５７円です（1年に1回変動します）。**日本政府や日銀には、国際通貨の長期構想はありません。**政治の米国追従と同様、米ドルの買い支えしかない。

ブレトン・ウッズ体制の崩壊（1944〜1971年）

1944年、戦後の国際通貨を決める会議（45カ国が参加）が米国ニューハンプシャー州の観光地ブレトン・ウッズで開かれ、米ドルを国際交易で使う基軸通貨（Key Currency）とすることが決まります。

FRBは各国の中央銀行から要請があれば、＄35を金1オンスと交換するとします。各国の通貨は、ドルを中心にした固定相場でした。円は＄1が360円とされました。米国が与えた恩典だった円の安さから、日本は10年で戦後復興を果たします。

米ドルはFRBの設立以来30年で、完全に英ポンドに替わる基軸通貨になりました。1オンスは31・1グラムです。FRB設立のときは、1グラムの金が約＄1でした。

現在1グラムの金の卸価格は＄37です（15年10月：1オンスは＄1164）。金に対して71年間で、**ドルは37分の1に価値保存機能を下げています**。年率平均で5％のドル低下です。この5％を米国の長期インフレ率と見ると、現在の金価格と符合します。

1940年代から1950年代は、ドルと米国経済の黄金時代でした。第二次世界大戦で破壊された欧州に代わり、モダニズムの米国商品が欧州に輸出されたからです。

様相が変わるのは、中ソとの代理戦争でもあったベトナム戦争からです（ケネディの時代：1960年代）。戦費の増加で、米国の経常収支は赤字になっていきます。経常収支の赤字とは、ドルが海外に流出することです。

1960年代には、対米輸出が黒字になっていた欧州に米ドルが流出します。ドゴール将軍のフランスと戦後復興を果たしていた西ドイツは価値を維持する金に換えるため、FRBにドルと金の交換を要求したのです。

当時のFRBは、現在の公称量（8133トン）の2・5倍である2万トンの金をもつとされていました。公定価格では1グラムがほぼ$1と安い。2万トンの金も$200億（当時のレートで7・2兆円）でしかなかったのです。交換要求が増えると、米国の金がなくなる恐れがありました。

【金・ドル交換停止の発令】

米国政府は、増える交換要求に応じればFRBの金がなくなるという恐れを抱きます。1971年、大統領だったニクソンはどの国にも事前に相談せず、「金・ドル交換停止」を発令します。これは本質的には、「米ドルの金に対するデフォルト（債務不履行）」の宣言でした。

理由は明白です。**米国政府とFRBは、金がもっとも価値ある富と認識していた**からです。

ただし対外的には、それを言わない。代わりに「金は価値がない、馬鹿げた、亜鉛と同じ金属」としていました。FRBと米政府の金の否定は現在も同じです。

以後ドルの価値の裏付けは、金から米国債に替わります。

米国債の信用とは、米政府の財政信用です。米ドルは金ではなく、財政の信用を裏付けにするものに替わったのです。この「金・ドル交換停止」以降、一層大きな経常収支の赤字を出すようになった米ドルは、価値の裏付けを失って下落します。

ドル下落のため、米国は固定相場を維持できなくなります。スミソニアン体制が崩壊した1973年からは、浮草も意味するフロート制（変動相場）に替わり、**通貨の価値はお互いが動く相対的なものになります。**

第12章で述べたように、1973年と1979年の2度の石油危機で原油が$1・6から$30にまで19倍に上がった理由は、貿易通貨であるドルが1973年以降のフロート制で、価値保存の機能を下げたからです。前述のように石油が枯渇する危機ではなく、本当は**ドル危機こそ原油価格が高騰した原因**でした。

1973年から1999年までの金とドル関係

図13-1は、1973年から2015年8月までの金価格です。関連する重要なイベントは、囲みに書いています。上下を逆にすれば、ドルの価値下落を示すものになります。

第二次石油危機の1980年、金価格の1オンス$850への高騰はなぜ起こったのか。その後の下落はなぜだったのか。まずここを追求します。

ドルの価値が下がった1973年から1975年までの2年間、金は$66から$186にまで2・8倍に上げています。ドルの価値低下が本当の原因だった石油と資源価格の高騰により、米国と世界は物価が二桁《けた》上がるインフレになって、1973~74年の米国株は戦後最大の下落を経験していました。これが戦後1回目の大きなドル危機でした。

インフレは通貨価値の下落です。金準備から離れて増発され、価値保存機能を下げ続ける通貨とは逆に、価値保存機能のある金が買われて、2年間で2・8倍の急騰をしたのです。

金の高騰はドル価値の下落です。しかし大きく下落すれば、基軸通貨の地位が危うくなります。世界が価値を下げ続けるドルを見放すかもしれないからです。

このため1975年に米国財務省はＩＭＦの加盟国に呼びかけ、金価格を下げるための売却

図13-1　長期　金価格とドル　1973年～2015年8月
1オンス（31.1グラム）のドル価格

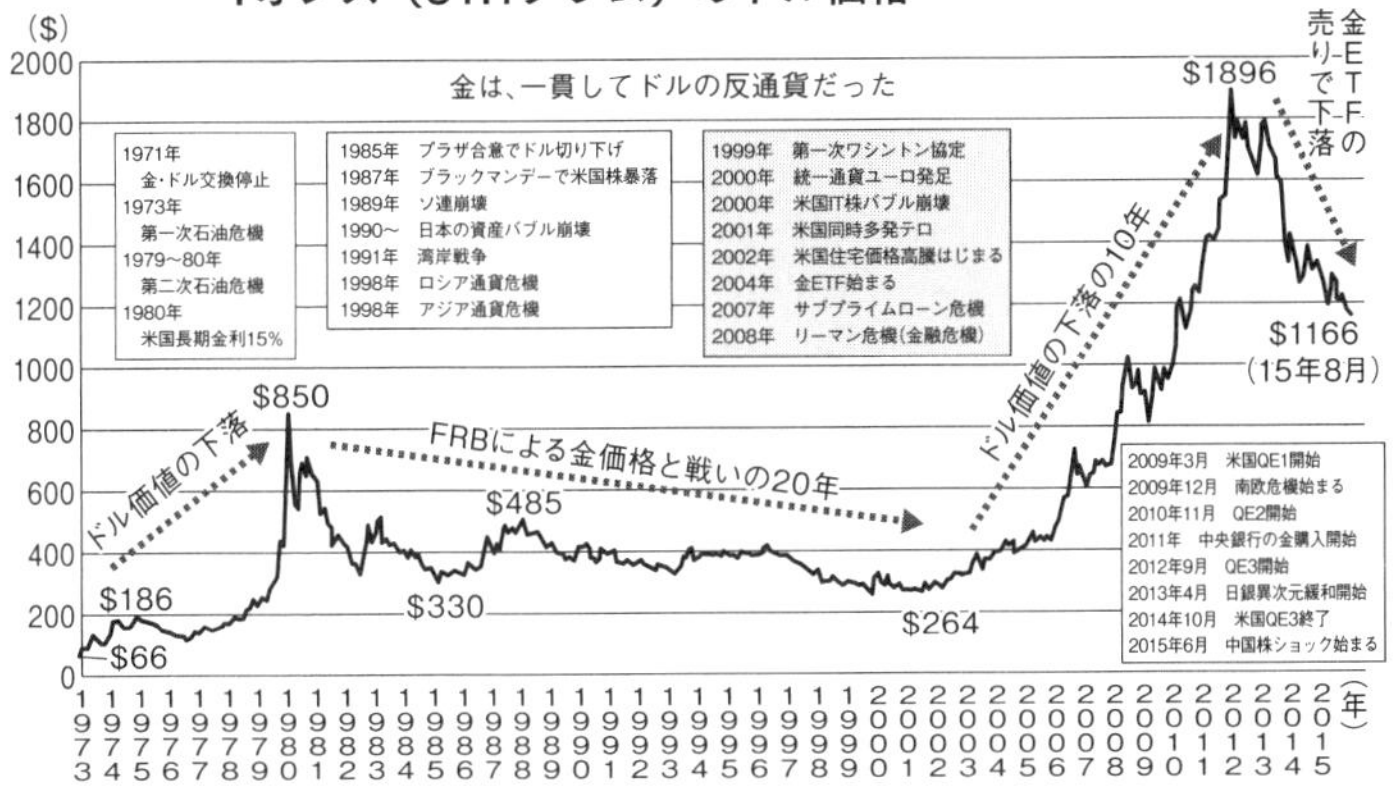

最近の円の小売価格でみた金価格のピークは、グラフの2011年ではなく、2013年2月の、1g＝5072円でした。その時は$1＝94円でした。その後、ドルでは1g＝$37にまで、約30％も下げています。しかし円では1g＝4616円（15年8月）と、9％しか下げていません。2012年末からアベノミクスで円安、ドル高になったからです。ここから見ても、金は下げる通貨に対して上がることがわかります。

出所：田中貴金属のデータを元に著者作成

を行います。IMF加盟国の中央銀行は、金保有を増やさない決定をします。

基軸通貨を守るための米国財務省の金売りが効果を示し、1976年の秋には金は1オンス$103の底値に下がります。この後現在に至るまで、**金価格が高騰すると米政府（財務省）とFRBは金を放出し、あるいは各国の中央銀行に放出を呼びかけて、金を下げる動きをする**のです。

【1978年に発生したドル危機】

忘れられているかもしれませんが、1978年、**米ドルは信用を失って基軸通貨を滑り落ちる寸前**にまでいきました。原因は、不換紙幣の過剰増加による米国の高い率でのインフレ、つまりドル価値の下落です。

石油危機後の1977年から81年までの4年間の米国のインフレ率は、50%と高かったのです。年率10%ものインフレです。これはドルの価値が4年で2分の1に下がったことを示します。価値を下げる米ドルは、世界から売られたのです。これが1974年に続く、戦後2度目のドル危機でした。

財政がよれよれになっていた米国はスイスフラン建ての国債を発行し、資金を得ています。信用を失っていたドル建て国債では、買い手が少なかったからです。

この**ドル危機は1980年からのFRB議長ボルカーによる、FFレートの最高で20%の利上げによって、やっと止まった**のです。20%にも金利を上げれば、世界がドル買いをすると同時に、米国の消費財と投資の需要は急減し、インフレはおさまるからです。

1970年代の日本にとっての世界は米国であり、憧れの国でした。このため1974年と1978年に米ドルが基軸通貨から滑り落ちる寸前だったことを知る人は少ない。

【1980年の金高騰→下落→上昇】

1980年に金は$850へと4倍の、瞬間の高騰を示しています。米軍に王政を守られていたパーレビ国王が追放されたイランの民主革命の後でした。このとき国王がウォール街にもっていたオイルダラーの預金と、ＦＲＢに預けていた金を米国は凍結しました（1979年12月）。

１９８０年に金が急騰した理由は、中東の産油国が米国によるイランの預金と金の封鎖に驚き、自国のドル預金とＦＲＢに預けていた金も封鎖されるかもしれないと恐れて、**原油の輸出代金であるドルで金を買ったからでした。**金をドルで買うことは、ドルを売ることと同じです。革命後のイランも、スイスで金を買いました。フセインのイラクも金を買った。これが同年の金高騰とドルの下落の原因でした。（注）１９８０年は〔＄１＝２２５円〕で、円はドルに対し現在の53％でした。この円では、金1グラムが４９８０円だったのです。

１９８０年1月の米国の物価上昇率は15％でした。ＦＲＢはこの物価高騰を抑えることと、ドルの価値を高める目的で短期のＦＦ金利を20％に上げています。米国は大不況と国内製造業の空洞化に陥ります。

しかしこの超高金利がつく米ドルに対して、海外から買う動きが増えてドルは上がります。**崩落しそうだったドル基軸体制は最高で20％という超高金利によって守られたのです。**１９８０年代に米ドルを多く買ったのは、高金利によるドル高で輸出を急増させていた日本でした。資源輸入国の日本は実は、１９７０年代は貿易赤字でしたが、80年代から黒字を定着させていたのです。

1981年には金本位主義者だったレーガン大統領は、秘かに金委員会を組織し、ドルの金本位回帰を検討させています。結論は「ノー」でした。1971年以降、価格を下げるための売りを続けてきたため、米国の保有金量が必要を満たせない水準に減っていたからです。$850に上がった金価格は、4つの要因により1985年までの下落期に入ります。

①最初は$850の金価格をピークと見た、世界からの売りが増えたこと。これで$600に下げます。

②米国の最高で21%という高金利で、海外からの金売り・ドル買いが増えたこと。金利のない金に比べて、預金するだけで二桁の金利がつくドルは魅力でした。

③金鉱山の技術革新で金生産が倍増に向かったこと。1980年の産金量は962トンでしたが、90年には1764トンに増えたのです。金も供給が増えれば価格は下がります。

④米国のFRBは金価格を下げる目的で、ゴールドマン・サックスやJPモルガンのブリオン・バンクを使い、金相場に介入しました。ブリオン・バンクとは、金の売買の許可を受けた銀行のことです。1985年の金価格は1オンス$330にまで、5年前のピークから39%まで下げています。暴落と言っていい下げ方です。両行は2010年代にも、FRBの意向を受けて、金売りに介入しています。

1985年は、歴史的なプラザ合意でした。

先進5カ国（G5）の協調で、

・1980年からの高金利によって上がっていた米ドルを2分の1に切り下げ、

・経常収支が黒字のドイツマルクと円をほぼ2倍に切り上げるものでした。

ほぼ2分の1に切り下がったドルに対し、金は1985年の$330から1988年には$485へと47%上がっています。ここからもドルの価値と金は逆の動きをすることがわかるでしょう。かつて有事のときは金と言われました。**本当は、ドル危機のときの金です**。現在も同じです。ドルが買われて強いときは金が下がり、売られて弱くなると上がります。したがって金融危機のとき、金は高騰します。これは、今後も変わりません。

長期的な観点で、金融資産の保全に有効なものは金でしょう。繰り返しになりますが、短期で売買するつもりなら金は不適です。具体的に言えば、**3年以内に売るつもりなら金は買うべきではありません**。いい方法は、毎月定額で金を買う金積立です。安いときは多く買えることになり、高いときは買う量が少なくなって、原価が平均化するからです。

現物がいいですが、金と交換可能な金ETF（上場投資信託）もいい。交換ができないETFは避けたほうがいいでしょう。短期取引になる先物取引、売りや買いのオプション、空売り、信用売買はお勧めしません。

【1990年代の金価格低迷の裏側】

1988年に1オンス$485をつけた金価格は、2001年まで13年間の長期低迷に入ります。米ドルの価値が上がったのではない。80年に純債務国になった米国は、90年代も対外負債を増やし続けています。90年代は、金をめぐる事情が大きく変わったのです。

①1980年以降、価格が低迷していた金をスイス銀行は投資ポートフォリオからはずした。

②1989年の共産圏の崩壊後、原油価格、資源価格が下がった。80年代のインフレから一転し、90年代はデフレ基調になった。デフレとは通貨価値が上がることです。

③米国株がIT革命、インターネット革命により10年間の高騰期に入った。米国株に資金が流れた。

④決定的なことは、**米国FRBが「金撲滅」の長期キャンペーンを張っていた**ことです。FRBが保有金をブリオン・バンクに金利1%でリースし、金相場を下げるために売らせるオペレーションでした。理由は1971年以来、ペーパー・マネーを発行するFRBは金を米ドルの敵と認識し続けていたからです。

⑤世界の中央銀行（スイス、英国）も米国FRBの呼びかけに協調し、金売りを行いました。90年代の米ドルは共産圏崩壊後、金融ローマ帝国と言われるくらい一極集中の栄華を誇り

ます。90年代には、ドルの時代が作られたのです。

1999年のワシントン協定後から金は長期高騰期に入った

1999年の金価格は、1オンス$260付近という、低い価格でした。1グラムで1020円です（2015年8月の4分の1以下）。1980年の高値$850からすれば、3割の価格です。古来、格言に言うところの「半値・8掛け・2割引」でした。

80年代後半から90年代のドル価値を守ったのは、大きくなった経常黒字でドルを買い続けてきた日本です。なお2000年代、2010年代のドル基軸を支えているのは中国です。政治的に反米の姿勢を見せる中国は、実は**「ドル支持」**です。

日本の対外債権は2014年末で945兆円になっています。その80％はドル建てでしょう。中国の外貨準備は$3・7兆（444兆円）です。60％はドル建てでしょう。1980年から2010年までの30年間、日本と中国がドルを買いドル基軸を支えてきたのです。

米国FRBは1999年には金価格が上がることはないと安心したのか、奇妙な決定に参加します。

中央銀行の金売却量を1年に400トン以下に制限する1999年のワシントン協定です。

90年代の金価格低迷の主因は、FRBが呼びかけた中央銀行による金売りでした。今度は逆に、その売りを制限すると言うのです。原因は、米国FRBと欧州の中央銀行の保有金が減っていたからでしょう。

IMFは世界の中央銀行の金保有に変動がないというデータを公表していますが、そんなことがあるわけがない。1980年代から90年代と金価格を下げることを目的に、多いときは1000トンを売ってきたからです（推計ですが）。

1980年代末にはFRBを筆頭に、世界の中央銀行がもつ金は、世界のインゴットの総量の75％を占めていました。現在は25％に減っています。

ワシントン協定は6つの条項からなります（参加は主要14カ国）。

1. 金は重要な準備資産であることを確認する。
2. 14カ国の中央銀行は、決定済みの売却を除き、売り手として参加しないこと。
3. 今後5年間、年間の売却量は400トン以下、5年で2000トンを超えないこと。
4. 中央銀行は、金の貸出とデリバティブ取引を拡大しないこと。
5. IMF、BIS、米国FRBおよび日銀も参加すること。
6. 本協定は5年ごとに見直す。

（注）2004年、2009年、2014年と協定は3回延長されています。現在のワシントン協定は2019年まで有効ですが、その後も延長されるでしょう。

この協定により、世界の中央銀行がもつ金（約3万トン：2015年：IMF）の90％が売却制限に含まれることになりました。中央銀行は、投資用インゴットの最大の持ち手です。

ワシントン協定の後、**中央銀行からの放出が減った金は、2011年までの12年間で6・5倍に上がる高騰期に入ります**。

2000年には米国IT株バブルが崩壊します。そして2001年の同時多発テロ以降、世界の金需要が増えたのにかかわらず、中央銀行は放出量を制限しました。2002年から**マネーは、株から金に向かったのです**。金の売りが減って買いが増えれば、価格は上がります。

2001年の同時多発テロ以降のFRBは景気浮揚のために利下げをし、住宅需要を増やすためにローンを工夫して、失業中の人でも借りることができるサブプライム・ローンを作らせます。マネーの面から、住宅需要を盛り上げるためでした。

2004年には、増えていた金需要に対応するため金ETF（金価格に連動する上場投資信託）が開発され、発売が米国政府によって認可されます。現物では急な大口需要に応じることが難しい。大口需要の年金基金等に金を買ってもらうためだとされました。本当は金価格の高騰を抑えるために、供給を増やすことが目的でした。1980年代からの20年間、価格を下げるための放出を続けたため、FRBには現物の金がなくなっていたからです。

金ETFには、

①発行会社に1対1での金保管を義務付けるもの（現物保有型）と、

②発行会社が価格を保証するもの（価格保証型）があります。

価格保証型は、金保有の裏付けがないペーパー・ゴールドです。発行会社の信用（財政状態）だけが根拠です。価格保証型の金ETFは、金需要が増えたときでも現物を入手する必要がないので、いくらでも対応ができます。場外馬券のように、金現物の供給量が増えたような効果があります。

金ETFは、米政府とFRBが必要な時期に、金価格を下げる調整のために作られた「証券」にも思えるのです。ETF証券を使うと、2013年、2014年にFRBと金の取り扱いを許可されたブリオン・バンクが主導して行った、価格を下げるための裸の空売り（Naked Short Selling）もできるからです。通常の空売りで売るときは、証券を借りておかねばならない。裸の空売りは証券をまず売って、受け渡しの約定日前の3日以内に借りる方法での空売りです。

全貌《ぜんぼう》が明らかにされることのない金の総取引額は、ロンドン市場だけでも$15兆（1800兆円）という巨大なものです。金は激しい速度で回転売買されています。

ちなみに日本の株式市場の売買額は1日2兆5000億円、年間では600兆円です。ロンドンの金の取引額だけでもこの3倍です。個人がほとんど参加せず金融機関とヘッジファンドがプレーヤーになっている金市場の大きさがわかるでしょう。フィナンシャル・タイムズ紙は2011年に、2010年の世界の金の年間取引額を$60兆（7200兆円）と推計しています。わが国の年間の株式取引の12倍という大きさです。金の取引はそれと知られないままに、金融商品の中心になっています。売買額が巨大な理由は、ブリオン・バンクとヘッジ・ファンドによる回転売買が多いことです。

【ワシントン協定以降2011年までに6・5倍に高騰した金】

中央銀行が金売却を制限したワシントン協定以降の、用途別の金需要を示したものが図13-2です。16年間のデータを並べると、

①2000年代の、金価格での6・5倍への高騰が何によってもたらされたか、
②何が原因で、2013年から下落したのか、
③今度どうなるかがはっきりします。

1オンス$300台の前半だった2003年までは、

図13-2　ワシントン協定後の用途別に見た金需要（トン：1000キログラム）

ゴチック体は注目すべき変化を、マイナスは売り超を示す。

	2000	2001	2002	2003	2004	2005	2006	2007
宝飾用	3204	3008	2660	2484	2617	2712	2288	2406
工業用	461	363	368	382	414	432	460	462
投資用	166	367	340	301	349	393	416	433
ETF	0	0	3	39	133	208	260	263
中央銀行	na	na	-547	-620	-479	-663	-356	-474
合計	3822	3728	3362	3206	3612	3746	3424	3552
金価格 1オンス$	$269～ 316	$264～ 291	$287～ 349	$365～ 417	$404～ 455	$427～ 537	$569～ 725	$651～ 841

	2008	2009	2010	2011	2012	2013	2014	2015＊
宝飾用	2187	1747	2016	1972	1999	2673	2462	2212
工業用	436	368	465	452	415	354	346	336
投資用	**863**	**576**	**1210**	**1524**	**1347**	**1702**	1004	906
ETF	321	595	367	162	279	**-916**	**-184**	**2**
中央銀行	-235	**-34**	**77**	**456**	**554**	**625**	**590**	**520**
合計	3806	3386	4135	4556	4885	4438	4220	3976
金価格 1オンス$	$919～ 1023	$919～ 1218	$1119～ 1426	**$1405 ～1896**	$1664～ 1783	$1693～ 1266	$1385～ 1203	**$1298 ～1165**

2015年の需要は、前半6カ月分を2倍にしたもの
http://www.lefigaro.fr/assets/pdf/Demande% 20d'or.pdf
http://www.gold.org/supply-and-demand/gold-demand-trends
両者のデータから、合成して筆者作成

①鉱山の生産と、
②中央銀行の放出、が金の供給ルートでした。

需要の主な用途は、宝飾と工業用でした。この時期まで投資用は３００トンレベルと少なかったのです。

金否定派のＦＲＢと、それに従属および協調する主要国の中央銀行、そして国際金融筋（投資銀行とヘッジファンド）が、金価格を冷ますために売る必要がなかったくらいです。

前述のように、２００４年からペーパー・ゴールドの役割を果たす金ＥＴＦの証券が導入されています。これも、金供給の増加と同じ意味合いをもちます。

金が１９８０年以降の24年の低迷から覚《さ》めるのは、金ＥＴＦが導入された２００４年か

らでした。＄４００台に上がったのです。

原因は、

①投資用バーの買い超が、３００トン台から４００トン付近に増えて、
②同じく投資用である金ＥＴＦでの、１００トン台から２００トン台に向かう需要増が加わったからです。

米ドルの金利は、陰謀的な同時多発テロでＷＴＣが崩壊した９・11以後、ＦＲＢの利下げにより２０００年の６％台から４％台に下がっていました。

米国の金利が６％以上に上がったのは、金・ドル交換が停止された１９７１年でした。金の裏付けを失ったドル価値の下落とともに、物価が上がる時代だったのです。６％以上の高金利の時代は、２０００年まで29年も続いています（図12-1）。

２０００年は米国のＩＴ株バブル崩壊の年でした。（注）15年10月現在、米ナスダックは５０３０ポイント付近であり、ＩＴバブル期の株価指数と同じ高値です。

２００１年に日本は小泉内閣が発足し、金融危機の対策として日銀はゼロ金利策を敷いて、量的緩和も行いました。２００３年にはイラク戦争支援という名目で、日本政府は１年に30兆円ものドル買いを行い、円マネーは米国に流出していたのです。

イラク戦争の米国には世界から来たマネーがあふれ、住宅価格は年10％や15％の勢いで高騰していました。これが2007年からのサブプライム・ローン問題を引き起こします。

米国と世界の低金利によるイージー・マネーが不動産と金価格を高騰させたからです。

投資用需要とETF証券の年間購入高を合計で見ると明確になります（図13-2）。2003年の投資用金とETFの需要は340トンでした。2004年は482トン、2005年601トン、2006年676トン、2007年696トン、2008年1184トンです。

投資用のゴールドバーとETF証券の買い超は、2004年からの4年間で、340トンから4倍にも増えたのです。

宝飾や工業用の需要に目立つ変化はない。ドルのイージー・マネー化から2003年までは眠っていた金投資が増えたことが、金価格を3倍の1オンス$1000（1グラム＝$32：15年8月は$37）にまで上げたのです。この時期、投資銀行から運用資金の預託を受けているジョージ・ソロスとジョン・ポールソンの大手ヘッジファンドも金ETFを買って、価格を上げています。

なぜ2004年から金投資が急に増えたのか。理由は3つです。

①米国の低金利策からの、ドルの増加、

②日本のゼロ金利マネーの、米国への流入、

③そして、ドルの価値低下を恐れる中国を筆頭とした新興国の金買いの増加です。

2000年代のイージー・マネーは米欧の不動産を高騰させ、金も上げたのです。

2008年9月には、ドルの低金利で大きく増えたデリバティブ証券が暴落して、リーマン危機が発生しました。2009年の金価格は、世界的な不況で宝飾需要が1747トンへと、前年比400トンも急減したことを主因に、$900台に下げています。

しかしリーマン危機の前後からは、**ドル安をヘッジするための金現物とETFの投資用需要は2008年が1184トン、2009年が1171トンと、2007年の696トンに比べほぼ70%も増えていた**のです。

【リーマン危機はドル危機でもあった】

08年のリーマン危機は、経常収支の赤字が累積したドルの危機（ドルの価値保存機能の急落）でもありました。金・ドル交換停止後の1973年、ドル価格下落の1978年と同じドル危機が再来したのです。戦後3度目のドル危機でした。

このため1オンス$600前後（2007年）だった金が、2011年には投資用インゴットの需要の急増から$1896と3倍に上がっています。

ただしリーマン危機の前後からのドル価値の下落は、欧州と日本も利下げと量的緩和でドルの後を追ったため、通貨間でのドル下落としては目立たなかったのです。

デリバティブ証券の不良化が大きく露呈したとき、**米ドルは120円水準（07年8月）から75**

円（**11年10月**）**にまで37%も下げています**。しかしこれが目立たなかったのは、米国と同じ不良債権の問題を抱えていたユーロが、160円レベル（08年1月）から96円（12年6月）へと40%も下げていたからでした。ドルとユーロの同時下落は、ドルの価値下落を隠したのです。

【2011年の円高と金の高騰】

2011年の〔$1＝76円〕は、1995年の79円を超える歴史的な円高・ドル安局面でした。

金融危機とは、債務の中の不良債権の増加です。2007年から2011年はデリバティブ証券の不良化でドルの価値が下がったという認識が広がり、経常収支で黒字を続ける円と価値が変わらない金が買われて上がったのです。

21世紀の金が突然に輝きを増したわけではない。金は5000年前から同じです。（注）2012年から円が$1＝120円に向かって安くなった主因は、2011年の東日本大震災を境に日本が貿易赤字に転じたことです。1980年代から30年も続いた「日本は貿易黒字国」という常識が転換したのが2012年からでした。

2011年9月の高値である$1896（**1グラム＝$61**）**への金の高騰は、ドルの価値が下**

がったと認識されたからです。この構図は、今後も変わりません。（注）２０１５年10月18日には、1オンス＄１１７５です。円では小売価格で４９１０円（消費税込み）です。＄１８９６からは38％下がった水準です。

［原理］金融危機の発生、または米国の経常収支と財政赤字の悪化からドルの価値下落が認識されると、金が買われて高騰します。

次回の上がり方は、波動しながらも2年で2倍以上（1オンス＄２５００：1グラム＄80）のスケールになると予測します。いつから始まるか。次の米国または世界的な金融危機、すなわちドルまたはユーロ危機が到来するときです。

金融危機が金高騰の原因になるのは、ドル危機だった２００８年から２０１１年の間に、世界の中央銀行の金に対する態度が１８０度転換しているからです。

世界の中央銀行と金の隠された関係

【ペーパー・マネーを発行するＦＲＢの金に対する態度】

金の売却を４００トンに制限したワシントン協定以降、図13-2に示すように、中央銀行はその枠に沿って、毎年３５０トン〜６００トンの幅で金を放出していました。

この協定が結ばれた理由は、１９８０年以降20年のＦＲＢと欧州の中央銀行が協調した金の売却により、１オンス＄２００台と金価格が壊滅していたからでした。当時は、**「金が復活することはない。金は死んだ」**という認識になっていたからです。しかし中央銀行の金が減りすぎるのも困るので、４００トンに売却制限をしたのがこの協定です。

世界の中央銀行の金保有量は、ほぼ3万トン（時価で１３０兆円）です。

報じられることはないのですが、金価格を敵視し、金を放出して価格操作をしているのが基軸通貨を発行しているＦＲＢです。

１９７１年の金ドル交換停止は、「ＦＲＢの金が流出すれば国富を失う」という理由からでした。しかし、ＦＲＢにドルを差し出して金と交換する行為は、「金と紙幣のドルが等価」なら、米国の国富が海外に出ることではありません。米国が車を輸出し、輸入国からドルをもらうのは米国の国富の流出ではない。紙幣が同じ価値なら、金とドルが交換され、ＦＲＢから金が輸出されれば、同じ価値のドルが入って来るからです。ところが米政府は、金とドルの交換を停止しました。

これは**ＦＲＢが発行する紙幣の価値は、金の価値に比べるとはるかに劣ることをＦＲＢ自ら証明していること**になります。金の価値をもっともよく認識し、発行紙幣の無価値さを知っているのは、ドルを増発し続けているＦＲＢです。（注）通貨の機能で必要なのは、既述のように価値保存機能です。数年先、10年先、20年先に購買力が落ちないということです。

以上の論理からも、金価格が上がると、ドル紙幣の価値保存機能が低下したと見られます。このためＦＲＢは金価格の高騰に対し、金を放出することで、「価格介入」を続けるのです。ただしＦＲＢは直接には市場介入ができません。間接的にエージェントを使います。

１９９０年代までの方法は、ＦＲＢの金を、ＦＲＢの株主でもあるブリオン・バンク（金の売買を政府から許可された銀行）、ゴールドマン・サックスやＪＰモルガン・チェース、そしてＨＳＢＣなど金利１％でリースし、そのブリオン・バンクが借りた金を市場で売って、価格を下げることでした。（注）ブリオンは金塊の意味で、ブリオン・バンクは政府から金の売買を許可された銀行です。金のインサイダーであるゴールドマン・サックスは毎年、確度が高い金価格予想を出しています。

一般的なリース契約では、金を借りたブリオン・バンクは、売った金をＦＲＢに返却しなければなりません。これはブリオン・バンクによる金の買い戻しになります。価格を下げたような大きな量の金を買い戻せば、金価格は上がって、ブリオン・バンクは巨大損を出してしまいます。

以上から、ＦＲＢからブリオン・バンクにリースされた金は、回収されず売る一方であったことが高い確度で推測できるのです。上がった金を買い戻してリース元のＦＲＢに返すなら、ブリオン・バンクが破産します。ブリオン・バンクは、金の売却代金をドルでＦＲＢに払ったのでしょう。

売られた金は、欧州のロスチャイルド家の銀行であるスコシア・モカッタ銀行（イタリアのボンバルディアと租税回避地のベネチア）などがエージェントを使い、スポンサーを隠して買い占めたのです。

ＦＲＢの金保有はＩＭＦの発表によると、20年以上も同じ８１３３トンです。この金はおそらくＦＲＢのものではない。ドイツ（３３８４トン）、ＩＭＦ（２８１４トン）、そして日銀（７６５トン）などからの「保護預かり分（custody 勘定という）」のものでしょう。中国が買い集めてきた金も含まれているはずです。

金の売買が大量なときは輸送の際に強奪の危険があるので、現物は移動しません。ＦＲＢやブリオン・バンクから保護預かり証が発行されていて、移動が困難な現物は、同じ金庫に保管されたままで、金に貼った所有名義の札だけが変わります。つまり所有権のみが移転します。第二次石油危機のきっかけになった１９７９年のイラン革命のときは、イランの金を預かっている米国ＦＲＢが引き出しに応じず凍結しました。保護預かりは、いざというときこうした役割も果たします。日本や中国が買った米国債も＄３・３兆分（３９６兆円：15年９月：ＦＲＢのＢ／Ｓ）がＦＲＢの金庫に保護預かりされています。目的は売買の監視です。http://www.federalreserve.gov/releases/h41/current/

【世界の中央銀行の、金に対する態度の転換】

世界の投資用の金需要が急に増えたのは、08年のリーマン危機というドル危機からです。図13-2でわかるように、それまでのほぼ４００トン／年の需要が、２００８年は８６３トンと倍増し、２００９年は５７６トンに減ったものの、ユーロ危機の２０１０年は１２１０トンに増えています。金が最高値をつけた２０１１年には、１５２４トンとほぼ4倍に増えています。

これはドルの価値保存機能をめぐって、認識の変化があったことを示します。

原因は、前述のように07年から始まっていたドルの下落、そして08年からのユーロ危機です。**投資家は価値が下がるドル債とユーロ債を売り、金を買ってヘッジしたのです**。ヘッジとは、自分の金融資産の下落を防ぐ対策を実行することです。（注）既述のように、価値を変えなかった円に対しては、ドルとユーロはほぼ40%も下げています。

同じ図13-2から中国、ロシア、インドを筆頭とした新興国の中央銀行の金に対する態度が転換したこともわかります。リーマン危機の前（ドル、ユーロ危機の前）の2008年までは、世界の中央銀行は、前述のように合計で350トンから600トンくらいの金を売ってきました。

ところが中央銀行の売り超は2009年には34トンに急減し、翌2010年には逆に77トンの買いに転換したのです。その後2011年は456トン、12年554トン、13年625トン、14年590トン、15年予想520トンと大量に買い続けています。中央銀行に何が起こったのでしょうか。

中国をはじめとする新興国の中央銀行は通貨を発行するための準備資産として、米ドルと金を使っています。**特に中国は自国の国債ではなく、ドル準備を資産に人民元を発行しているのです**。中国の中央銀行である人民銀行のバランス・シートを見ると、外貨（主はドル債）を23・2兆元（441兆円：$3・8兆）所有し、米ドルを準備資産に人民元を21・2兆元（403兆円）発行しています（農林中金のリポート）。https://www.nochuri.co.jp/report/pdf/f1201fo1.pdf

【ドルの下落を補う準備通貨になった金】

日銀は国債担保で円を発行していますが、人民銀行は米ドルを準備資産に人民元を発行しています。人民元はこのバランス・シートの構造から、事実上、ドルとの固定相場の通貨になります。ところが、準備資産（準備通貨とも言う）の米ドルが下落します。

今後もいくらでも増発できるペーパー・マネーのドルは基軸通貨を維持しながらも、長期的には下落するに違いない。ドルの価値下落をヘッジできるのは金であろう。

このため、われわれは国民には言わないが金を買う。金を買うのをメディアに言わない理由は、われわれが金を買い続けることが広く知られると、価格が暴騰し、暴騰したものは後で下がって損が出るからである。

以上のような新興国を中心とした中央銀行の準備資産に対する方針転換が、2008年に起こったのです。金準備を100%にすることはないでしょうが、もしそうなれば、その国は事実上は金本位に復帰したことになります。

日銀とFRBを除く世界の中央銀行は2008年以降、400トンから600トンの買い超になっています。

2008年に中央銀行は、金を価値保存ができる通貨と見る「**認識の転換**」をしています。今後も中央銀行の金買いは続きます。このため**3～5年以上のスパンで中長期的に見たとき、「金価格は上がる」と確言できる**のです。

金は長期で見る必要があります。スイスのプライベートバンクを見学したとき、アナリストがプレゼンで出す表が、いずれも50年や30年の長期のものだったことを思い出します。

スイスの常識では、なるほど金融資産は30年以上の期間で考えるものかと思ったのです。一般に、スイス人が有効な資産を考える期間は50年スパンでしょう。日本人はどうか？10年でしょうか。この期間が短いから金を買わない。株を多く買う米国人はもっと短期です。せいぜい3年や5年でしょう。

【なぜ金は2013年から下落したのか】

2011年9月に、投資用金の需要増加と、中央銀行の金買いへの転換を主因に、$1896に高騰していた金は、2013年には$1266に下落しています（頂点からはマイナス35％）。

この原因は、**図13-2の金ETFの激しい売り超**（916トン）**で明らかです**。金ETFは、金価格に連動する証券です。前述のように1対1で金を保管しているものと、金の保管はなく、発行する会社が金価格と同じと保証した証券の2種があります。ペーパー・ゴールドと言えるのがこのETFです。

ETFは2004年の導入以降、需要と発行が増え続けて、2009年の発行量は595トンに達していました。ところが金価格が上がっていた2010年には、発行と買いが367トンに減り、2011年は162トン、2012年が279トンに減ったのです。

それでも発行はプラスでしたが、2013年には一挙に916トンの売り超になって、金価格を暴落させる原因になったのです。その後、2014年も184トンの売り超でした。2015年にはほぼプラスマイナス0です。13年と14年の1100トン分（時価で4・5兆円）のETFの売り超が金価格を下げています。

ここまで書けば、明らかでしょう。

ETFの先物と現物を含む売りは、FRBの意思を受けたブリオン・バンク（ゴールドマン・サックスやJPモルガン・チェースおよびHSBC）によるものです。ETFを大量に売って、投資用需要と新興国の中央銀行の買い超で、1オンス$1800以上に高騰していた金価格を下げるためです。

その前年の2012年は、リーマン危機前後から円に対して40％下げたドル基軸体制の危機も言われていた時期でした。

世界の通貨に対する貿易加重での実効レートでは、２００９年の95から２０１１年末は80へと下げていました。これがドル基軸体制の危機とも見られていたのです。しかしユーロも同時に下げていたため、対ユーロではドルが相対価値を維持し、ドル基軸通貨が揺らぐまでは行かなかったのです。ドルの付属通貨である円は、高くなっても基軸通貨にはなり得ません。

金ＥＴＦの売り超にドルの本家ＦＲＢが関与しているかどうか、当然のこととして、確証はありません。しかしブリオン・バンクと、その傘下のヘッジファンドによる**１１００トンものＥＴＦの売りは、ＦＲＢの関与と意思がない限り実行できません**。現物の売買では、たとえば１００トンの注文に応じるゴールドバーを即日に集めるのは不可能です。ＥＴＦは金が裏付けとは言っても証券です。大量の売買ができます。

ＦＲＢは国策であるドル基軸体制を守るためＥＴＦの売りを誘導したのです。ＥＴＦを使ったのは、ＦＲＢが保有する金（公称８１３３トン）が空《くう》であり、90年代の金リースという方法が使えないからでしょう。いずれは価格調整に使うという目的が、２００４年に金ＥＴＦの発行が許可された理由と思えます。

国策の実行の場合は、金、株、資源の価格操作が違法であっても〝適法〟です。政府に属する検察が告発しないからです。わが国の政府部門が株を買う価格操作（ＰＫＯ）も違法ですが、検察からは摘発されません。侵略であっても国策である戦争が摘発されないことと同じです。２００３年のイラク戦争のとき、「防衛ではなく侵略戦争」と米政府自身が言っていました。侵略は略奪ですが、政府の行為は犯罪にはならないのです。

2015年には金ETFの売買量は中立的になっています。金価格が低位で落ち着いたとFRBから見られているからでしょう。金ETFの残高は12年末には2630トンもありました。13年から14年まで1100トンが売られて、14年末の残高は1530トンに減っています（図13-2のETFの項）。売るETFの残高が減ってきたのです。

繰り返し言えば、次の金融危機、あるいはドル危機のとき（あるいは予感のとき）、金は2倍から3倍には高騰します。本書を論理的に論述しているとき、この確信は強くなりました。

第14章　ドル基軸体制が終わるときが早期に来るのか？

既述のように、米政府と民間の対外債務は、2013年で$26・5兆（3180兆円）に拡大しています。同年の対外債権は$21・7兆（2604兆円）ですから、**対外純債務は$4・8兆**（576兆円）です。基軸通貨とは、国境を超える国際貿易に使われる通貨です。軍事力を使って強制できることではなく、世界が米ドルを自主的に国際通貨として使っているということです。

原油の決済通貨であることがドル基軸の基本

米ドルが基軸通貨であり得ている基底の理由は、原油の貿易で産油国がドルを**指定**しているからです。米国はサウジアラビア、クウェート、アラブ首長国連邦の王家の体制を軍事力で守る見返りに、**原油の輸出代金にドルを使うこと**を約束させています。

２００３年のイラク戦争の本当の原因は、サダム・フセイン大統領が原油の輸出代金をユーロに変えて、アラブ全体にユーロへの転換を勧めていることでした。米国は、ドル基軸に反対していたフセイン政権をつぶしたのです。

１９７９年のイラン革命以来、米国と敵対しているイランとインドの貿易では、金の地金が使われています。インドが金を多く輸入する理由は、イランからの原油輸入に必要なためでもあります。中国はイランの原油を、ドルにリンクしている人民元で買っています。ユーロはユーロで買っています。

しかしそれらは特殊ケースで、通常、原油の貿易通貨はドルです。このため原油を輸入するには米ドルが必要です。そのドルは米国からの借り入れか、世界への輸出で稼ぐ方法しかない。ヘッジファンドや投資銀行からドルで借りていると、１９９７年のアジア通貨危機に帰結します。タイに始まり、マレーシア、インドネシア、台湾、韓国と広がった通貨危機は、米国のヘッジファンドが東南アジアの通貨を下げることを目的で、短期貸付金を引き揚げたことからでした。

方法は、ヘッジファンド（ソロス・ファンド等）がアジアの通貨を売る（25倍のレバレッジをかけた先物およびオプション）ことでした。この売りで、アジアの通貨がほぼ2分の1に下がり、2倍のドル高になると、アジア諸国のドル建ての債務は2倍に膨らみます。この通貨安によりドル債務が膨んだことで、東南アジア全域が経済危機になったのです。

この通貨危機の痛い経験で、新興国はヘッジファンドや投資銀行からドルを借りることの危険を知ります。その対策は通貨安で安くなった商品での輸出を振興し、ドルを稼いで外貨準備を増やすことでした。世界が外貨準備を増やすことは、ドル買いです。

２０００年代に新興国が外貨準備を増やすためにドル買いを進めました。このため米ドルは一層強くなり、通貨価値が下がりながらも、ドル基軸は強化されるという矛盾が生じたのです。世界の外貨準備は$12・2兆（１４６０兆円：２０１４年）に増えています。ドル準備は61％（$7・4兆：８９０兆円）です。ドルを主としユーロを従とする外貨準備では、中国がもっとも多く（$3・7兆：４４４兆円：15年3月）、2位は$1・2兆（１４４兆円：２０１５年7月）の日本です。

２０００年代に年率平均20％で増えていた世界の外貨準備ですが、２０１２～２０１５年には5％の増加に低下しています。これはドル需要の増加の減少を示します。この中で、$3・7兆と最大の外貨準備をもつ中国は２０１４年後半から、国内の経済対策費のため外貨準備の中のドル国債を相当な勢いで売っています。これは**近々のドルの弱体化とドル金利の上昇を示唆**しています。

ドルはFRBが発行する負債性の通貨です。負債性の通貨を世界が外貨準備として増やすことは、米国に資金提供をすることです。米国は返済する必要のない負債性通貨を発行して、世界の商品と資産を買うことができています。

米国の経常収支の赤字は$4100億（49兆円：2014年度）です。対外総債務は1年に$1兆（120兆円）は増えています。この対外債務が還流し、差額の$5900億が米国からの対外貸付になっています。対外資産から対外債務を引いた対外純債務は$4・8兆（576兆円）です。**対外純債務は、1年に経常収支の赤字分（$4100億）膨らんでいきます。**

増加は〔$4100億÷$4・8兆＝8・5%〕の速度です。

【ドル危機も政府の債務のように「G＜D」でわかる】

対外純債務が年率で8・5%増え続けると、5年後には1・5倍に増え、10年後に2・3倍になります。対外純債務の増え方が問題なのは、「G（名目GDPの増加率）＜D（対外純債務の増加率）」が続くときです。ピケティ風に記号だけで言えば、「G＜D」です。

2010年の米国の名目GDPは$14・9兆で、15年は$18・1兆です。

最近5年間の増加率は21%です。年率平均では3・9%と低い。

〔名目GDP3・9%の増加の累乗＜対外純債務8・5%増加の累乗〕です。

この不等式は、

・**対外純債務の増えすぎから、5～7年サイクルでドル危機が起こる**こと、

・**ドルの世界の通貨に対する実効レートで30～40%は下落する**ことを示しています。（注）実効レートは円やユーロとの関係だけではなく、貿易額の加重で平均化した世界の通貨との関係でのドルレートです。ドルと円が同時に下落や高騰した場合、通貨の価値変化はわからない。このとき実効レートで見れば、世界の通貨に対し円安か円高かわかります。http://www.stat-search.boj.or.jp/ssi/cgi-bin/famecgi2?cgi=$graphwnd

前回のドル危機はドルが下がり、金が高騰していた2012年でした。次の危機は2017年から2019年の間に、高い確率で来るでしょう。

次に検討すべき問題は、対外純債務が名目GDPより膨らんで起こる次のドル危機のとき、ドル基軸の体制が崩壊に向かうのかどうかです。

世界の銀行ネットワークでの媒介通貨であることの強味

海外から借りるお金が、所得より増え続けるという対外純債務に根本の〝弱さ〟があるドル。

次またはその次のドル危機のとき、基軸通貨の信用を失うかどうか。具体的には、対外純債務が現在の2・3倍に膨らむ10年以内、つまり2025年までに米ドルの基軸通貨体制が崩壊するかどうかです。

【SDRという代替案は出ているが……】

ドル基軸が崩壊すれば、それに代わる国際通貨はIMFが発行し、今回人民元が加わるSDR（特別引き出し権）でしょう。SDRは加盟国の中央銀行の準備資産が不足したときに貸し付けて、危機を防ぐために生まれたものです（1969年〜）。当時のSDRは金本位だったドルのように、「1SDR＝金0・89グラム」としていました。これは1971年の金・ドル交換停止以前の1ドルと同じ価値です。

現在のSDRはドルと同様に金本位を離れて、米ドル、ユーロ、円、英ポンドの通貨バスケットで構成されています。この価格は毎年1月に決定されています。現在は1SDRが157円です。IMFから借りたSDRの1単位は、157円に変換できるということです。SDRは一般の人はもつことができない。借りて使うのは、政府と中央銀行です。

米国経済の悪化と財政赤字の増加、そして経常収支の赤字の累増からドル基軸が世界から信用を失って$1が円では60円や50円に下がるようなことがあれば、次の国際通貨はSDRになる可能性もあるでしょう。中国を含む新興国（ロシア、インド、ブラジル）はかねてより、ドル基軸への反対を表明しています。

人民銀行の周小川総裁が「SDRを基軸通貨にする」という提案をしていることは、すでに書きました。米国が人民元をSDRの構成通貨にするということは、中国がドル基軸を維持すると約束したということです。ここには日本が関与できない国際政治があります。

通貨には、①価値保存、②決済、③計算単位という3つの機能が必要なことは、本書の冒頭から示しています。米国は官民の対外債務が$26・5兆（3180兆円）と多い。財政と経常収支も赤字です。このため、定期的にドル安調整が行われ続けます。つまり、ドルの価値保存機能は劣っています。

長期で言えば、**世界の通貨の加重平均に対するドルの実効レートは、経常収支の黒字国の通貨に比べて下がっていくことを示します**。

米国がドル高にするには、ドルの金利を高く保たねばならない。これは1980年のFRB議長ボルカーが採用した利上げであり、金融引き締めですから、経済は不況になります。引き締めの長期化は無理です。前述のように1978年に、ドルは基軸通貨を滑りおちる危機にあったのです。ボルカーはインフレ退治という目的で、ドルの基軸通貨の維持を図りました。

図14-1　媒介通貨としての米ドルの強さ

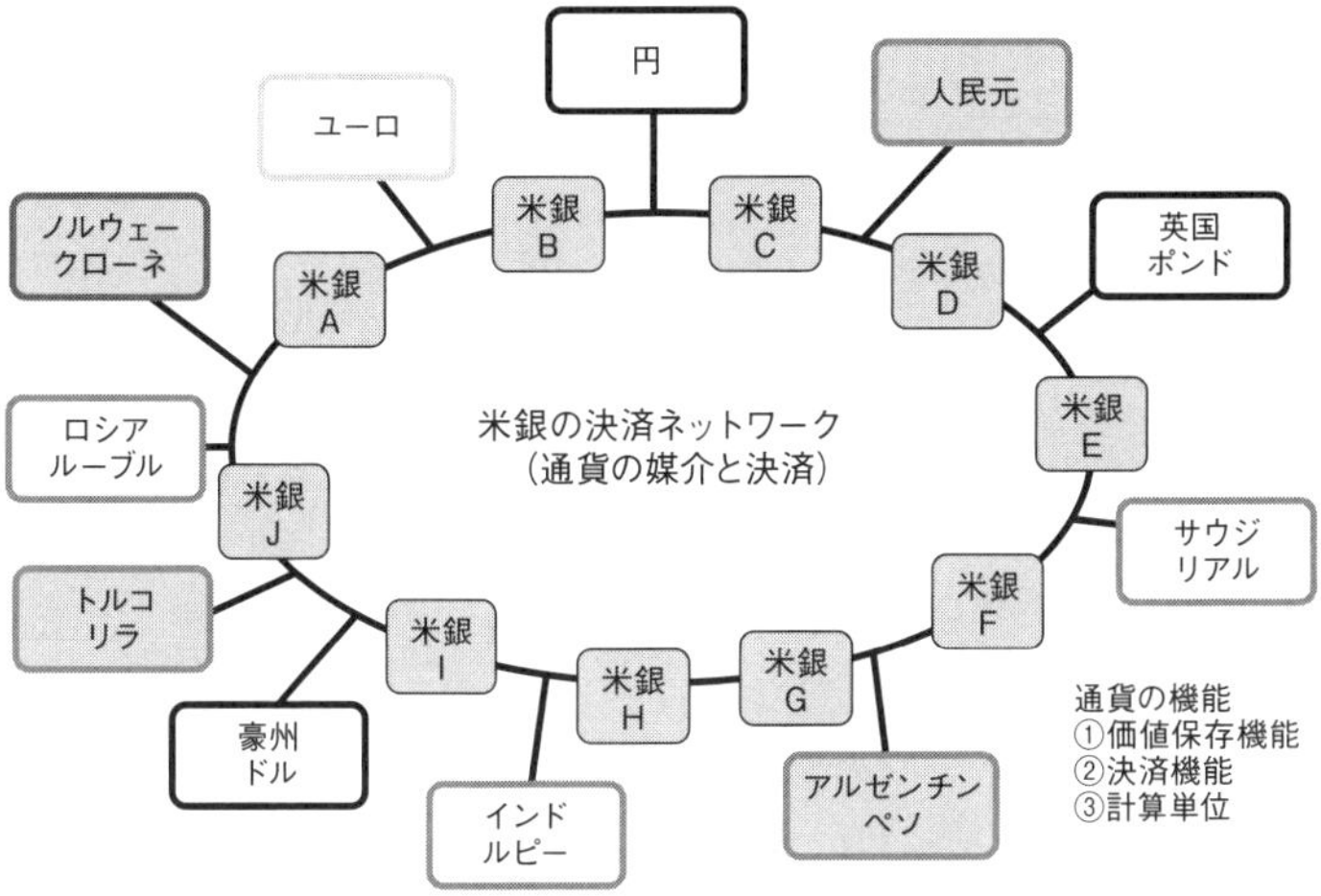

出所：中北徹氏の『やっぱりドルは強い』を元に筆者作成

価値保存の機能では、ドルは弱い。この面では、戦後は3回もドル危機に陥っています。それにもかかわらず、ドル基軸体制は維持されてきました。その理由は、他の通貨が持たない2つの機能をドルがもっていることです、

①世界の通貨交換の媒介機能をもつこと

②外貨決済の銀行ネットワークが敷設されていること

【他の通貨では真似のできない通貨交換機能】

図14-1に、このイメージを示します。たとえば日本が中国から輸入するとき、マネーの動きはどうなっているかです。輸入商社Aは、銀行で100億円をまずドルに換えます。円を直接に元に交換しない理由は、日本の銀行が元を売る能力が弱いからです。日本の輸入商社から

ドルを受け取った中国の工場は、米銀Ｂから送られてきたドルを取引のある米銀で元に交換します。

このように、世界の通貨を変換する媒介機能を果たしているのが米ドルです。日本と中国の取引がマネーの受け渡しでは、米銀の間で決済されているのです。米ドルは、世界の通貨の変換を媒介する通貨として世界で使われています。そして送金も米銀のネットワーク内で行われています。

米ドルは負債性の通貨であり、経常収支が赤字を続け、長期的には価値保存機能は低下します。しかし**＄15兆の世界の貿易（1800兆円：2012年）**で必要な世界の異なる通貨を変換する媒介機能において、他の通貨を寄せ付けないくらい圧倒的です。たとえば円とアルゼンチンペソを交換するとき、直接の交換ルートがないため、いったんドルに換えて交換されています。媒介通貨としてのドル需要は、世界貿易の61％（＄10兆：1200兆円）を占めています。貿易だけでも＄10兆のドル買い、ドル売りがあるということです。

世界貿易の伸長率は世界のＧＤＰ（年率４％程度）より大きく、世界のＧＤＰ増加が低下している2010年代でも年率14％と増えています。この分、貿易用のドル需要が増えるのです。

ＩＭＦが発行している通貨ＳＤＲは、1969年にドルに替わる国際通貨を目指して作られました。2015年では2040億ＳＤＲ（33・6兆円）が発行されていますが、これではいかにも少ない。それにSDRを使っても、通貨交換ではドルが仲介するのでドル基軸に代わり得ないのです。基軸通貨の変更を許さないのが米国です。

【ドル基軸体制はドルが切り下げられながらも続く】

以上のようにドルは、世界の通貨間の媒介機能で強い。米国に基軸通貨国を降りるという意思がない限り続きます。米国は当然ながら、この決定はしません。結局、どうなるのか。

米ドルは基軸通貨でありながら、経常収支の赤字が続く限り、長期的には価値を低下させて行きます。そして危機の前後は、ドル安のヘッジのため金が買われて高騰します。

日本は対外債権でGDPの2倍弱になる939兆円をもち(日銀統計:15年6月)、対外負債(596兆円)を引いた純資産でも343兆円あります。ドル建ての債券をもっとも多く所持しているのが日本です。

日本政府と銀行は、米ドル基軸の忠実な支持者です。政府と金融機関は、金も一切買いません。この日本の意思が米ドル基軸通貨を支えていると言っていいのです。そして米国の経常収支の赤字のため、ドルは長期では下落し、ドル建てが80%ある日本の対外資産という富を減少させます。

日本がドルの代わりに社会保障基金で金を買い続ければ、10年先、20年先までを見た長期で

の価格上昇により、高齢化で増える年金、医療費、介護費を払ってもおつりが出ます。

日本の国富を増やし、国民の生活を向上させることになるのですが、対米従属の政府にはこれを行う意志がないのです。政府には2011年からの世界の中央銀行のように、金の購入をすることを推奨します。年金基金で株や米国債を買うより、はるかに金がいい。長期的に言えば、わが国の政府が中国のように金を買い続けるなら、支出が増える年金、医療費、介護の政府基金を補うことができるものになります。国家財政を救うとも言えるのです。

第15章　財政信用の根底は「G＞D」であるかどうかにかかっている

政府の財政信用でもある通貨信用

金本位ではない通貨は、中央銀行が国債を現金に変換したものでした（図4-2）。

- まず政府が国債を発行し、
- 中央銀行がそれを負債性の通貨に変換して、銀行に振り込みます（マネタリー・ベース）。
- 次に銀行がそれを準備預金として貸付を行うことで、預金通貨に変換し、
- 世帯と企業が所有する預金（金融資産）として預かっています（マネー・ストック）。

以上の通貨の構造から、**通貨信用は「国債の信用」に依存**します。財政危機から国債が信用を失うと、通貨の信用もなくなり、通貨安と国債リスクの増加による金利高騰が生じるのです。ある国の通貨信用の下落は資産価格、商品、外貨のインフレを生みますが、21世紀には固有の事情があります。

現代では、90年代からの中国を筆頭とする新興国の工業化により、消費財の生産力は世界の需要に対して超過しているため、古典的な消費財インフレは起こっても大きなものではありません。

中国の賃金が先進国の2分の1に近づいた後の、通貨信用の低下から来るインフレは商品インフレになるでしょう。先進国の店頭で価格差がなくなるからです。2015年現在、中国の平均賃金は日本の5分の1です。年率5％の実質平均成長とした場合、2・5倍になるのは18年から19年後です。2033年ころからの金融危機による通貨信用の下落では、資産と商品物価の悪しきインフレが生じるでしょう。悪しきインフレとは、所得成長のないインフレのことです。

これから5年から8年内の国債危機のときの消費財インフレは、通貨安がもたらす資源と輸入商品の高騰に限られます。国内産の物価が、デマンドプル型の「需要∨供給」から上昇することはない。これは日米欧のいずれが先陣を切って国債、財政、通貨の危機を引き起こしても同じです。

21世紀は国際的になった投資銀行とヘッジファンドによる通貨の売買と金利スワップ、つまり資本移動が巨大なので、たとえば米国のドル危機は時間をおかず世界に波及します。もっとも大きなマイナスの影響を受けるのは、対外債権が939兆円（15年6月）と世界一多い日本です。

2015年6月13日からの中国株ショックが瞬間に世界の株式市場に波及したことも、国際金融の深い相互連結を示すのです。6月12日の上海総合は5166ポイントの最高値でしたが、9月以降は3000〜3300ポイントへと40％近く下落しています。

日本の国債危機も米国の国債危機に波及します。2014年から中国が1年に10兆円を超えるペースで売るようになった米国債を一番多く買っているのは、異次元緩和で年間80兆円の国債が現金化されている日本の金融機関だからです。なお、わが国の対外債権939兆円の80％は、民間金融機関と輸出企業のものです。

国際金融では円・ドル・ユーロが相互につながっています。1日700兆円分もある為替交換の全体を100としたとき、米ドル43、ユーロ17、円12、英ポンド6、豪州ドル4、スイスフラン2・6、カナダドル2・3の割合です（2013年世界の外為取引：BIS）。

米国発、日本発、ユーロ発であれ国債の危機が起こると、世帯所得の増加がないためデフレになっていきます。「需要∨供給」と通貨の増刷が重なることによる10倍以上の物価の上昇は、戦争の後のような生産力とロジスティクスの破壊と、現金通貨の増加が同時に生じないと発生しません。

【不動産価格は上がらなくなる日本】

資産とは不動産、株、金です。

不動産について今後の需要面を見ると、わが国では65歳以上が増える高齢化は2015年で終わり、次は人口減の局面に入ってきます。これからの高齢化は3大都市圏で進みます。2010年で65歳以上の増加が行き着いたのが3大都市圏以外ですが、そこでは空き家が30%（3軒に1軒）になる人口減が生じます。

不動産への需要が増えて価格が上がるには、人口増が必要です。ところが2040年に向かって、47都道府県のうち43府県で居住人口は20%近くも減少します（国立社会保障・人口問題研究所の予測）。

出生率は大きくは変わりません。人はすべて平等に1年に1歳を加えます。死亡率もほぼ一定なので、人口の予測は正確です。人口減は不動産需要の減少と供給の過剰を示します。

2010年までは、1人住まいの世帯が年率で2・9％（20年で1・8倍）増えることで住宅需要を支えていました。しかし世帯数の増加は、2020年の5305万世帯で頂点を迎え、その後は年率0・5％ペースで減っていきます（2035年は4955万世帯）。世帯数の増加ないし維持がない限り、住宅価格と地価は上がらなくなります。

2013年の空き家は、住宅戸数6063万戸のうち820万戸（13・5％）でした。空き家の増加は住宅需要の減少を示しています。人口構造から2023年には古い住宅の取り壊しを含む空き家が1397万戸になり、全国の全戸数の21％に達します。町を散歩すれば、5軒に1軒が空き家という状況になるのです。人口が20％減って行く3大都市圏以外の地方では、3軒に1軒が空き家になります。もちろん空き家になるのは建築年が古いものからです。1990年代後期からの人口減で生じていた「北海道現象」が今後、全国化します。

これは、65歳以上が50％以上になった限界集落の消滅という事態でもあります。全国1800の市区町村のうち半分の900は存続が難しくなり、全国の6割の地域では2050年になると人口が半分以下になります。1人当たりの所得は増加しますが、不動産価格は上がらなくなります。

以上の人口事情から、これから10年スパンの長期で見た土地価格は人口が増加ないし維持される地域、および商業設備投資がある大都市部以外は相当に下がります。これが、人口が大き

図15-1　リーマン危機後の主要国政府の財政赤字比率
（財政赤字比率＝財政赤字／名目GDP）

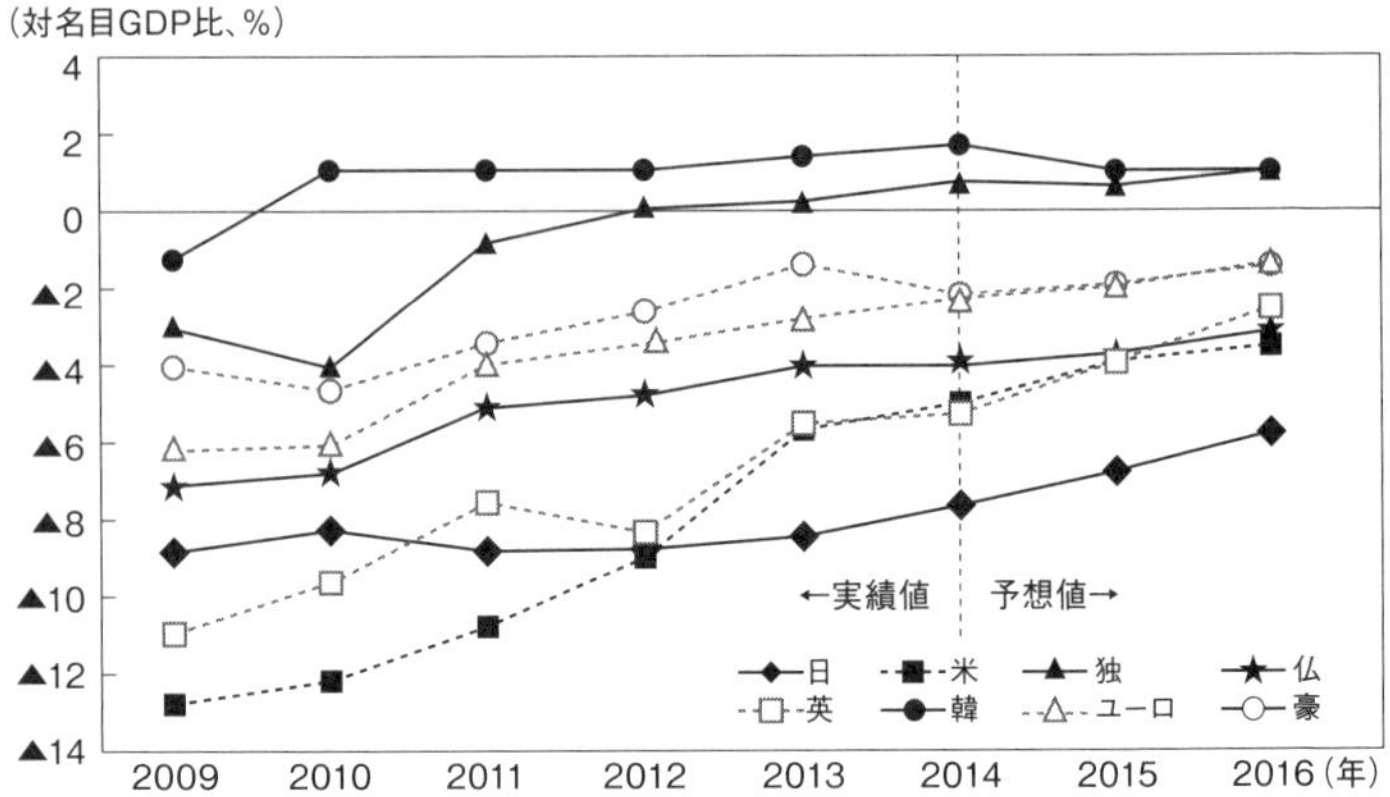

	日	米	独	仏	英	ユーロ圏	韓	豪
2009年	▲8.8	▲12.8	▲3.0	▲7.2	▲11.0	▲6.2	▲1.3	▲4.1
2010年	▲8.3	▲12.2	▲4.1	▲6.8	▲9.6	▲6.1	1.0	▲4.7
2011年	▲8.8	▲10.7	▲0.9	▲5.1	▲7.6	▲4.1	1.0	▲3.4
2012年	▲8.7	▲9.0	0.1	▲4.8	▲8.3	▲3.6	1.0	▲2.6
2013年	▲8.5	▲5.7	0.1	▲4.1	▲5.5	▲2.9	1.3	▲1.4
2014年	▲7.7	▲5.0	0.6	▲4.0	▲5.3	▲2.4	1.6	▲2.2
2015年	▲6.8	▲4.0	0.5	▲3.8	▲4.0	▲2.1	1.0	▲1.9
2016年	▲5.8	▲3.6	1.1	▲3.2	▲2.5	▲1.4	1.0	▲1.5

財政赤字比率：OECD Economic Outlook 15年6月

この財政赤字比率がマイナスを続けると、GDPに対する政府債務は拡大する。

これは、〔G（名目GDP増加率）<D（政府債務増加率）〕を意味し、財政は破産に向かう。

2014年までは実績値、15年、16年はIMFの予想値。

債務比率が減るには、2014年の実績値（日本7.7%；米国5.0%；仏4.0%；英5.3%）より高い、名目GDPの成長が必要。

く減る日本の特殊事情です。

2040年に向かい人口が増加ないし維持される県は東京都、神奈川県、愛知県、滋賀県、沖縄県です。総人口は1億700万人へと2000万人減少します。年率0・7％減、25年間で16％の人口減です。

このうち15歳から64歳までが生産年齢人口です。2015年では7681万人（総人口の60％）です。2040年には5786万人へと1895万人（25％）も減ります。年率平均0・9％という高い率の減少です。GDPを生み出す生産年齢人口の減少が、わが国の実質と名目GDPの増加を困難にする要素です。

GDP＝1人当たりGDP生産性×生産年齢人口×就業率（78％程度）だからです（人口の予測データは国立社会保障・人口問題研究所）。

一方、通貨安とインフレで売上が増える企業の株は上がるでしょう。

そしてとりわけ、**ドルの反通貨である金は高騰**します。

図15-1に、リーマン危機後の主要国における財政赤字の傾向を示しています。危機後7年の2015年、2016年のIMF予想でも日本は名目GDP比の5・8％、米国は3・6％、フランスは3・2％と高い。

この財政赤字の増加が名目GDPの増加率より高い「G（名目GDP成長率）＜D（財政赤字の増加率）」が続くと、いずれ財政危機が来ます。

2014年の財政赤字の実績値に対して、GDPに対する債務比率が増えないためには、日本は7・7%、米国は5・0%、フランスは4・0%、英国は5・3%以上という高い名目GDPの成長が必要です。これらはいずれの国にとっても実現が無理なものです。

【ハイパー・インフレにはならない】

財政が破産状態になり国債価格が暴落すると、戦後のようなハイパー・インフレ（物価が300倍以上）になるという粗雑な論を主張している論者が多いのですが、グローバル生産と国際物流が進んだ現代では誤りです。財政破産の場合、商品を生産する工場、輸出入、そして国内ロジスティクスの破壊はありません。商品需要を増やす通貨の激増もないからです。

その国のGDPの潜在成長力を需要が大きく上回らないと、物価の10%以上の高騰は生じません。

潜在成長力とは、わが国では失業が3%台の完全雇用（職業移動の自然失業率）のときのGDPです。この完全雇用は、設備の100%稼働も意味しています。2015年現在、わが国のGDP潜在成長力は低くなっています。低く見たとき0・5%、高く見ても0・9%程度です（IMF

は0・8%としています)。

財政の破産とその恐れに対して、一般に政府支出(社会保障費、公務員人件費、公共事業費)を減らす緊縮財政がとられます。緊縮財政は需要を減らすことですから、GDPは減ります。**しかし、国内物価は逆にデフレ傾向になります。財政破産に向かうと、通貨が信用を失う通貨安で輸入物価が上がり、金利も上がります。**自国通貨の価値低下を恐れるため、預金は引き出されて外貨買いが増え、2分の1以下の通貨安になります。外貨インフレ、自国通貨安になります。同時に金利は10%を超えて高騰し、平均7年の残存期間の国債は50%や60%も暴落します。これはそのまま通貨価値の下落でもあるのです。通貨は、中央銀行が国債を現金に両替えしたものだからです。

【金融資産の価値は負債の価値】

金という普遍価値の裏付けを切られた世界の通貨には、国債の裏付けしかありません。普遍は過去から将来、世界で共通ということです。つまり、負債である国債の信用は、政府財政の健全さに依存します。この三段論法から負債性通貨の信用は、政府財政に依拠します。

負債性の通貨と預金通貨を含むわれわれの金融資産は、銀行の仲介機能によって誰かの金融負債になっているという二面性をもちます。この負債の価値は借りた主体が債務の利払いを続けることができ、返済も可能であろうということに由来します。

政府の債務である国債の信用は前述のように、

- 政府が利払いを続けることができ、
- いずれは返済ができるという信用です。
- 返済できないときは金利を上げずに、借り換え債の発行を継続できる信用です。

2015年度の財務省の計画では、

①財政の赤字に対応した新規債の発行が36・9兆円、

②2011年の大震災の復興債と、政府系金融機関や独立行政法人の財投債が16・9兆円、

③借り換え債が116・3兆円で、合計は170兆円です。

毎年の新規債が40~50兆円、借り換え債が約120兆円です。合計で170兆円~180兆円という巨額です。この借り換え債が売れないと、国債の満期返済ができません。なお発行される国債には新規債と借り換え債の区分はなく、同じものです（平成27年度国債管理政策の概要）。

（注）https://www.mof.go.jp/jgbs/issuance_plan/fy2015/gaiyou150114.pdf

17年前の1998年には借り換え債を含む国債の年間発行は、現在の44％に過ぎない76兆円

でした。しかし当時の橋本内閣の時期ですら、財政破産が懸念されていました。9年後の2007年の国債発行は141兆円へと倍増しています。2011年には、さらに176兆円に増え、その後は日銀の買いによる国債金利の低下からの利払いの減少があるため、170兆円台でした。

残高で700兆円を超えたころから既発分の満期到来による返済が増えたため、借り換え債は100兆円以上の発行になっています。

政府債務の総額は、地方債を含んで1209兆円（15年6月）です。この中で中央政府の国債残は905兆円です（15年度予定）。905兆円の国債の保有では、①日銀が233兆円、②銀行が349兆円、③生損保が197兆円、④官民の年金基金が97兆円、⑤海外が90兆円、⑥家計とその他が49兆円です（14年9月：財投債を含む）。

【2000年代から始まった日銀による財政ファイナンス】

このうち日銀の国債所有は1年に80兆円の速度で増えています。借り換え債を含む国債の発行が130兆円を超えたあたりから、民間金融機関が引き受けることのできる限度を超えている感じです。

近年の政府の新規発行は、財投債等を含めば40兆円付近です。日銀はこの40兆円に加え、銀行・生保・年金基金・ゆうちょ銀行がもつ国債を1年に40兆円買い上げています。まさに三次元の世界ではあり得ない異次元の買いです。

買いを停止せねばならない**「出口政策」のときは、市場で国債が余って金利が高騰し、国債価格の大きな下落**があるはずです。日銀以外の金融機関は、超低金利で下落リスクの大きな国債を買う習慣をなくしてしまったからです。

政府債務の残高が名目ＧＤＰの２４０％であるわが国で、米国のような利上げと国債価格の下落を伴う出口政策がとれるか、疑問です。円国債には海外からの大きな買い手はないからです。

米国では、基軸通貨を続けるドル国債を海外が買ってくれるため、出口政策をとることができます。ただし２０１４年からの中国は自国での必要のため、米国債の売り手になっています。このためＦＲＢが利上げをする予定でもあるのです。この利上げは、海外の国債買いを促すことを目的としています。

過去、わが国の40兆円規模の新規債の発行分は、国民の預金増加分で金融機関がファイナンスしてきたように言われます。実はこれは違うのです。**２０１３年４月からの異次元緩和の前から、日銀は年間にほぼ20兆円の枠で国債を増加保有し続けていました。**金融機関が買い受け増加保有ができる国債は、金利を上げない状態では年間20兆円がほぼ限度だったからです。

日銀が20兆円分を買い受けないと金利が高騰し、国債価格は下落していたでしょう。**法が禁じる日銀による財政ファイナンスは、ゼロ金利策をとった2000年代から行われています**。しかしこれが日銀による国債ファイナンス、つまり財政資金の提供とみられるとまずいので、国内の金融機関により消化されてきたと政府は言い、その架空の立論を官庁エコノミストが支持してきただけの話です。

米国の政府債務はGDPの101%、金額では$18・2兆（2180兆円：2014年）です。1年に$0・8～1兆（96～120兆円）の債務が増えています。新規債のうちほぼ50%は国内で消化していますが、50%（60兆円）を海外に売らねばならない。

米国はGDPに匹敵する対外債務という弱点を抱えています。中国、日本、産油国が保有する米国債を同時に売れば、米国では金利が高騰して国債価格が下落し、数カ月で財政危機と金融危機になるからです。

【肝要なのは日銀の固有信用ではなく政府の財政信用】

日銀による財政ファイナンスが行われていても、金利が高騰して国債価格が下がる状況になってはいません。日本にはまだ「日銀が国債を買えばいい」という形で、財政信用が残っていると金融機関が見ているからです。

ところが政府のマネー発行部門である日銀は、かつての金のような固有の自己資産はもちません。資産と言えば政府の債務である国債と若干の外貨だけです。しかし**一般には通貨発行権という、資産とも見なせる行政権力をもっていると見られています**。このため日銀が国債を買うと金利が下がり、国債価格が上がります。

日銀の信用とは、発行する通貨の信用です。**通貨の価値を裏付けるのは、金本位ではない現在、政府債務である国債の価値です**。それなのに一般には、日銀は固有信用をもつと見られているのです。この信用がないと見破られれば、日銀が国債を買っても市場の国債価格は上がらず、金利が高騰し続けるという事態を迎えます。

中央銀行の固有信用のなさは、１９９７年のアジア通貨危機と、１９９８年のロシアの財政危機のときも露わになりました。いずれの場合も、中央銀行による国債の購入は金利を下げるのに無効でした。このとき**金という裏付けのない通貨の信用は、中央銀行がもつ固有資産ではなく政府の財政信用に由来していたと皆にわかったのです**。

財政信用とは、国債を買う金融機関が、「日本の財政は、将来的にも大丈夫」と考えていることです。政府が国民に向かい、財政を信用してほしいと言っても、信用を作ることはできません。周囲が自発的に寄せるのが信用というものだからです。

ただし財政信用の悪化に、名目ＧＤＰの１５０％や２００％という債務比率の限度の基準があるわけではない。名目GDPの100％や150％でも金利が高騰して財政が破産する国もあれば、200％を超えても破産に至らないこともあります。財政破産を端的に言えば、債券市場の金利の高騰です。

財政信用で肝心なことは、名目GDPに対する債務比率が将来上昇して行くのか、維持か、下落かです。

債務比率が維持されるか低下すれば、財政赤字はサステナブルになって問題は起こりません。

一つの文で言うとややこしい言い方になりますが、**財政信用の根底にあるものは、いずれ「G（名目GDP成長率）＞D（財政債務増加率）」になって債務比率は低下するだろうと、金融市場が政府に寄せる期待です。**具体的には、物価上昇を含む名目GDP（499兆円：2015年）の将来成長率が、政府債務（1209兆円）の予想増加率を上回るという予想です。

わが国の1209兆円の政府債務は毎年、ほぼ40兆円増加してきました。増加率は3・3％です。他方、物価上昇を含む名目GDPは、2007年は512兆円でした。08年501兆円、09年471兆円、10年482兆円、11年471兆円、12年475兆円、13年480兆円、14年487兆円、15年予想は500兆円です（IMF）。

最近8年、名目GDPは2007年の512兆円から12兆円もマイナスしています。右の不等式とは逆向きの「G（名目GDP成長率＝0％）＜D（政府債務増加率＝3・3％）」です。2013

年からはリフレ策としての異次元緩和を行い、消費税の3％の上げで物価を2％上昇させたあとにもかかわらず、所得の増加がなかったために、名目GDPは低下したのです。

つまりこの8年、財政破産の方向に向かってきていたのです。

異次元緩和の本当の目的は財政ファイナンスである

ここまで考えを深めると、**2013年4月からの異次元緩和**は、

・物価上昇を、2年後を目途に2％にするというインフレ目標を掲げつつ、
・景気を上向かせて消費税を上げることを行い、
・**財政のファイナンスを行うことを目的にしたもの**だったとわかります。

その数値的な立証です。こうしたことについては、当局は当然公言しません。数値を根拠にした推計しか方法がない。日銀のみならずFRBが金融政策の本当の目的を言わないことは度々ありましたし、今後もあります。

2008年のリーマン危機以後、わが国の名目GDPが8％低下（07年512兆円→09年471兆円）したことは、5230万の世帯と260万社の企業の合計所得額が41兆円も減っていた

ことを示すものです。他方、政府債務は毎年確実にほぼ40兆円（3・3％）ずつ増えてきました。財務省は経理マン特有の慎重さをもっています。国債の発行にあたって毎回、金融機関の全部に買い受けの可能額をヒアリングしています。これを市場との対話と言っています。国家の財政をあずかる財務省にとって重大である国債では、出たところ勝負はしていません。

この財務省の認識にあっても、**国債を買う債券市場で所得である名目GDPの低下から、国債の引き受け難が起こりつつあった。**日銀は20兆円の国債を買い増し続けていたのですが、金利が上昇する恐れが生じていたのでしょう。

国債残が世界一大きいわが国では、市場の期待金利の上昇は致命的です。

2012年の時点で、日銀資金循環表の定量的な分析から世帯の預金増加が減っていくため、民間銀行による円国債の引き受け難は2015年から起こると書きました（拙著『マネーの正体』ビジネス社・2012年11月・108P〜114P）。財務省の分析でもこの恐れが生じていたため、2013年4月から日銀が異次元緩和を開始し、国債の引き受け難を将来に先延ばししたのでしょう。

以上の結果が、

［目的］**財政ファイナンスを隠すため、**

［手段］**デフレを諸悪の根源とした上で、リフレ策をとることを国民に対する説明とし、**

［方法］**日銀が1年に70兆円の国債を買い増す異次元緩和です**（現在は80兆円）。（注）リフレ策とは、マネーを増発することにより、インフレにもっていくことです。

財政危機から脱するには、①増税、②政府支出の削減、③債務が増える速度である3・3％以上、名目GDPが成長するように金融の超緩和をして、債務比率を減らしていくしかない。政府は消費税の3％＋2％増税で①を、異次元緩和で③を狙っています。

異次元緩和が本当は財政ファイナンスである証拠は、物価目標2％を達成したあとの出口政策を議論すること、そして実行の困難さに表れています。

日銀が言うように、2016年の後半か2017年に原油価格が回復し、物価上昇率（生鮮を除くコアCPI）が2％に上がれば、はっきりすることです。物価目標を達成すれば、市場の期待金利が上がります。金利が上がった上に、異次元緩和をやめると1000兆円を超える既発国債の下落が大きくなり、出口政策は実行できないからです。

異次元緩和が財政ファイナンスでないとすれば、日銀による80兆円の国債の買い増しを停止して利上げする出口政策がとれるはずです。

【国債を増発して財政拡大せよとする「国土強靭《きょうじん》化論」の誤り】

政府が国債を増発し、財政支出を拡大すれば直接に名目ＧＤＰが増加し、債務比率は低下に向かうと主張する財政主義の論者も見かけます（債務比率＝政府債務／名目ＧＤＰ）。政治家や、エコノミストにも多い。

安倍内閣の初期に提唱されていた向こう10年で２００兆円を使うという「国土強靭化」がこれです。金額は小さいですが、２０２０年の東京オリンピックの公共投資１・７兆円もこれです。

論者は国債を財源にして公共事業を増やし、社会保障の支出も増やせばＧＤＰが増えるので、政府債務の問題は解決に向かうと言う。果たしてそうか。ここで短く検証します。

ＧＤＰが伸びないこと、つまり不況対策として10兆円の国債を追加で発行し、10兆円の公共事業を行うとします。政府の総債務の１２０９兆円ではなく、その中の国債の分である９８５兆円（15年度）として考えます。

①中央政府の国債の残高は現在の傾向より10兆円分増え、（９８５兆円＋10兆円）＝９９５兆円になります。

②名目ＧＤＰは２０１５年度の内閣府予想５０４兆円から、公共事業の10兆円の増加により５１４兆円になるとします。

10兆円の公共事業追加前の政府債務比率は〔985兆円／504兆円＝195・4％〕です。実行後は995兆円／514兆円＝193・6％〕でしょう。確かに国債での債務比率は195・4％から193・6％へと1・8ポイント改善するように見えます。

一見では、赤字国債を増発し公共事業を増加させれば、政府債務の比率は改善し、財政危機の問題は小さくなって行くように見えるのです。ただしこの場合、**公共事業が名目GDPを増やす「乗数効果（ケインズが主唱）」を1・0としています**。公共事業の拡大分の10兆円、初年度の名目GDPが増えることです。実はこれこそが資産バブル経済が崩壊した1990年以降の25年間、政府がずっと行ってきたことなのです。

第5章の図5-2に戻って政府の国債を含む総債務の、名目GDP比の推移を見てください。2000年の136％から2015年の234％にまでわが国の債務比率は増加し、15年で1・7倍になっています。

増発国債を財源にして増やした財政支出がGDPに対する債務比率を改善に向かわせるのなら、財政危機に向かう事態は生じなかったでしょう。**実際は、これが2015年には234％に拡大してしまい、政府の債務比率が15年で1・7倍に増加したのです。**

なぜこうなったのか？

公共事業の増加によって名目GDPを増やす乗数効果が、GDP全体に対して1・0倍ではなく、0・3倍や0・2倍と小さかったからです。原因は国債が追加で発行され、国債の増発がなければそのマネーで行われていたはずの民間事業が縮小したからです。これが資本の自由な移動の時代の、国債発行による公共事業の無効を説く**マンデル＝フレミング・モデル**です。

［マンデル＝フレミング・モデル］ 現代の資本移動が大きな変動相場制の中で財政支出を拡大すると、そうでないときより金利が上昇する。完全雇用に近い中で金利が上がれば国内需要が減って、その分円高にもなる。円高になると輸出が減少し、財政の拡大によるGDPの増加効果を打ち消してしまう。このため名目GDPは公共事業を増やした分は増えず、乗数効果は0・3倍や0・2倍、ときには0倍になってしまう。

以上のように、10兆円の国債増発による公共事業も名目GDPを10兆円は増やさず、3兆円や2兆円、ときには0だったのです。財政支出を増加させても、名目GDPは目的のようには増えず、それゆえに、債務比率が2000年の1・7倍の234％（2015年度）に拡大したのです。

国債を発行して公共事業を増加させることで、名目GDPが公共事業費以上に増えて政府の債務比率が低下するなら、こんなに簡単なことはない。世界の政府がこれを行って債務比率を低下させ、ケインズの乗数効果により、あらゆる国の財政危機は消滅していたでしょう。国債による公共事業費が大きなギリシャが、財政危機に陥ることもないはずです。

20世紀初頭の経済が前提だったケインズの公共事業の効果は、国を超えた資本移動が少ない閉鎖経済でのものです。資本移動が1日700兆円もある現代では、マンデル＝フレミング・モデルで考えねばならない。

現実の名目GDPでは乗数効果は小さく、公共事業費より相当小さい増加しかしていません。以上から、世界の名目GDPに対する債務比率は公共事業の増加により、大きくなる一方だったのです（確認：図5-2）。

財政支出を増やせば債務比率は改善に向かうという論は、乗数効果の低下を無視した間違いです。債務危機を続けるギリシャがさらに国債を増発して財政支出を増やせば、国債の金利は30％以上に高騰し、危機は深刻になることから考えても明白でしょう。

異次元緩和後の名目GDPと政府債務

政府は財政破産があり得ないことを示すため、毎年2回、「中長期の経済財政に関する試算」を作っています。作成は内閣府で、提出の場は経済財政諮問会議です。

筆者も主に経産省の流通とIT政策の、小さな審議会や研究会に専門委員として呼ばれて参加していたことがあります。要は「政府と官僚が思い描くことを察知し、それを民間委員の意見として陳述する場」でした。政府の方針に沿わない意見は政策になることはない。日本の会議での結論は、定義と論理を戦わせるディベートではなく、山本七平が見事に言った「空気」で決まります。

図15-2に最新版の要点となる数値を抜粋して示します。最初は「経済再生ケース」とされるもので、金融、経済、雇用政策がうまくいったときのものです。2017年度の消費税の2%増税の実行も盛り込まれているので、その年から財政収支は毎年5兆円くらい改善されています。

そのとき実現する名目GDPの成長は、平均年率で3・1%とされています。

一方で公債（国債＋地方債）は、毎年22兆円平均で純増し、2023年には累積で222兆円

図15-2　中長期の経済財政に関する試算：2015年7月：経済再生ケース：内閣府

年度	2014	2015	2016	2017	2018	2019
名目GDP　兆円	490	504	519	533	554	573
名目GDP　成長率	1.6%	2.9%	2.9%	2.7%	3.9%	3.5%
物価上昇率	2.9%	0.6%	1.6%	3.1%	2.0%	2.0%
名目長期金利	0.4%	0.9%	1.4%	1.9%	2.7%	3.4%
基礎的財政収支（GDP比）	-4.4%	-3.0%	-2.5%	-2.3%	-1.7%	-1.4%
公債残高　兆円	959	985	1006	1027	1048	1071
公債／名目GDP	196%	195%	194%	193%	189%	187%

年度	2020	2021	2022	2023	平均
名目GDP　兆円	594	616	639	663	
名目GDP　成長率	3.6%	3.7%	3.7%	3.7%	3.1%
物価上昇率	2.0%	2.0%	2.0%	2.0%	2.0%
名目長期金利	3.9%	4.2%	4.4%	4.5%	
基礎的財政収支（GDP比）	-1.0%	-0.6%	-0.4%	-0.2%	
公債残高　兆円	1095	1121	1150	1181	純増222
公債／名目GDP	184%	182%	180%	178%	

この経済再生ケースは、①大胆な金融政策、②機動的な財政、③民間投資を喚起する成長戦略の３つが、同時に効果を上げたとして計算されたもの。実質経済成長は2%以上、名目GDP成長は3%以上となる。
生産年齢人口の年率1.2%の減少に対しては、①65～69歳の就業率を現状の52%から61%に上げる、②30～34歳女性の労働参加率は71%から80%に上昇させることができたとの仮定がある。
また、わが国の輸出に大きく影響する世界の経済成長は、実質で4%と高く見ている。
2017年には、消費税の2%増税を実行し、財政収支は１年に８兆円程度は改善としている。

増えて１１８１兆円になります。（注）借入金を含む政府の総債務は、２０１５年時点でもこれより28兆円多い１２０９兆円ですが、ここでは借入金を入れず国債と地方債のみが計上されています（日銀：資金循環表）。

経済再生ケースの場合、２０１４年の政府債務比率（国債残／名目ＧＤＰ）は１９６％ですが、２０２３年には１７８％に低下すると計算されています。

理由は、①名目ＧＤＰの成長率を年率平均３・１％と高くしたこと、②２０１７年の消費税の２％増税を入れ、年間５兆円程度（名目ＧＤＰ比で１％）税収を増やしたことです。

この楽観的な経済再生ケースが実際なら、

米国が対外負債（$26兆：3120兆円：名目GDPの160％：2013年）を減らすために2分の1にドルを切り下げるというような外的ショックがない限り、2023年までの財政危機は生じないでしょう。

【米国の対外債務】　基軸通貨国である米国は、対外債務もドル建てです。ドルで借りているため、一方的なドル切り下げにより対外債務を減らすことができます。

1971年の金・ドル交換停止のとき、ドルは50％切り下がっています。その14年後の1985年にはプラザ合意によって、マルクと円に対してドルをほぼ2分の1に切り下げています。1985年以後、30年が経過しています。ドルをどんなに切り下げても、新興国のドル需要（外貨準備の増加）が加わって、米国の対外債務は増え続けています。

これから先10年のスパンなら、〝3度目〟の50％のドル切り下げは確実に思えます。カギを握るのは、対外資産が939兆円（15年6月）に増えている日本、そして$3・5兆（420兆円：2015年8月）の外貨準備をもつ中国です。中国は2014年から国内の経済対策のため、外貨準備を年間$940億（11兆円）の速度で売り始めています。ただしドルが切り下げられても、前述のようにドルがもつ媒介機能とネットワークの効果が圧倒的なため、基軸通貨であることは変わらないと判断しています。もし米ドルの2分の1への切り下げがあると、ドル建てがほぼ80％である日本の対外資産は378兆円も減ってしまうため、最大規模の外的ショックになります。

【経済再生ケースに存在する3つの無理と金利上昇の危険】

この政府の経済再生ケースには3つの無理があります。

①わが国の働く世代である生産年齢人口に年率1・2%の減少があること。

②世界経済の物価上昇約2%を除いた実質成長が4%と高すぎること。物価を含む名目成長では年率6・0%が前提です。

③それに2018年からの金利の上昇という危険です。

まず生産年齢人口です。15歳から64歳の就業率は78%です。これが改善しても、働く人は年率で1%は減っていきます。就業者が1%減り続ける中でGDPの名目成長が平均で3・1%ということは、年率で4・1%、1人当たりの名目GDPが増え続けることが必要です。

1人当たりの名目GDPの増加を企業に置き換えれば、260万社の平均的な1人当たり粗利益額が年率で4・1%上昇し続けることになります。これはわが国の1970年までの高度成長期の数値です。つまり今後10年、企業は40年前の高度成長期並みの1人当たり粗利益の増加を続けなければならないとしている点に大きな無理があります。

生産と物流のロボット、販売の自動化、事務管理のIT化部分（つまり設備投資）をどんなに増やしても可能ではない。現在年率4・1%で、会社の1人当たり粗利益額（物価上昇を含む名目額）が上昇を続けている会社は30社に1社もない。こうした〝**非現実**〟**が前提になっているのが、政府**（**内閣府**）**が示す再生ケースです**。

2番目は、世界経済の実質4％成長という前提の無理です。もっとも高い成長は中国であり、前提の実質成長は7％や6％でしょう。ところが、中国の2014年度からの本当の実質成長は政府統計局が公表した6・9％ではなく、4％程度です。**生産年齢人口が減少に入った中国が7％の成長に戻ることはない**。2014年の本当の実質GDPの成長は電力消費と物流量から見れば、2％や1％かもしれません。中国が4％以下の成長の場合、今後の世界経済の実質成長は2％台後半から3％に下がります。そうなると日本の輸出が主導する名目成長も、世界経済の減速分だけ下がります。

なぜ内閣府は、無理とわかる名目GDPの3・1％成長を出したのか。自民党政府へのおもねりと幹部官僚の人事へのお願いです。自己本位のおもねりで国家の計を誤っています。戦後のような気骨のある官僚はいない。早くも1年後の2016年に、あれは無理だったとわかる数字がこの再生ケースです。

【2018年からの金利上昇の危険】

3つ目の、2018年からの金利の上昇はもっとも重大なものです。

内閣府は、名目GDPが3・1%平均で成長したとき、2018年の長期金利は2・7%、2019年が3・4%、東京オリンピックの2020年には3・9%に上がるとしています。経済成長が3%に上がれば企業の設備投資の借り入れ需要が増えるため、長期金利は上がるからです。

前述したように、**現在の金利は10年債でも0・4%と超低金利です。この長期金利が1%上がるにつき、平均残存期間7年の国債の流通価格は6・5%も下落**します。

2018年の公債残は1048兆円です。期待金利の1%上昇で68兆円の含み損が生じ、異次元緩和が続いた場合、現在の2倍を超える600兆円の国債をもつことになる日銀が先頭を切って30兆円以上の債務超過になります。

そして**2020年に内閣府が想定するように、長期金利が3・9%に上がると、国債価格は今より20%下がります。日銀を含む全金融機関の含み損は、〔1048×20%=209兆円〕という大きさに達します。**

(注)実際には一挙に209兆円の損が生じるのではなく、金利が1%上がっていく年度ごとに国債保有高の6・7%の含み損が生じます。5年で209兆円は、年間42兆円です。1990年代から2000年代は金利の低下のため、金融機関に国債のキャピタルゲインが生じてきましたが、2015年以降は金利の上昇で逆になります。

209兆円も国債の流通価格が下がると、わが国の全金融機関の自己資本が消え、100兆円スケールの債務超過になります。超低金利で価格がついていた国債バブルが崩壊します。以上が意味することは、銀行間の資金調達手段である短期融資が、相手のリスクを避けるために縮小し、決済ができない銀行・証券・保険会社に連鎖するシステミックな危機です。

驚くのは、この危機を生む金利を2018年から内閣府が〝想定〟していることです。国債と金利に絡む事情と波及を知った上で2018年の長期金利2・7%、2020年の3・9%を想定したのか疑問です。

財政破産を引き起こさないために作った再生ケースが示すことは、皮肉にも2018年からの金融危機・財政危機です。2020年の東京オリンピックのとき、長期金利が3・9%なら危機は確実です。経済規模は違いますが、アテネ五輪（2004年）の財政支出が財政悪化の引き金になったギリシャに似ています。

限界を超える荷を積んだラクダは一本の藁でも臨界点に達し、背骨が折れます。

日本の金融危機と金利の高騰は、円キャリートレードが多い米国に、次に米国から欧州に波及します。

1998年の金融危機のとき、橋本首相はクリントン大統領を前に「日本発の世界恐慌は引き起こさない」と演説しました。当時の国債残はいまから思えばごくわずかな295兆円（現在の3分の1）でした。国債を増やす余力があり、日銀が国債を買って、金融機関に対してバブル崩壊後の不良債権を覆う100兆円を供給する余裕も十分にありました。

次回はどうか。異次元緩和で使い果たし、日銀も余力は少ない。2018年には、限界量の荷を積んだラクダになっているのかもしれない。

図15-2の経済再成ケースの金利で、政府自身がそう表現しています。政府の政策が招く金融危機では、金融資産の多い人ほど被害が大きくなります。

安倍首相が退陣し、首相が指名した日銀の黒田総裁も辞任して、異次元緩和の突然の収縮、または終わることの「ショック」も想定できます。そのときは、日銀が買い増しを減らした国債の金利が高騰するからです。国債の残高が名目GDPの1倍（500兆円）なら、1％や2％、または3％の金利の上昇でも危険はありません。ところがGDPの2倍の1000兆円もあると、2％以上の金利上昇に耐えられなくなるのです。3％上昇なら、明確な財政破産です。

【ベースライン・ケース】

政府は小泉内閣の2002年から、この「経済財政の中長期の試算」を出しています。

ところが、毎年出される試算と実際値との開きがあまりに大きかった。2011年に作られた「試算」では、15年の名目GDPは成長シナリオで540兆円、もっとも低い慎重シナリオ

図15-3　中長期の経済財政に関する試算
2015年7月：ベースライン・ケース：内閣府

年度	2014	2015	2016	2017	2018	2019
名目GDP　兆円	490	504	519	527	537	544
名目GDP　成長率	1.6%	2.9%	2.9%	1.5%	2.0%	1.3%
物価上昇率	2.9%	0.6%	1.6%	2.5%	1.2%	1.2%
名目長期金利	0.4%	0.9%	1.4%	1.5%	1.8%	2.0%
基礎的財政収支（GDP比）	−4.4%	−3.0%	−2.5%	−2.5%	−2.1%	−2.2%
公債残高　兆円	959	985	1006	1028	1049	1072
公債／名目GDP	196%	195%	194%	195%	195%	197%

年度	2020	2021	2022	2023	平均
名目GDP　兆円	552	559	566	574	
名目GDP　成長率	1.3%	1.3%	1.3%	1.3%	1.6%
物価上昇率	1.2%	1.2%	1.2%	1.2%	1.5%
名目長期金利	2.1%	2.3%	2.4%	2.5%	
基礎的財政収支（GDP比）	−2.2%	−2.2%	−2.3%	−2.4%	
公債残高　兆円	1097	1124	1154	1186	
公債／名目GDP	199%	201%	204%	207%	

ベースライン・ケースは、現在の傾向よりは上向くが、金融政策、経済対策、就業者増加対策が、十分な効果を発揮していないもの。
ただし、物価の上昇は平均 1.5%と現在より高く、名目 GDP の成長も 1.6%と高い（現在は、名目 GDP は 0%成長）
この場合、政府債務比率（公債残高／名目 GDP）は、2015 年の 195%から 2023 年の 207%に増加する。
問題の長期金利は、2018 年には 1.8%に上がり、その後は 2.0%から 2.5%に上がるとしている。

で５１０兆円でした。慎重シナリオでも、４年後ＧＤＰに対して10兆円の誤差があったのです。成長シナリオでは40兆円も違っていました。

成長シナリオは、毎年架空のキャンバスに描いた餅《もち》でした。なぜこうなるのか。**政府が楽観的な未来を描きたいから**です。なお慎重シナリオは現在、ベースラインと言い換えられ、これ以下はないとされています。

図15-3の慎重シナリオでも、名目ＧＤＰの平均成長率は１・６％です。現状はほぼ０％です。１・６％でも10年では１・17倍ですから、名目ＧＤＰは５７４兆円（現在は５００兆円）になります。現在の年収５００万円の平均的な人が、２０２３年には５７４万円になるということです。

長期金利は投資需要があまり増えないので、18年で1・8%、19年2・0%、20年2・1%とされています。**2%台の金利ならすれすれではあっても、何とか大丈夫**です。3%を超えると危なくなるのです。

ただしベースラインの場合、名目GDPに対する**債務比率は15年の195%から23年に207%までに拡大し、ワニの口が開きます**。このベースラインでも17年に消費税を2%増税し、財政赤字を毎年5兆円改善することは変わらない条件とされています。安倍政権によって17年の増税が先延ばしされれば、23年の政府債務比率は24%増えて231%になります。

ベースライン・シナリオの問題は、GDP成長率の低さが原因で債務比率が拡大することから、金融危機と財政破産が必然化することです。23年までなら、ドル危機、ユーロ危機、中国のバブル崩壊のような外的ショックもきっかけになるでしょう。

皮肉なことですが、経済再生ケースの場合、金融危機は2018年から2020年です。経済成長して金利が上がると問題が生じるからです。ベースライン・シナリオの場合は、内生的ではなく外的ショックからでしょう。いずれにせよ、金融危機と財政危機は起こります。

最終章　金融危機に備えて

株、不動産、国債のバブル崩壊から、債券と通貨の全面的な崩落となる金融危機や財政危機は、地震のように予告なく来るものではありません。

最短でも3カ月の前触れがあります。兆候を知っておけば、資産移転の準備が間に合います。

ただし危機の兆候が出ても、「いずれ回復する」と見る人が多く、政府も金融機関も短期での回復を言うので、下がる株や不動産を買い得と思って買い、資産を失ってしまう人は数多くありました。

リーマン危機と日本の資産バブル崩壊のときの、過程と進行を確認します。

【1年前から見られたリーマン危機の先行現象】

2008年9月のリーマン危機のときは最初、フランスの大手銀行BNPパリバのサブプライムローン関連の証券に買い手がつかないという「パリバショック」が起こりました。これが端緒でした。リーマン危機の1年前の07年8月でした。

米国の住宅価格の下落が始まったのは、その1年前の06年からでした。日銀が量的緩和を停止し、ヘッジファンドがゼロ金利の円を借りてMBS（不動産ローン担保証券）を買っていたキャリートレードが急減した06年7月からだったのです。07年末からは、米国の中小住宅ローン会社の倒産（100社以上）が始まっていました。同時に、全米5位の大手投資銀行で、住宅ローン債券が多かったベアー・スターンズの経営が急速に悪化し、08年5月にJPモルガン・チェースに救済合併されています。

危機の2カ月前の08年7月には、政府系住宅証券会社のファニーメイ、フレディマックが相次いで政府資金が$2000億（24兆円）投入されて、国有化されています。そして9月15日がリーマン危機で、米国株の暴落でした。**1年前から、株価の暴落とドル下落のサインは出ていたのです。**

大きく、しかも広範囲な危機のときは当初、損害が金融機関によって隠されます。損害額は小さいと宣伝されるのです。これは金融危機や財政危機につながるバブル崩壊に共通しています。日本への影響でも、当時の経済財政政策担当の与謝野馨大臣は、「蚊ほどの影響もない」と国会で答弁しています。

リーマンの倒産前も特徴的でした。当時のCEOは倒産の2週間前に、4半期決算で最高の利益を上げ、財務基盤は盤石と発表していました。デリバティブ証券の損害が表面化していなかったからです。清算日まで利益や損失は、確定しません。そして金融ムラの店頭取引の相手が承諾すれば、損失が露わになる清算日のロール・オーバー（延長）も続けることができるからです。

【隠される損失に惑わされるな】

消滅したリーマン・ブラザーズを含み、金融機関は大きな損が露呈するまで「財務は健全」と言い続ける本性を持っています。財務とは資金繰りです。自行の損害は大きいとCEOが漏らせば、噂は驚く速さで広がり、取付けが起こって、銀行間ローンの借り換えも停止されるからです。

金融機関は預金や銀行間ローンで低利の短期資金を借り、高い金利の長期の債券やローンに投資しています。1年以内の社債であるコマーシャル・ペーパー、短期ローン、短期債券で調達した資金を、長期のローンと債券に変えて、長短の金利差から利ザヤを取る**「満期変換」**が

金融業の本質です。

預金は払う金利が低い短期資金です。長期貸付は金利の高い長期資金です。金利の低い短期資金でマネーを集め、長期ローンや債券に変換して利ざやを利益にするのが銀行です。**危機を公表すれば、リスクを感じた預金者から預金が引き出されるので、はっきり露呈するまで隠し続けます**。これは粉飾というより、長短の資金の満期変換という金融事業の仕組みから来る本性です。

公的な監督当局が「A銀行は危機」と漏らせば、即日に取付けが起こるので、ストレステストで見つかった大きな含み損も隠されます。自己資本を壊さない範囲の損だけを外部に出すのです。2012年の南欧債の危機のとき、実際にユーロであったことです。

【デリバティブは金利上昇時に巨大なリスクになる】

デリバティブでは相手が承諾すれば、清算の満期を延ばすロールオーバーができ、損失の先送りができます。

そして多くはリーマン危機以降も、当局の配慮から時価会計の適用をのがれています。含み損があっても、所有者が見積もる粉飾の理論価格でいい。デリバティブの多くは権利や義務であり、清算日までオフ・バランス（バランス・シートに載せないこと）にできるので関係者にもわからない。専門紙のメディアも書かないことです。**大きな金融危機ほど、メディアの報道は遅れます**。金融資産を守るためには、バブル崩壊の兆候となる現象を見過ごさないようにしなければならない。

次回の金融危機はリーマン危機の後に、金融機関の不良債権が移転している国債バブルの崩壊です。これは3カ月前からの**長期金利の異常な上昇**でわかります。この異常さとは、中央銀行が利下げのために国債を買っても金利が反応せずに、上がることです。

米国と欧州の大手銀行の自己資本比率（自己資本／B／Sの資産・負債）は、レポ取引でのレバレッジが大きいため、3～5%台ととても低い。一例を挙げると、ドイツ最大のドイツ銀行は総資産・負債が1・95兆ユーロ（259兆円）ですが、自己資本はわずか779億ユーロ（10兆円）であり、株価評価を入れても、自己資本比率は3・8%です（14年12月：Yahoo Finance）。

たとえば金利がドイツ銀行のポジションをはずれて1%上がった場合、240兆円の国債、債券、株、融資等の資産が5%下落して、含み損で債務超過になる弱さです。ドイツは国としては財政が黒字で財務が健全なのに、国際的な業務を行っている銀行部門は脆弱なのです。世界でもっとも生産台数が多いフォルクスワーゲンの排気ガスの偽装が明らかになっていますが、ドイツの銀行も低い自己資本比率という問題を抱えています。**ドイツは国家の財政は健全ですが、民間企業部門には問題があります**。

米欧の銀行に多いデリバティブの本質は、利益も損も数倍から30倍に大きくするレバレッジの仕組みにあります。このため自行の金利予想が1％外れると、金利スワップ（想定元本6京650兆円）で、〔6京650兆円×1％＝606兆円〕の予期していない支払い義務が生じます。上がった金利の支払い義務を負う銀行が、瞬間に吹っ飛ぶ規模の決済額です。

一般には知られていない金利スワップ（固定金利と変動金利を交換）はデリバティブ総残高（7京5610兆円：本書の図2）の80％を占めています。これが世界の金融に仕掛けられた時限爆弾になっているという現実を、本書の読者は知っておいてください。本書が国債の金利上昇の危険を、繰り返し述べている理由がここにあるのです。

【日本のバブル崩壊のときの認識の遅れとその理由】

1990年の株価暴落から始まった日本の資産バブルの崩壊は、リーマン危機とは違い、デリバティブのからまない古典的なものでした。

予想PERで60倍以上と高騰していた株価の1990年からの下落は、米国の投資銀行とその資金運用部門であるヘッジファンドが仕掛けた、株価指数の先物売りとオプションの売りによるものでした。

当時の日本では、証券会社から株を借りて売る「空売り」はありましたが、株価指数の先物売りとプットオプションを知る人はほとんどいなかったのです。これらをもち込んだのはゴールドマン・サックスとソロモン・ブラザース、そしてロスチャイルド系の銀行から資金預託を受けているジョージ・ソロスでした。（注）空売り、先物売り、プットオプション（売りオプション）では、いずれも株価や債券価格が下がったとき、「売った価格－買い戻し価格」が利益になります。

株価を下げることで利益を出すデリバティブへの理解がなかったため、1989年末に未だに破られない3万8957円をつけた日経平均が90年末の2万3800円にまで40％下げたとき、「一体何が起こったのか」というのが一般の感想だったでしょう。

この時点でも、いずれ株価は戻るから押し目買いだとしている人が多数派でした。押し目買いは将来の上げを予想し、下がる過程で買い進むことです。

株価は1991年（2万1000円）、92年と下げ（1万4000円）、93年には2万1000円に反発し、94年は2万円を維持しますが、95年7月には再び1万4000円に下がったのです。

ここでも申し上げたいのは、**「バブル崩壊の認識はいつも遅れる」**ことです。

このためバブル崩壊の過程でも株を買って、金融資産を失う人と破産する人が数百万人も出たのです。株価下落の利益をかすめ取ったのは、米国の投資銀行と投資銀行からの預託マネーを運用しているヘッジファンドでした。一定期間後に買い戻して清算する先物売りとプットオプションでは、株価が下げる分が利益になるからです。

この認識遅れを立証するのが、90年代前半の地価の動きでした。4年も遅れたのです。日経平均が90年に2万3800円に、91年には2万1000円に下がっても、地価は上昇を続け、ピークは1992年でした。1980年に1000兆円だったわが国の総地価は、92年には2250兆円へと、2・25倍に上がりました。都市部の商業地では4～5倍でした。現在の総地価は1000兆円ですから、1250兆円の地価資産が失われています。

1992年を頂点に下がり始めても、まだ「日本の地価は上がる」として借り入れをし、買っていた人も多かったのです。借入金で不動産投資をした人々（これも数百万人）の多くが破産しています。**実は財務省と日銀は1994年になっても、「日本の地価は戻る」と公言していました。**なぜ、こうした4年もの認識遅れが生じたのか。

国民所得の増加をはるかに上回っていた地価の上昇でも、多くの人が「日本は米国に比べ、人口1人当たりの土地が少ない。したがって地価が上がるのが正常」だと見ていたからです。

国債バブルもこれに似ています。**「G（名目GDPの増加率：0％）＜D（政府債務の増加率：3・3％）」**が続いています。そして前項のベースラインの試算のように、今後も名目GDPに対する政府債務の比率は増加していきます。これを続けることができてきた理由は1つしかない。

1998年以降、日銀が大きく国債の買い受けを行ってきたからです。もし日銀が国債の買い増しを続けなかったら、債券市場の期待金利が上がって、政府の国債発行は抑制されていました。ところが「景気と金融対策」を政策目的に買い進んだために、国民の貯蓄、企業の貯蓄を預かる金融機関が1年に買いに回せる国債の量より多い発行が続いているのです。

この心理は、1992年から下がり始めても、日本は地価が上がり続けるのが当然としていたものと共通です。固定観念は、現実の変化を認めないのです。

日銀は、いつまで1年に80兆円の国債を買い増す異次元緩和を続けることができるのか。

2015年はまだ大丈夫でしょう。2016年はどうか、2017年はどうなるか。前項の、内閣府が作った「経済再生ケース」の想定金利を見てください（図15－2）。2018年が2・7%、19年3・4%、20年3・9%です。

「経済再生ケース」では、日銀が異次元緩和を停止して出口政策に向かうのは2018年とされているようです。奇妙にも「経済再生ケース」には、出口政策について一言《ひとこと》も書いていません。理由は、重大すぎる結果を招くからです。もっとも重要なことへの言及が欠落した変なものが、内閣府の経済・財政に関する試算です。

日銀の金融政策を完全に無視して、なぜ経済・財政に関する試算ができるのか不思議です。

2018年に出口政策に向かうなら、金利の上昇、言い換えれば国債価格の下落はこの程度では止まりません。これ以上のことは、第15章の「経済再生ケースに存在する3つの無理と金利高騰の危機」に具体的に示しています。

【バブル崩壊からくる金融危機に備えよ】

バブルは、負債で投資する人の、負債の過剰から起こります。

そして、投資対象になった資産（国債を含む債券、株、不動産）の、非合理な価格からの下落から負債の過剰が露呈し、売られた資産が大きく下落して終わります。

現在の日米欧の大きなバブルは、超低金利の国債です。国債価格の下落は、金融危機と通貨危機を同時にもたらします。

危機に備えて、自分の金融資産を守るにはどうすべきか。

本書の全体を通じて検討を深く行ったため、結論は単純になりました。

方策は4つです。4分の1に分けたポートフォリオでもいい。

①ドル危機のとき大きく上がる金への投資

②世界の金融危機、通貨危機のとき上がるスイスフラン

③インフレのとき売上が増える企業の株

④12章で述べた投資成長モデルになる企業の株です。

いずれも2、3年内の短期売買ではなく、5年以上の長期投資であることを銘記しておかね

ばなりません。この中で負債性通貨ではない金は、負債性通貨であるドル危機のとき2倍、3倍に高騰するでしょう。2015年9月末現在、1オンス$1127、1グラムで4725円（消費税込み：卸価格）です。この低い価格は、2012年からの、米国FRBが首謀し、投資銀行とヘッジファンドが行っている金ETFを使った売り崩しの結果のものです。FRBが金を敵視し続けている理由は、基軸通貨の価値保存機能の下落が金価格の上昇でわかるからです。

FRBの売り崩しがはずれたとき、金は4年来の高騰期に入ります。理由は、世界の中央銀行がドル準備に代わる準備資産として買い続けているからです。2011年以降、世界の中央銀行は金を米ドルに代わる準備通貨と考えています。

政府が管理する公的年金基金でも、危険な価格水準に高くなっている米国株を買うのではなく、金を買うことが望まれます。金の値上がり益で増える年金支出をまかなうことができるからです。なお金融危機のときは、株価は50％以上と大きく下落します。大きな金融危機のときは、格言に言う「半値・8掛け・2割引」になり、直前の高値からは30％付近が底値になることが多い。市場が総悲観論になる中で、底値を見極めて株価指数（日経平均、TOPIX、またはETF）を買うのは、古来、ロスチャイルド家が行ってきた方法です。底値の見極めが、このときの要所です。金融危機を、株を買う機会として待ち構えている投資家もいます。

退職後の世帯は20万円平均の厚生年金では足りず、毎月5万円平均で預金を崩しています。

世帯主が60歳以上の、負債を引いた純金融資産の平均は1732万円です。5万円を引き出し始めて356カ月（30年）後にはゼロになります。将来が不安なはずです。40代平均の総金融資産は988万円、50代1609万円、60代2168万円、70代以上2232万円です（総務省家計調査：2012年）。

10年先を見通し、金を買っておかれることをお勧めします。買い貯めた金は10年後、20年後を救うでしょう。50代の世帯平均の純金融資産は1041万円です。10年後、20年後の年金の支給額は物価上昇を引いた実質額では相当に減ります。金融資産の防衛と増加には、金への定額を買い続ける長期投資が本命になるでしょう。

おわりに

1998年から、わが国に量的緩和を勧めていたノーベル賞経済学者のクルーグマンは、最近のNYタイムズ紙のコラムに以下の主旨の記事を載せています。

2012年12月に発足した安倍政権は、『流動性の罠《わな》』で示されたクルーグマンの考えを受け入れました。日銀は2年を目途にインフレ目標2%を達成するとコミットし、当初は年間70兆円、1年前からは80兆円の国債を買い切って円を増発する異次元緩和を実行しています。

ところが2年6カ月後の消費者物価（総合）の上昇は、0%です（15年9月：総務省）。異次元緩和によりマネタリー・ベースは2倍に増えました。しかし、2年で2%の消費者物価上昇という目標は達成できず、ほぼ失敗しています。

［日本の量的緩和を再考する］ 15年10月20日：NYタイムズ紙

1998年の『流動性の罠《わな》』の論考から、現在の自分がどんな考えに変わったかを書くのは意味があると思う。当時と現在の、日本の経済状況の違いは決定的だから。

現下の日本経済の問題は不況から脱出することより、政府財政による支援から脱却することである。金融政策が効果を上げるのに立ちはだかる障害は、想定していたものより大きかった。需要の弱さは、人口構造の変化から来ているため、永続的なものに思えるからである。1998年を頂点とした生産年齢人口の減少から、日本経済の潜在成長力は、相当に低くなっている。このため実際の経済成長率が低くても、それが潜在成長率を大きく下回っている不況とは言えない。

では、なぜインフレ率の低さを問題にするのか。答えは、日本の基礎的財政収支（プライマリー・バランス）の赤字が名目GDPの6％（約30兆円）と、とても大きいことだ。このため、インフレ率を含む名目GDPの成長率が低いと、「政府債務／名目GDP」で計る債務比率が上昇していくからである。

当時の私は、インフレもデフレも起こさない水準の自然金利率は、日本でもプラスであると予想していた。あえて単純に言うが、このためマネーサプライを増やせば、物価は上がると考えたのだ。

（注）自然金利とは、潜在成長力に近い金利。潜在成長力は、完全雇用で設備の稼働率が100％のときの経済成長率をいう。

「実質金利＝名目金利－期待物価上昇率」である。名目金利は0％が下限だが、期待物価上昇率が上がれば、実際の負担である実質金利はマイナスになり得る。日本経済の潜在成長力がプラスであり、自然金利もプラスなら、期待物価上昇率を上げることにより実質金利をマイナスにもっていくことで借り入れが増えて、設備投資が増える。この場合、実質金利のマイナスが日本経済を成長させると言える。

これに反して日本の潜在成長率が低いものであり、自然金利がマイナスなら、期待物価上昇率が2％に上がり実質金利がマイナス2％下がっても、設備投資のための借り入れは増えない。（注）自然金利がマイナスのときは、潜在成長力もマイナスであることが多い。

日本が実質金利をマイナス2％以下に下げるには、物価目標を、2％をはるかに超える高さ（4％など）におかねばならない。そして本当に物価を4％に上げて、名目GDPを6％は増やして、財政を維持可能なものにしなければならない。物価が4％上がるようにするには、いまよりはるかに強力な財政出動が必要である。しかしそれは、日本に期待できないだろう。（注）筆者の責任で6分1くらいに圧縮し、理解のために文中にも必要な説明を付加しています。


（元の記事：http://krugman.blogs.nytimes.com/2015/10/20/rethinking-japan/）


クルーグマンが勧めていたリフレ政策は、異次元緩和として2013年4月から実行されました。ところが日銀が2％の目標としてコミットしていた物価上昇率は、2年半経っても総合では0％の上昇でしかない。食品と、原油下落の影響を受けて下がったエネルギーを除くコア・コア物価では0・9％の上昇ですが、インフレ目標の半分以下です。

こうした中で、クルーグマンは効果を生まなかった量的緩和に加え、今度は強力な財政出動を求めていますが、それは日本政府に実行不可能だろうとも付け加えています。

これはリフレ派の理論的な総帥だったクルーグマンによる、事実上の敗北宣言です。日本のメディアが一切触れないので、あえてここに記しました。

本文中でも述べたように、わが国の問題は、「政府債務／名目GDP」で計る債務比率が年々、高くなっていくことです。政府債務は毎年30兆円は増え、名目GDP（約500兆円）に対する割合では、毎年6％増え続けます。一方で、名目GDPの成長率は3％より低い。このため債務比率が拡大し、財政信用が失われていきます。

現在のわが国の国債金利は、「期待実質GDP成長率（0・4％）＋期待物価上昇率（0％）＝0・4％付近」です。政府の財政信用が失われると、国債金利は「期待実質GDP成長率（0・4％）＋期待物価上昇率（0％）＋リスクプレミアム（＊％）」になって上がります。

リスクプレミアムが2％に上がると、10年債の金利は2・5％を超えるでしょう。政府債務が1209兆円と名目GDPの2・4倍もあるわが国では、長期金利が2％を超えるあたりから、財政破産の危機が高まっていきます。

失敗した異次元緩和は、早くやめるほうがいい。しかし年間80兆円も買い進んできた日銀が、国債の買いをやめることはできません。国債金利が急騰するからです。買い続けて、行き着くところまで行くしかない。通貨の信用の根底である財政信用をいつまで保てるか、ここが問題です。

著者校正を終えて　　吉田繁治

【参考文献一覧】

参考にした本は、記憶の中のものを含めば相当に多数です。
ここでは主なものを示します。

『21世紀の資本』トマ・ピケティ著: 山形浩生、守岡桜、森本正史訳: みすず書房
『現代ファイナンス論』ツヴィ・ボディ、ロバート・C・マートン、デーヴィッド・L・クリートン著: 大前恵一朗訳: ピアソン桐原
『世紀の空売り』マイケル・ルイス著: 東江一紀訳: 文藝春秋
『シフト&ショック』マーティン・ウルフ著: 遠藤真美訳: 早川書房
『マネーの正体』吉田繁治著: ビジネス社
『マクロ経済学』齋藤誠、岩本康志、太田聰一、柴田章久著: 有斐閣
『リフレが日本経済を復活させる』岩田規久男、浜田宏一、原田泰編著: 中央経済社
『ロスチャイルド、通貨強奪の歴史とそのシナリオ』宋鴻兵著:橋本碩也監訳、河本佳世訳: 武田ランダムハウスジャパン
『金融緩和で日本は破綻する』野口悠紀雄著: ダイヤモンド社
『ドル消滅』ジェームズ・リカーズ著: 藤井清美訳: 朝日新聞出版
『資本主義の終焉と歴史の危機』水野和夫著: 集英社新書
『金はこれから2倍になる』林則行著: 宝島社
『リーマンショック　コンフィデンシャル』アンドリュー・ロス・ソーキン著: 加賀山卓朗訳: 早川書房
『フラッシュ・ボーイズ』マイケル・ルイス著: 度会圭子、東江一紀訳: 文藝春秋
『量的・質的金融緩和』岩田一政著・日本経済研究センター編: 日本経済新聞出版社
『マンキュー入門経済学』N・グレゴリー・マンキュー著: 足立英之、石川城太、小川英治、地主敏樹、中馬宏之、柳川隆訳: 東洋経済新報社
『日本財政 最後の選択』伊藤隆敏著: 日本経済新聞出版社
『デフレの経済学』岩田規久男著: 東洋経済新報社
『21世紀の貨幣論』フェリックス・マーチン著: 遠藤真美訳: 東洋経済新報社
『いまなぜ金復活なのか』フェルディナント・リップス著: 大橋貞信訳: 徳間書店
『国家は破綻する』カーメン・M・ラインハート、ケネス・ロゴフ著: 村井章子訳: 日経BP社
『大収縮』ミルトン・フリードマン、アンナ・シュウォーツ著: 久保恵美子訳: 日経BP社
『国家破産』吉田繁治著: PHP研究所
『マネーと経済　これからの5年』吉田繁治著: ビジネス社
『マネーの支配者』ニール・アーウィン著: 関美和訳: 早川書房
『通貨戦争』ジェームズ・リカーズ著: 藤井清美訳: 朝日新聞出版
『ザ・クオンツ』スコット・パタースン著: 長峯涼訳: 早川書房
『国際金融入門 新版』岩田規久男著: 岩波新書
『財政危機の深層』小黒一正著: NHK出版新書
『2020年日本が破綻する日』小黒一正著: 日経プレミアシリーズ
『やっぱりドルは強い』中北徹著: 朝日新書
『連続講義・デフレと経済政策』池尾和人著: 日経BP社
『国債リスク』森田長太郎著: 東洋経済新報社
『雇用、利子、お金の一般理論』ジョン・メイナード・ケインズ著: 山形浩生訳: 講談社学術文庫
『マネーを生みだす怪物』G・エドワード・グリフィン著: 吉田利子訳: 草思社
『ゴールドマン・サックス』チャールズ・エリス著: 斎藤聖美訳: 日本経済出版社

著者略歴

吉田　繁治（よしだ・しげはる）

1972年、東京大学卒業（専攻フランス哲学）。流通業勤務を経て、情報システムと経営のコンサルタント（システムズリサーチチーフ・コンサルタント）。87年から住関連業界の店舗統合管理システムと受発注ネットワークのグランドデザイン、経営の指導に従事。95～2000年は旧通産省の公募における情報システムの受託開発で連続的に4つのシステムを開発。2000年、インターネットで論考の公開を開始。主な著書に『マネーと経済　これからの5年』『マネーの正体』（いずれもビジネス社）、『国家破産・これから世界で起きること、ただちに日本がすべきこと』（PHP研究所）、『ザ・プリンシプル』『利益経営の技術と精神』（いずれも商業界）などがある。

週刊メールマガジン『ビジネス知識源プレミアム（有料版）』は、創刊以来№1を続けている。

HP：http://www.cool-knowledge.com/

メールマガジン：http://www.mag2.com/m/P0000018.html

e-mail：yoshida@cool-knowledge.com

膨張する金融資産のパラドックス

2015年12月17日　第1刷発行

著　者　　吉田 繁治

発行者　　唐津 隆

発行所　　株式会社ビジネス社

〒162-0805　東京都新宿区矢来町114番地 神楽坂高橋ビル5階

電話　03(5227)1602　FAX　03(5227)1603

http://www.business-sha.co.jp

印刷・製本　大日本印刷株式会社

〈カバーデザイン〉上田晃郷　〈本文組版〉茂呂田剛（エムアンドケイ）

〈カバー写真〉Corbis／アフロ

〈編集担当〉本田朋子　〈営業担当〉山口健志

ISBN978-4-8284-1858-2